育德园师

● 国家教师资格证考试统考系列教材 ●

JIAOYU JIAOXUE ZHISHI YU NENGLI

# 教育教学知识与能力

## （小学教师资格考试）

曾小平◎主　编
育德园师教师资格考试中心◎组　编

北京师范大学出版集团
BEIJING NORMAL UNIVERSITY PUBLISHING GROUP
北京师范大学出版社

**图书在版编目(CIP)数据**

教育教学知识与能力／曾小平主编．—北京：北京师范大学出版社，2013.1
（国家教师资格证考试统考系列教材）
ISBN 978-7-303-15321-3

Ⅰ．①教… Ⅱ．①曾… Ⅲ．①教学能力－中小学－教师－资格考试－教材 Ⅳ．①G451.1

中国版本图书馆 CIP 数据核字（2012）第 193258 号

营销中心电话 010-58802181 58805532
北师大出版社高等教育分社网 http://gaojiao.bnup.com.cn
电子信箱 beishida168@126.com

出版发行：北京师范大学出版社 www.bnup.com.cn
北京新街口外大街 19 号
邮政编码：100875
印　　刷：北京京师印务有限公司
经　　销：全国新华书店
开　　本：184 mm × 260 mm
印　　张：13
字　　数：308 千字
版　　次：2013 年 1 月第 1 版
印　　次：2013 年 1 月第 1 次印刷
定　　价：38.00 元

策划编辑：郭兴举　王剑虹　　责任编辑：王剑虹
美术编辑：毛　佳　　装帧设计：天泽润
责任校对：李　菡　　责任印制：孙文凯

# 本书编委员


主　编　曾小平(首都师范大学,教育学博士)

组　编　育德园师教师资格考试培训中心

副主编　任仕君(海南师范大学,教育学博士)

　　　　宁连华(南京师范大学,教育学博士)

编　委　曾小平(首都师范大学,教育学博士)

　　　　宋运明(西南大学,教育学博士)

　　　　王玉国(北京师范大学,教育学博士)

　　　　任仕君(海南师范大学,教育学博士)

　　　　韩龙淑(太原师范大学,教育学博士)

　　　　宁连华(南京师范大学,教育学博士)

# 导 言

为了促进基础教育发展，加强教师队伍建设，提高教师队伍整体素质，根据《中华人民共和国教师法》和《教师资格条例与实施办法》，我国教育部师范教育司和教育部考试中心制定了《中小学和幼儿园教师资格考试标准》。该标准是我国中小学和幼儿园教师职业准入的国家标准，是从事中小学和幼儿园教师职业的基本要求，是中小学和幼儿园教师资格考试的基本依据。

育德园师教师资格证考试培训中心是专业从事中小学和幼儿园教师资格考试的资深机构，在教师资格证考试方面具有丰富的培训经验，现已成为国内教师资格证考试培训的知名品牌。受育德园师教师资格证考试培训中心的委托，专门针对小学教师资格证考试，我们编写了《教育教学知识与能力》一书，旨在帮助读者顺利通过教师资格考试，成为一名合格的小学教师。

本书特色之一：内容全面，完全解读考试大纲。

本书内容全面，覆盖了小学教师资格考试标准中考试大纲的全部内容，而且对每个内容的讲解都非常全面，还配有生动的实例。这样，读者可以全面了解考试内容，并通过实例了解重点内容的具体运用。同时，本书对核心内容做了明显标示，便于读者学习和掌握考纲的重点内容和考试的热点问题。

本书特色之二：分析深刻，深入分析考纲考点。

本书在借鉴育德园师教师资格证考试培训中心教师培训经验的基础上，联合国内教师培训方面的知名专家学者，深度研究《中小学和幼儿园教师资格考试标准》的精神和内容，结合当前我国小学教育实际和小学教师的职业素养要求，对考纲和考点做了深入的分析和解读，让读者真正理解考试内容和应试要点。

本书特色之三：条理清晰，易于读者理解掌握。

本书在讲解具体内容时，按照知识的逻辑顺序和读者的学习心理及习惯安排内容，富有条理易于读者理解和掌握。读者可以顺着本书的章节顺序，比较经松的学习、理解和掌握小学教师资格证考试中教育教学知识与能力的全部内容，又能抓住其中的重点内容，轻松、高效的进行复习备考。

本书特色之四：准确权威，知名专家亲自编写。

本书由国内知名师范大学的教师资格证考试和研究方面的专家学者亲自撰写，专家们都具有高学历高职称，能够高瞻远瞩地看问题，能针对考试进行有的放矢的辅导。本书的具体分工是：第一章，由首都师范大学曾小平博士撰写；第二章，由西南大学宋运明博士撰写；第三章，由北京师范大学王玉国博士、海南师范大学任仕君博士共同撰写；第四章，由六位编委共同完成；第五章，由海南师范大学教育科学学院副院长任仕君博士撰写；第六章，南京师范大学研究生导师宁连华副教授撰写；第七章，由太原师范学院韩龙淑教授撰写。

本书由首都师范大学曾小平博士担任主编，负责全书总体设计和统稿，并负责第三章、第五章、第六章的定稿。海南师范大学任仕君博士担任本书副主编，负责第一章与第二章的定稿。南京师范大学宁连华副教授担任本书副主编，负责第四章与第七章的定稿。虽然我们本着高度负责的精神编写本书，但由于时间、精力、能力等诸多因素的限制，疏忽和不足之处在所难免。恳请读者对本书提出宝贵建议，便于我们及时修改。

编者

2012 年 12 月

# 目 录

# 第1章 教育基础

教育基础包括教育的基础知识和基本能力两个部分。其中，基础知识是指教育基本理论、学生发展、教师发展、小学组织与运行的基础知识；基本能力是指能够针对我国小学教育教学实践中的问题进行一定的分析和探索的能力。

本章的内容包括以下九个方面：①了解我国小学教育的历史与现状；②了解我国基础教育课程改革的现状和发展趋势；③了解教育科学研究的基础知识；④了解小学组织与运行的基础知识和基本要求；⑤了解有关教育学、心理学的基础知识；⑥理解小学教育的基本特点；⑦掌握小学教育研究的基本方法；⑧掌握教师专业发展的基础知识；⑨能够运用相关知识对小学教育教学实践中的问题进行一定的分析。

## 1.1 教育

### 1.1.1 教育的概念

教育是培养新生一代准备从事社会生活的整个过程，也是人类社会生产经验得以继承发扬的关键环节。在“教育的目的是有目的地培养人的社会活动”的前提下，教育又分为“广义的教育”和“狭义的教育”两种。

广义的教育是指，凡是有目的地增进人们的知识和技能、影响人们的思想品德和增强人的体质的活动，都是教育。在这种概念下，教育包括家庭中、学校里、亲友间、社会上、生活中、工作上的各种有目的的影响。

狭义的教育是指，根据一定的社会现实和未来需要，遵循受教育者身心发展的规律，有目的、有计划、有组织地引导受教育者主动地学习，积极地进行经验的改组和改造，帮助他们提高素质、健全人格的一种活动，以便把受教育者培养成为符合一定社会需要、促进社会发展、有追求和创造力的合理存在的人。在这种概念下，专门组织的教育，主要指学校教育，其中包括全日制的小学、中学、大学和研究生教育，还包括半日制的、业余的学校教育、函授教育和网络教育。

### 1.1.2 教育的本质

人类社会在长期的生产生活实践中，不仅生产了人类生活必需的物质资料，还形成了一定的社会关系和社会秩序，获得了生产生活的经验，形成了一定的社会意识和生活习惯。老一代为了维持和延续社会生活，就需要把积累的生产劳动经验和社会生活经验传递给下一代；新生一代要从一个幼嫩无知的婴儿成长为能够谋划生活的社会成员，需要接受成人的抚育和培养。这样，就产生了教育，因此，教育是培养人的一种社会活动，其目的是传递生产劳动经验和社会生活经验，促进新生一代的成长。

是否是有目的地培养人，是教育和其他社会活动的明显区别。教育是一种社会现象，它产生于社会生活的需要，归根结底产生于生产劳动，同时，教育又是有目的地培养人的社会活动。在不同的时代，人们对社会生存和发展的认识和价值取向存在差异，因而产生不同的理解和选择，因而对教育也存在不同的设想和实施。但总的来讲，教育的发展与人类追求解放的步伐基本上是一致的。

### 1.1.3 教育的基本要素

虽然教育是一个多因素、多层次、多类别、多领域、多形态的社会子系统，但构成它的基本要素仅有三个：教育者、受教育者和教育中介系统。

所谓教育者，是指在教育知识、技能、思想、品德等方面起到教育影响作用的人。在学校里，教育者主要指教师和其他教育工作人员；在工厂里，教育者主要指师傅以及起到带头作用的人。教育者是教育活动的主导者，他自觉地、有意识地、想方设法地利用自身活动来引导和促使受教育者向着一定方向发展。一个合格的教育者不仅需要有一定的知识能力、生活经历、价值观念、思维方式和社会理想，而且要对受教育者身心发展和成长过程有所了解，对受教育者适当的关爱，还需要不断总结教育经验，提高教育水平。

所谓受教育者，是指在教育活动中从事学习的人，包括学校中的儿童、少年和青年，也包括其他形式学校的成人学生。受教育者是接受教育的对象，是教育的主体。他们不仅把自己的社会生活经验和个人的需要、兴趣、情感等带入教育过程，而且他们也会对教育做出判断、选择、建构和评价。受教育者已有的认知水平和心理倾向，是他们进一步发展的基础，也是教育活动的起点。

所谓教育中介系统，是指教育者和受教育者相互联系和互动的纽带，是开展教育活动的内容和方式。教育中介系统由教育内容、教育方式和教育实践活动构成。教育内容是教育者用来作用于受教育者的影响物，它是根据教育目的，精心挑选出来最有价值的，而且适合受教育者身心发展的人类科学与文化成果。教育活动方式是教育进行的方法和模式，它对受教育者的发展具有非常重要的作用。教育实践活动是教育活动中受教育者在做事中学习，将学习到的东西运用到生活中去，增强综合素质，培养创新精神和实践能力。

### 1.1.4 教育的功能

影响教育的因素主要有三个：社会生产力、社会经济政治制度和社会文化。教育的功能，即教育的价值与作用，是指教育和教育系统对个体和社会发展所产生的实际作用和影响。从对象上看，教育的功能包括个体功能与社会功能两个方面。

个体功能，主要指教育对人的发展，特别是年青一代发展的重大促进作用。教育对人的发展有以下作用：

(1)导向作用，教育是有目的地培养人的社会活动，人在其中有目的地参与，在有干预的情况下发生变化，人的身心能有目的、有导向地进行培养和锻炼，能够获得比较理想的成果。特别是，学校教育的价值在于，引导年青一代通过掌握知识获得身心发展，使他们按照家庭与个体的期望以及社会发展的要求成长为社会需要的人才，并促进社会向前发展。

(2)文化传递，文化知识是滋养人，并促使人发展的重要社会因素和社会资源，教育主要通过传递文化知识来培养人。特别是，在学校教育中，通过文化知识的学习，受教育者提高了认识能力，培养了各种能力，陶冶了情操，发展了创新精神和实践能力。

在看到教育对人发展的引领作用的同时，也应该客观地看到，教育并不能包揽人的发展，促进人发展的因素还有很多，除了教育之外，还有遗传、环境和个体能动性，因而，不能把人发展的全部希望寄托在教育上。否则，将带来揠苗助长、反教育等负面效应。

社会功能，是指教育对社会的作用。教育受社会发展制约，但反过来又对社会发展有反作用，表现在推动社会变迁和促进社会流动两个方面。

(1)社会变迁，教育通过开发人的潜能、提高人的素质、促进人的社会化、引导人的社会实践等形式，促进社会的改革和发展。比如，教育可以使可能的劳动力转化为现实的劳动力，教育可以使知识形态的生产力转化为直接生产力(科技技术就是第一生产力)，教育可以提高劳动者的效率，教育可以传播一定社会的政治形态促进年青一代的政治社会化，教育可以提高全民素质，培养合格的国家公民，教育可以传播并创造社会文化，传播人类文明。

(2)社会流动，社会成员通过教育的培养、筛选和提高，能在不同的社会领域、社会层次、职业岗位和科研层次的各种岗位之间进行转换和流动，并发挥人才的个性特长，展示智慧才华，实现人生理想。可见，一方面教育能发挥个体的能动性和创造性，帮助个体找到更适合自身、更为优越的工作和生活环境；另一方面教育又能调节社会环节的分配，优化人力资源配置，科学合理地进行社会生产，创造更多社会财富。

### 1.1.5　教育的目的

教育要把受教育者培养成什么样的人？即教育的目的是什么？教育目的是把受教育者培养成社会需要的人的总要求。它是由一定社会的政治、经济和科学文化与技术发展和受教育者身心发展状况来决定的，反映了社会的要求，它反映了一定社会对受教育者的要求，是教育工作的出发点和最终目标，也是确定教育内容、选择教育方法、检查和评价教育效果的根据。

中国开始实行近代学制以后，清政府学部于1906年正式规定“忠君、尊孔、尚公、尚武、尚实”为教育宗旨。这一教育目的反映了当时“中学为体，西学为用”的半封建半殖民地社会的文教方针。辛亥革命后，在蔡元培的影响下，1912年临时政府教育部公布了“注重道德教育，以实利教育、军国民教育辅之，更以美感教育完成其道德”的教育宗旨，这体现了近代中国资产阶级民主主义的教育思想。1929年，国民党政府则颁布了所谓“三民主义”的教育宗旨。

我国现在的教育目的由《国家中长期教育改革和发展规划纲要(2010—2020年)》所规定，是“全面贯彻党的教育方针，坚持教育为社会主义现代化建设服务，为人民服务，与生产劳动和社会实践相结合，培养德、智、体、美全面发展的社会主义建设者和接班人”，具体包含以下三个方面的信息：①培养劳动者或者社会主义建设者，坚持劳动者的观念，坚持全面的人才观念，坚持体力劳动与脑力劳动相结合的观念；②坚持全面发展，在生理和心理两个方面都发展，生理发展是指身体的发育、技能的成熟和体力与体质的增强，心理发展指受教育者在思想道德、智力文化、审美情感等方面的发展；③培养独立个性，让受教育者自由发展，增强受教育者的主体意识，形成开拓精神和创造才能，提高受教育者的个人价值。

这个教育目的体现了马克思主义关于人的全面发展的思想，它明确规定了中国教育目的的社会主义性质和方向，指出了培养社会主义建设人才的基本要求。各级各类学校，无论是培养劳动后备力量，还是培养各种专门人才，都需要使他们在德、智、体、美等方面得到全面发展。德、智、体、美之间是互相依存、互相联系的。

**拓展阅读：我国教育概况①**

百年大计，教育为本。教育是民族振兴、社会进步的基石，是提高国民素质、促进人的全面发展的根本途径，寄托着亿万家庭对美好生活的期盼。强国必先强教。优先发展教育、提高教育现代化水平，对实现全面建设小康社会奋斗目标、建设富强、民主、文明、和谐的社会主义现代化国家具有决定性意义。

党和国家历来高度重视教育。新中国成立以来，在以毛泽东同志、邓小平同志、江泽民同志为核心的党的三代中央领导集体和以胡锦涛同志为总书记的党中央领导下，全党全社会同心同德，艰苦奋斗，开辟了中国特色社会主义教育发展道路，建成了世界上最大规模的教育体系，保障了亿万人民群众受教育的权利。教育投入大幅增长，办学条件显著改善，教育改革逐步深化，办学水平不断提高。进入21世纪以来，城乡免费义务教育全面实现，职业教育快速发展，高等教育进入大众化阶段，农村教育得到加强，教育公平迈出重大步伐。教育的发展极大地提高了全民族素质，推进了科技创新、文化繁荣，为经济发展、社会进步和民生改善作出了不可替代的重大贡献。我国实现了从人口大国向人力资源大国的转变。

当今世界正处在大发展大变革大调整时期。世界多极化、经济全球化深入发展，科技进步日新月异，人才竞争日趋激烈。我国正处在改革发展的关键阶段，经济建设、政治建设、文化建设、社会建设以及生态文明建设全面推进，工业化、信息化、城镇化、市场化、国际化深入发展，人口、资源、环境压力日益加大，经济发展方式加快转变，都凸显了提高国民素质、培养创新人才的重要性和紧迫性。中国未来发展、中华民族伟大复兴，关键靠人才，基础在教育。

面对前所未有的机遇和挑战，必须清醒地认识到，我国教育还不能完全适应国家经济社会发展和人民群众接受良好教育的要求。教育观念相对落后，内容方法比较陈旧，中小学生课业负担过重，素质教育推进困难；学生适应社会和就业创业能力不强，创新型、实用型、复合型人才紧缺；教育体制机制不完善，学校办学活力不足；教育结构和布局不尽合理，城乡、区域教育发展不平衡，贫困地区、民族地区教育发展滞后；教育投入不足，教育优先发展的战略地位尚未完全得到落实。接受良好教育成为人民群众强

① 节选自《国家中长期教育改革和发展规划纲要(2010—2020年)》。

烈期盼，深化教育改革成为全社会共同心声。

国运兴衰，系于教育；教育振兴，全民有责。在党和国家工作全局中，必须始终坚持把教育摆在优先发展的位置。按照面向现代化、面向世界、面向未来的要求，适应全面建设小康社会、建设创新型国家的需要，坚持以育人为本，以改革创新为动力，以促进公平为重点，以提高质量为核心，全面实施素质教育，推动教育事业在新的历史起点上科学发展，加快从教育大国向教育强国、从人力资源大国向人力资源强国迈进，为中华民族伟大复兴和人类文明进步作出更大贡献。

## 拓展阅读：我国教育指导思想和工作方针[①]

(一)指导思想。高举中国特色社会主义伟大旗帜，以邓小平理论和"三个代表"重要思想为指导，深入贯彻落实科学发展观，实施科教兴国战略和人才强国战略，优先发展教育，完善中国特色社会主义现代教育体系，办好人民满意的教育，建设人力资源强国。

全面贯彻党的教育方针，坚持教育为社会主义现代化建设服务，为人民服务，与生产劳动和社会实践相结合，培养德、智、体、美全面发展的社会主义建设者和接班人。

全面推进教育事业科学发展，立足社会主义初级阶段基本国情，把握教育发展阶段性特征，坚持以人为本，遵循教育规律，面向社会需求，优化结构布局，提高教育现代化水平。

(二)工作方针。优先发展、育人为本、改革创新、促进公平、提高质量。

把教育摆在优先发展的战略地位。教育优先发展是党和国家提出并长期坚持的一项重大方针。各级党委和政府要把优先发展教育作为贯彻落实科学发展观的一项基本要求，切实保证经济社会发展规划优先安排教育发展，财政资金优先保障教育投入，公共资源优先满足教育和人力资源开发需要。充分调动全社会关心支持教育的积极性，共同担负起培育下一代的责任，为青少年健康成长创造良好环境。完善体制和政策，鼓励社会力量兴办教育，不断扩大社会资源对教育的投入。

把育人为本作为教育工作的根本要求。人力资源是我国经济社会发展的第一资源，教育是开发人力资源的主要途径。要以学生为主体，以教师为主导，充分发挥学生的主动性，把促进学生健康成长作为学校一切工作的出发点和落脚点。关心每个学生，促进每个学生主动地、生动活泼地发展，尊重教育和学生身心发展规律，为每个学生提供适合的教育。努力培养造就数以亿计的高素质劳动者、数以千万计的专门人才和一大批拔尖创新人才。

把改革创新作为教育发展的强大动力。教育要发展，根本靠改革。要以体制机制改革为重点，鼓励地方和学校大胆探索和试验，加快重要领域和关键环节改革步伐。创新人才培养体制、办学体制、教育管理体制，改革质量评价和考试招生制度，改革教学内容、方法、手段，建设现代学校制度。加快解决经济社会发展对高质量多样化人才需要与教育培养能力不足的矛盾、人民群众期盼良好教育与资源相对短缺的矛盾、增强教育活力与体制机制约束的矛盾，为教育事业持续健康发展提供强大动力。

---

① 节选自《国家中长期教育改革和发展规划纲要(2010—2020年)》。

把促进公平作为国家基本教育政策。教育公平是社会公平的重要基础。教育公平的关键是机会公平，基本要求是保障公民依法享有受教育的权利，重点是促进义务教育均衡发展和扶持困难群体，根本措施是合理配置教育资源，向农村地区、边远贫困地区和民族地区倾斜，加快缩小教育差距。教育公平的主要责任在政府，全社会要共同促进教育公平。

把提高质量作为教育改革发展的核心任务。树立科学的质量观，把促进人的全面发展、适应社会的需要作为衡量教育质量的根本标准。树立以提高质量为核心的教育发展观，注重教育内涵发展，鼓励学校办出特色、办出水平，出名师、育英才。建立以提高教育质量为导向的管理制度和工作机制，把教育资源配置和学校工作重点集中到强化教学环节、提高教育质量上。制定教育质量国家标准，建立、健全教育质量保障体系。加强教师队伍建设，提高教师整体素质。

## 1.2 教育学

### 1.2.1 教育学的概念

教育涉及诸多社会因素，但仍然有规律可循。教育规律就是教育内部诸多因素之间、教育与其他事物之间具有本质性的稳定的联系，是教育发展变化的必然趋势。教育学就是通过对教育现象和教育问题的研究，来揭示教育规律的一门学科。教育学研究的重点在于讨论教育活动系统的多种可能与价值的选择、实然与应然、客观规律与主观能动性的创造历史的具体的统一。

教育学的任务在于揭示教育规律，探讨教育价值观念和教育艺术，为教育的发展进步提供理论依据和智力支持。因此，它与教育方针和教育政策有所不同，也不同于一般的教育经验汇编。值得注意的是，在社会的不同时期，由于生产力发展的水平不同，生产关系也不同，教育实践存在较大差异，加上教育研究者的基本立场、观念和方法也不同，因而对教育的认识也不同，就产生了不同的教育学。

### 1.2.2 教育学的发展

教育学是一门历史悠久、源远流长的科学，同时也是人类丰富的非物质遗产。了解它的历史，对于丰富和发展教育学有着非常重要的意义。教育学的产生和发展，大致经过几个重要阶段，每个阶段都有丰富的成果值得我们继承和发扬。

**1. 萌芽时期**

在奴隶社会和封建社会里，古代思想家的一些哲学与政治学著作里暗含了教育的思想。比如孔子的教育思想暗含在《论语》里，柏拉图的教育思想暗含在《理想国》中。在人类历史上，最早专门论述教育问题的著作是公元前3世纪左右的《学记》，由战国时期的儒家思孟学派撰写。而西方最早的著作是公元1世纪的《论演说家的培养》，由古罗马的昆体良撰写。

**2. 独立形态阶段**

到了资本主义社会，随着生产力的发展，一批资产阶级学者为了阐述他们对教育的观点而撰写的一些独立著作，使教育学成为一门独立的学科。在这一时期，对教育问题的论述，逐渐从现象描述过渡到理论说明，关注教育要适合儿童发展的天性，并开始运用心理学的理论来描述教育问题。

1632年，捷克著名的资产阶级民主教育家夸美纽斯的《大教学论》问世，这是近代最早的教育著作，书中明确提出了大众教育和普及义务教育的主张，并在西方教育史上第一次提出分班上课制。夸美纽斯还为学校工作规定了学年制，十分强调教学要启发学生学习的自觉性，提出教学的系统性、量力性和巩固性的教学原则。

1762年，法国思想家卢梭出版了教育名著《爱弥儿》。全书共五卷，根据儿童的年龄特点，提出了对不同年龄阶段的儿童进行教育的原则、内容和方法，这在教育发展史上是一个很大的进步。卢梭坚决反对封建教育的刻板公式和方法，认为教育工作应该研究儿童的求知欲，培养儿童的爱好、兴趣和能力，他主张取消对儿童的体罚。

1806年，德国著名资产阶级教育家赫尔巴特出版了《普通教育学》，认为教育的目的就是为了培养有善良美德的人。把教育过程分为三个部分：管理、教学和道德教育。道德教育要贯彻始终，必须加强道德修养和品格训练，而道德教育只有通过教学才能实现，没有教学就没有道德教育，不进行文化和知识的教学，就无从实施道德品格的训练。他还提出教学的基础是学生的兴趣，把课堂教学分成“清楚明了、联想、系统、方法”四个阶段。

**3. 多样化阶段**

随着科学技术的发展，教育学逐渐从心理学、社会学、伦理学等其他学科中汲取营养与研究方法，并逐渐用实证法和实验法来研究问题，形成了多样化的发展形态。这一时期的教育学，不仅仅是运用一些理想和规范去考察教育，而且对事实进行客观分析，从而在科学化的道路上大步前进。

1861年，英国思想家斯宾塞的《教育论》出版，书中提出教育的任务是教导人怎么生活；在教学内容上，主张实科教育，反对古典教育；在教学方法上，主张启发学生学习的自觉性，反对形式主义；在德育方面，宣传自然后果的原则，反对惩罚。

20世纪初，美国学者杜威创立了“实用主义”教育学说，其代表作是1916年出版的《民主主义与教育》。杜威是“儿童中心论”的代表者，他创立了芝加哥实验学校，推行“做中学”，在教育史上产生了广泛影响。杜威“实用主义”教育的基本思想是：做中学、经验即教育、儿童中心。

1939年，苏联凯洛夫主编的《教育学》出版，开始了用马克思主义阐述社会主义教育规律的新视角。书中认为，教育在人的性格形成中起着主导作用；教学是培养全面发展的人的基本途径；教师在教学中起着主导作用；学生在学习中应发挥自觉性、主动性；注重科学知识的系统传授；强调教学计划、教学大纲和教科书的作用；强调教学工作的基本组织形式是课堂教学。

在近代中国，也涌现出了一批知名教育学家，出版了一些有价值的教育学著作，对教育学的发展作出了很大贡献。比如，孟先承1928年出版的《教育概论》，杨贤江(化名李浩吾)1930年出版的《新教育大纲》。

**4. 理论深化阶段**

20世纪60年代以来，随着科学技术的突飞猛进，教育学又迎来了新的发展时机。特别是在系统论、信息论和控制论的影响下，教育学的研究又有了新的视角。这一时期的教育学，研究成果更加的深刻丰富，理论更加明晰。

1956 年，美国心理学家布卢姆出版了《教育目标分类学，第一册，认知领域》，将教育目标分为知识目标、情感目标和动作技能三类，每类又分成不同的层次。这为我们制定教学目标和教学任务、观察和评价学习、分析和评价教育活动等提供了可以操作的框架，曾经产生了很大的影响。

1963 年，美国心理学家布鲁纳出版了《教学过程》一书，提出了著名论断“不管教什么学科，与其让学生建立关于这门学科的图书馆，不如让学生建立关于这门学科的知识结构”。他提出了发现学习，期望教师引导儿童去发现一门学科的基本结构，并强调“任何学科的基本原理，都可以以某种形式，教给任何年龄的人和儿童”。这些基本思想，成为 20 世纪中后期世界教育改革的基本指导思想，特别是“新数学运动”教育改革的指导思想。

1975 年，苏联教育家赞可夫的《教学与发展》出版，描述了学生发展的过程，介绍了研究学生学习的情况。他主张课堂上要有活泼的气氛，要有游戏的成分，有幽默，有笑声，有争论，不能搞得死气沉沉。他在形成了教学与发展的主导思想后，提出了体现这一思想的五条教学论原则：以高难度进行教学；以高速度进行教学；理论知识起主导作用；使学生理解学习过程；使全班学生包括“差生”都得到发展。

苏联学者巴班斯基毕生致力于教育科学研究。20 世纪 60 年代初至 80 年代中，他以罗斯托夫地区的普通学校为基地，潜心进行教学、教育过程最优化理论的研究，形成了具有丰富内容和积极现实意义的、颇有新意的完整的教学理论，引起了强烈反响。他一生发表的著作约有三百多部(篇)，代表作是《教学过程最优化——一般教学论方面》《教学、教育过程最优化——方法论基础》，以及他主编的《教育学》。

### 1.2.3 教育学的研究步骤

一般说来，教育科学研究工作要依次经过以下步骤：选题、查阅文献、制定研究计划、搜集并整理资料、分析研究、撰写报告。

**1. 选题**

选题时要审度自己所面临的主客观条件。客观条件是指能给研究工作提供的设备、经费、时间、研究对象及资料等。主观条件指可以投入研究工作的人力及研究者的水平与能力等。要根据这些条件，结合问题的大小与难易度，来选择力所能及的课题。

**2. 查阅文献**

其主要工作就是查阅与本题有关的重要文献，从中了解在这个问题上前人已经做过哪些重要工作？哪些问题已经解决了？哪些尚待解决？他人采用什么研究方法？结论的科学性如何？只有弄清以上诸问题，才能开始新的研究工作。

除查阅文献外，还要通过调查、访问及观察等手段对有关问题的实际情况进行初步了解，目的是要对这一问题研究的价值及可能性进一步摸底，做到心中有数。

**3. 制定研究计划**

研究计划应明确规定：所要研究的问题及其范围，要采用的研究方法，研究对象的抽样、时间进度等。根据这个计划，还可以制定具体实施计划。在实施研究中，可以对原计划进行修订完善。

**4. 搜集并整理资料**

这是指在实施研究计划过程中所得到的大量的新资料。特别是，如果采取实验的方法，那么对研究对象的一切变化现象都要及时观察，形成、积累资料，并要求做到全、实、细，以能客观、公正、真实地反映研究对象的本质特征。

**5. 分析研究**

分析研究就是在已经搜集并整理的材料的基础上，再做进一步的脑力加工。如果发现原有材料尚有欠缺之处，还应继续挖掘材料。在分析研究中，最关键是下结论，即把分析研究的结果归纳成几条原理、原则或者作出判断。

**6. 撰写报告**

即把科研的全过程以及所取得的成果用文字完整地表述出来，教育科研成果一般有观察报告、调查报告、总结报告、实验报告及论文著述。

### 1.2.4 教育科学研究方法

教育学的研究既要坚持马克思主义的理论指导，又要批判地继承中外教育史上的优秀遗产，在借鉴优秀研究成果的基础上，实现教育研究方法的科学化。教育科学研究常用的方法有：经验总结法、调查研究法、实验研究法和行动研究法。

**1. 经验总结法**

经验总结法，就是对自然状态下的一个完整的教育过程进行分析和总结，揭示教育措施、教育现象和教育效果之间的必然或偶然的联系，发现或认识教育过程中存在的客观规律及作用，为以后相同或类似的教育工作提供借鉴的一种方法。

经验总结法作为教育科学研究的一种常用的实验性研究方法，具有自身的显著特点。从经验总结法的性质来说，由于经验总结的出发点是已有经验，而其基础是取得经验的具体的教育、教学、管理过程。因此，它既有直接研究的一面，又有间接研究的一面。从经验总结法的使用来讲，它具有实用性、适用性的特点。

经验总结法的一般要求是：确定研究课题和对象，以课题作为总结工作的基点和支撑，精心选择典型的、内容丰富的事例，从中提出带普遍性的问题。查阅资料、制定计划，了解相关理论及对象的自然状况，提供背景材料，并提出研究过程的整体设想。收集充实材料，一方面是反映工作过程，展示发展全貌的事实；另一方面是教育过程所带来的客观效果、成绩，使经验总结更具借鉴价值。分析概括事实材料，去伪存真、去粗取精、由表及里、由此及彼，以正确的教育思想和基本理论指导、总结教育经验。撰写经验总结报告，做到观点鲜明、材料典型、语言规范，对成果和过程进行表述。

**2. 调查研究法**

调查研究法是指在教育理论指导下，运用观察、问卷、访谈及测试等科学研究手段，对教育问题和教育现象进行归类、总结、分析、概括，从而得出科学的认识并提出具体工作建议的研究方法。常用的调查研究法有问卷法和访谈法。

问卷法是现代社会高效率地了解总体的一种调查方法，具有标准化、隐匿性、间接性等特点和优点。其中，问卷设计应做到问题符合调查目标，整份问卷能显示一个重要主题；要让答卷人感到必要而愿意合作；问题不超出问答者的知识和能力范围，不涉及社会禁忌和个人隐私；答案格式简洁明了，调查结果易于整理分析。

访谈法，是指通过访员和受访人面对面的交谈，来了解受访人的心理和行为的研究方法。访谈法运用面广，能够简单而仔细地收集多方面的工作分析资料。在实施访谈时应注意：创设恰当的谈话情境，使受访人有轻松愉快的心情。应具备正确的预备知识，应具备细致的洞察力、耐心和责任，不对受访人进行暗示和诱导；对相同的事情会从不同的角度提问，能如实准确地记录访谈资料，不曲解受访人的回答。

**3. 实验研究法**

实验研究法，是指为了解决某一教育问题，根据一定的教育理论或假设(实验因子)，开展有计划的教育实践，到一定时间后，对实践的效果进行分析，得出有关实验因子是否科学的结论，从而探究有关教育规律。

实验研究法具有以下特点：控制情境，即实验活动要在严格控制的条件下进行，排除无关的因素，即每次进行实验时要排除或改变一个因素，同时使其他的因素完全相同，才能逐渐地考查出实验的结果；实验结果要有精确的数据记载，其所表示的准确性，是其他教育科学研究方法所不易做到的。

教育实验的基本方法有三种：单组实验、等组实验和轮组实验。

单组实验，是对一组实验对象先后施加一个或几个实验因子，然后测量其所发生的一种或几种变化，将其一种或几种变化进行比较，以确定实验因子的效果如何。比如，在一个班级先用讲授法上课，测得一组数据，然后再用探究法上课，再测得一组数据，再将两组数据进行比较，以说明哪种教学方法好。

等组实验，是用一样的形式把被实验者分为人数相等、能力相等的两组或三组，其他条件如教师能力、教材内容、教学时间、教室环境等也都应当相同。各种条件相等后，再给以两个或两个以上的实验因子，分别应用于这两组以上的学生，经过一段时间，再测量这两个实验因子所产生的结果以求得结论。比如，对两个水平相近的班级，一个采用讲授法上课，一个采用探究法上课，一段时间后测得数据进行比较，探讨两种教学方法的优劣。

轮组实验的形式，是被实验者有两组，而两组的人数和能力是相等的，也可以不是相等的，将两个实验的因素，轮流在两组实验，然后比较其结果。比如，科学课上用动手法和不动手法进行尝试教学，来探讨究竟用动手法教学好，还是用不动手法教学好，设计两个课程内容：一为“认识磁铁”；二为“认识水”；分别随机选择两组，第一组先用动手法学习“认识磁铁”，再用不动手法学习“认识水”；第二组先用不动手法学习“认识磁铁”，再用动手法学习“认识水”。

**4. 行动研究法**

行动研究法，是指在自然、真实的教育环境中，教育实际工作者按照一定的操作程序，综合运用多种研究方法与技术，以解决教育实际问题为首要目标的一种研究模式。

行动研究法的一般程序：计划、行动、考察、反思；修正计划、再行动、再考察、再反思；再修正计划……

“计划”是行动研究的第一个环节。它的主要任务是：提出问题、分析问题和制定行动计划。提出问题是行动研究的起点，这里的问题是指在教育教学情境中发生的问题。而要解决好问题就需要制定周密的计划。这一计划应包括：预期目标即问题要解决到什么程度、达到一种什么效果；采用哪些策略、方法来解决问题；先做什么、再做什么；每一步大致需要多长时间等。计划要有充分的灵活性和开放性，要留有不断修正的余地。

“行动”是第二个环节即实施计划。在这一环节中需要注意的是：行动者并非一定要按照原定计划行事，因为行动研究是一个动态的过程，随时都会出现意想不到的情况。而且随着对问题的深入认识，以及行动中各种信息的反馈，行动者必须对实施中的计划不断地进行修正和调整。

“考察”是第三个环节。考察主要是指对行动过程、行动结果、行动者特点的观察，它可以由行动者本人来进行，也可以借助于他人的视角来进行。因为考察所获得的信息可以为研究者进行反思提供基础性的材料，所以这一环节还是很重要的。

“反思”是第四个环节。它是一个螺旋过程的结束，但同时又是下一个过程的开始。反思的任务是对行动实施的效果和全过程进行总结、评价，并在此基础上计划好下一步的行动。

**拓展阅读：教育学流派**

20世纪是教育学活跃和发展的世纪，出现了众多的流派，彼此之间相互批评、相互借鉴、推陈出新。

1. 实验教育学

19世纪末20世纪初在欧美一些国家兴起的用自然科学的实验法研究儿童发展及其与教育的关系的理论。其代表人物是德国的梅伊曼和拉伊，代表著作主要有梅伊曼的《实验教育学入门讲义》(1907)、《实验教育学纲要》(1914)及拉伊的《实验教育学》(1908)。

基本观点是：第一，反对以赫尔巴特为代表的强调概念思辨教育学；第二，提倡把实验心理学的研究成果和方法运用于教育研究；第三，划分教育实验阶段；第四，主张用实验、统计和比较的方法探索儿童发展过程的特点及其智力发展水平，用实验数据作为改革学制、课程和教学方法的依据。

实验教育学反对传统教育学思辨式的和经验式的研究方法，比较强调定量研究的方法，但由于受实证主义和自然科学研究方法的影响，其倡导的实验方法有很大的局限性。

2. 文化教育学

文化教育学，又称精神科学教育学，是19世纪末以来出现在德国的一种教育学说，代表人物有狄尔泰、斯普朗格、利特等人，代表著作有狄尔泰的《关于普遍妥当的教育学的可能》(1888)、斯普朗格的《教育与文化》(1919)、利特的《职业陶冶与一般陶冶》(1947)等。

基本观点是：第一，人是一种文化的存在，人类历史是一种文化的历史；第二，教育过程是一种历史文化过程；第三，教育研究必须采用精神科学或文化科学的方法；第四，教育的目的就是要促使社会历史的客观文化向个体的主观文化的转变，并将个体的主观世界引导向博大的客观文化世界，培养完整的人格；第五，培养完整的人格的主要途径就是“陶冶”与“唤醒”，建构对话的师生关系。

文化教育学深刻影响了德国乃至世界在20世纪的教育学发展，在教育的本质等问题上给人以许多启发，不足之处是思辨气息很浓，在解决现实的教育问题上很难提出有针对性和可操作性的建议。

3. 实用主义教育学

19世纪末20世纪初在美国兴起的一种教育思潮，代表人物是美国的杜威、克伯屈等人，代表性著作有杜威的《我的教育信条》(1897)、《民主主义与教育》(1916)、克伯屈的《设计教学法》(1918)等。

基本观点是：第一，教育即生活；第二，教育即学生个体经验的继续不断地增长；第三，学校是一个雏形的社会；第四，课程组织以学生的经验为中心；第五，师生关系以儿童为中心；第六，教学过程中重视学生自己的独立发现、表现和体验。

实用主义教育学以美国实用主义为文化基础，是美国资本主义精神的教育学表达，对以赫尔巴特为代表的传统教育理念进行了深刻的批判，推动了教育学的发展。不足之处是，在一定程度上忽视了系统知识的学习，忽视了教师在教育教学过程中的主导作用，忽视了学校的特质。其影响在20世纪50年代以后逐渐减弱，但在强调知识创新及学生探究、创造素质培养的20世纪末，实用主义教育学又出现了复兴的迹象。

4. 制度教育学

20世纪60年代诞生于法国的一种教育学说，代表人物是F. 乌里、A. 瓦斯凯、M. 洛布罗等人，代表著作是瓦斯凯和乌里的《走向制度教育学》(1966)、《从合作班级到制度教育学》(1970)，以及洛布罗的《制度教育学》(1966)等。

基本观点是：第一，教育学研究应以教育制度作为优先目标，阐明教育制度对于教育情境中的个体行为的影响；第二，教育实践中的官僚主义、师生与行政人员彼此之间的疏离主要是由教育制度造成的；第三，教育的目的是帮助完成想要完成的社会变迁，而要想达到这一目的，必须进行制度分析，帮助教育者和受教育者理解制约他们思想、行为的制度因素，把学校中“给定的”制度变成“建立中”的制度；第四，教育制度的分析不仅要分析那些显在的制度，而且还要分析一些隐性的存在。

制度教育学关注教育与社会的关系，重视教育的外部环境特别是制度问题对教育的影响，促进了教育社会学的发展。但是，制度教育学过分地依赖精神分析理论来分析制度与个体行为之间的关系。

5. 马克思主义教育学

马克思主义教育学包括两部分内容：一部分是马克思、恩格斯以及其他马克思主义经典作家对教育问题的论述；另一部分是苏联和我国的教育学家们根据和运用马克思主义的基本原理(包括教育原理)对现代教育一系列问题的研究结果。例如，克鲁普斯卡娅关于教育的著述、加里宁的《论共产主义教育和教学》(1945)、凯洛夫主编的《教育学》(1939)、杨贤江的《新教育大纲》(1930)等。

基本观点是：第一，教育是一种社会历史现象，在阶级社会中具有鲜明的阶级性，不存在脱离社会影响的教育。第二，教育起源于社会性生产劳动，劳动方式和性质的变化必然引起教育形式和内容的改变。第三，现代教育的根本目的是促使学生的全面发展。第四，现代教育与现代大生产劳动的结合不仅是发展社会生产力的重要方法，也是培养全面发展的人的唯一方法。第五，在与政治、经济、文化的关系上，教育一方面受它们的制约；另一方面又具有相对独立性，并反作用于它们，对于促进现代社会政治、经济、文化的发展具有巨大的作用。第六，马克思主义的唯物辩证法和历史唯物主义是教育科学研究的方法论基础，既要看到教育现象的复杂性，不能用简单化的态度和方法来对待教育研究，又要坚信教育现象是有规律可循的，否则就会陷入不可知论和相对论的泥潭中。

马克思主义的产生为教育学的发展奠定了科学的方法论基础，但是由于种种原因，在实际教育学研究过程中，许多人没能很好地理解和运用马克思主义理论，往往犯一些简单化、机械化的毛病，这是我们在学习和发展马克思主义理论时应当特别注意的。

6. 批判教育学

20世纪70年代后兴起的一种教育思潮，也是当前在西方教育理论界占主导地位的教育思潮，代表人物有美国的鲍尔斯、金蒂斯、阿普尔、吉鲁，法国的布厄迪尔等，代表性著作有鲍尔斯与金蒂斯的《资本主义美国的学校教育》(1976)、布厄迪尔的《教育、社会和文化的再生产》(1979)、阿普尔的《教育中的文化与经济再生产》(1982)、吉鲁的《教育中的理论与抵制》(1983)等。

基本观点是：第一，当代资本主义的学校教育不是一种民主的建制和解放的力量，而是维护现实社会的不公平和不公正的工具，是造成社会差别、社会歧视和社会对立的根源。第二，教育是与社会相对应的，有什么样的社会政治、经济和文化，就有什么样的学校教育机构，社会的政治意识形态、文化样态、经济结构都强烈地制约着学校的目的、课程、师生关系、评价方式等，学校教育的功能就是再生产出占主导地位的社会政治意识形态、文化关系和经济结构。第三，大众已经对这种事实上的不平等和不公正丧失了"意识"，将之看成是一种自然的事实，而不是某些利益集团故意制造的结果。第四，批判教育学的目的就是要揭示看似自然事实背后的利益关系，帮助教师和学生对自己所处的教育环境及形成教育环境的诸多因素敏感起来，即对他们进行"启蒙"，以达到意识"解放"的目的，从而积极地寻找克服教育及社会不平等和不公正的策略。第五，教育现象不是中立的和客观的，而是充满着利益纷争的，教育理论研究不能采取唯科学主义的态度和方法，而要采用实践批判的态度和方法。

## 1.3　小学教育

### 1.3.1　小学的组织与运行

我国的中小学分小学、初级中学、高级中学三个阶段，共12年。全日制小学招收6～7岁儿童入学，小学有5年制和6年制两种，前者约占小学总数的35%，后者约占65%。初中多数为3年制，极少数为4年制(约有98%的初中生在3年制学校)。小学和初中一共9年，属义务教育阶段。普通高中学制为3年。

中小学每个学年分为两个学期。小学全年教学时间为38周，机动时间1周，节假日13周；初中全年教学时间为39周，机动时间1周，节假日12周；高中全年教学时间为40周，机动时间1～2周，节假日10～11周。中小学实行一周5天授课制。

凡年满6周岁的儿童均可就近入小学学习，条件不具备的地区可推迟到7周岁入学；已基本普及初中义务教育的地方，小学毕业生可免试就近升入初中学习。初中毕业生升高中阶段学习，要经过地方教育行政部门组织的统一考试，成绩合格，方可升入高中阶段学习。

义务教育阶段的学期、学年和毕业生的终结性考试、考查是对学生的合格水平的考核。小学毕业考核，语文、数学为考试科目，其他为考查科目。小学毕业，可以免试进入初级中学学习。初中毕业考核，在国家统一规定的毕业年级文化学科范围内由各省(自治区、直辖市)确定考试学科，其他科目则实行结业考试或考查。

全日制小学的课程除了语文和数学外，还有科学、美术、音乐、英语、艺术、品德与生活、品德与社会、体育与健康，每门课程都有相应的课程标准和配套教材。21 世纪以来，我国于 2001 年颁布了首个课程标准，2011 年进行了修订[①]。

目前，小学每周课时总量为 30 节。其中，小学一、二年级的品德与生活 3 节，语文 9 节，数学 5 节，体育 3 节，艺术(包括音乐、美术)3 节，综合实践活动(包括信息技术教育、研究性学习、社区服务与社会实践、劳动与技术教育)3 节，地方与学校开发或选用的课程 4 节。小学三、四、五、六年级，品德与生活 2 节，语文(包括作文)8 节，数学 5 节，英语 2 节，科学 2 节，体育 3 节，艺术(包括音乐、美术)3 节，综合实践活动(包括信息技术教育、研究性学习、社区服务与社会实践、劳动与技术教育)2 节，地方与学校开发或选用的课程 3 节。需要说明的是，不同地区和学校在执行时可能有一定差异。

### 1.3.2 小学教育的发展历史

1949 年，中华人民共和国成立以来，中国政府一向十分重视发展教育事业。国家制定了多种法律，从不同角度保障人人受教育的权利。中国 1986 年开始实施《中华人民共和国义务教育法》，2006 年对该法进行了全面修订。新《中华人民共和国义务教育法》由第十届全国人民代表大会常务委员会第二十二次会议于 2006 年 6 月 29 日修订通过，自 2006 年 9 月 1 日起施行。

截至 2007 年年底，中国城乡义务教育已经全面纳入国家财政保障范围，依法实现了真正的免费义务教育。这主要表现在以下方面：

全国义务教育经费增幅较大。2007 年，全国义务教育经费总投入为 5046 亿元，比上年增长 26%。全国小学、初中生均预算内事业费支出和公用经费支出都有大幅度增长。

农村义务教育经费格局发生明显变化。2007 年 11 月，国务院提高了学生人均公用经费、贫困寄宿生生活补助费和校舍维修改造资金的标准，将免费提供教科书的范围扩大到全部农村学生，进一步加大了经费保障力度。

免除城市义务教育阶段学生学杂费。从 2008 年秋季学期开始，全部免除城市义务教育阶段公办学校学生学杂费。这一政策包括了符合当地政府接收条件、在公办学校就读的进城务工人员随迁子女和在接受政府委托、承担义务教育任务的民办学校就读的学生。

加强管理，提高义务教育经费使用效益。中央财政对设立的每一项义务教育专项资金都制定了管理办法，进一步建立了农村中小学预算编制制度、义务教育经费监控评估体系和农村义务教育经费使用绩效评价制度。这对于遏制挤占挪用经费现象，提高经费

① 最新的各学科课程标准(2011 年版)，由北京师范大学出版社 2012 年 1 月出版。读者可根据自己能任教的学科，选择课程标准进行拓展阅读。

使用效益，发挥了重要作用。

2007年12月，国家确定在内蒙古等14个省(自治区)以省为单位开展化解农村“普九”债务试点。为调动地方化债的积极性，中央财政建立了激励约束机制，给予补助，帮助地方化解债务。

### 1.3.3 我国小学教育的现状

2010年，党中央、国务院颁布了国家中长期教育改革和发展规划纲要，召开了21世纪第一次全国教育工作会议，中国教育改革和发展进入新的阶段。教育战线按照“优先发展、育人为本、改革创新、促进公平、提高质量”的要求，全面落实教育规划纲要，稳步实施国家重大教育发展项目和改革试点，着力促进教育公平、提高教育质量，深入推进教育事业科学发展，办好人民满意的教育，教育事业的改革发展取得了新进展。

截至2010年年底，全国2856个县(市、区)全部实现“两基”，全国“两基”人口覆盖率达到100％。

由于学龄人口的逐年减少，小学校数、在校生数继续减少。全国共有小学25.74万所，比上年减少2.28万所；招生1691.70万人，比上年增加53.90万人；在校生9940.70万人，比上年减少130.77万人；小学毕业生1739.64万人，比上年减少65.56万人。小学学龄儿童净入学率达到99.70％，其中男、女童净入学率分别为99.68％和99.73％，女童高于男童0.05个百分点。

小学教职工和专任教师略有减少，专任教师学历合格率继续提高。全国小学教职工610.98万人，比上年减少2.57万人，其中专任教师561.71万人，比上年减少1.63万人。小学专任教师学历合格率99.52％，比上年提高0.12个百分点，小学生师比17.70∶1，比上年的17.88∶1有所降低。

由于学龄人口的逐年减少，初中校数、招生数、在校生数和毕业生数略有减少，初中阶段毛入学率和初中毕业生升学率继续提高。全国共有初中学校5.49万所(其中职业初中0.01万所)，比上年减少0.14万所；招生1716.58万人，比上年减少71.87万人；在校生5279.33万人，比上年减少161.61万人；毕业生1750.35万人，比上年减少47.35万人。初中阶段毛入学率100.1％，比上年提高1.1个百分点。初中毕业生升学率87.5％，比上年提高1.9个百分点。

全国初中专任教师352.54万人，比上年增加0.74万人。初中专任教师学历合格率98.65％，比上年提高0.37个百分点。生师比14.98∶1，比上年的15.47∶1有所降低。

全国普通中小学校舍建筑面积141751.04万平方米，比上年增加3000.52万平方米。小学体育运动场(馆)面积达标学校的比例为55.48％，体育器械配备达标学校的比例为52.19％，音乐器械配备达标学校的比例为48.55％，美术器械配备达标学校的比例为47.64％，数学自然实验仪器达标学校的比例为54.62％，均比上年有所提高。

全国义务教育阶段学校寄宿生的规模达到3343.52万人，比上年增加14.56万人，占义务教育阶段在校生总数的21.97％。其中，小学寄宿生数为1038.08万人，比上年增加57.11万人，所占比例为10.44％；初中寄宿生数为2305.43万人，比上年减少42.54万人，所占比例为43.67％。

全国义务教育阶段在校生中进城务工人员随迁子女共1167.17万人，比上年增加

170.07 万人。其中，在小学就读的进城务工人员随迁子女 864.30 万人，比上年增加 113.53 万人，增长 15.12%。在初中就读的进城务工人员随迁子女 302.88 万人，比上年增加 56.54 万人，增长 22.95%。

全国义务教育阶段在校生中农村留守儿童共 2271.51 万人，比上年增加 47.27 万人。其中，在小学就读的农村留守儿童 1461.79 万人，比上年增加 28.82 万人，增长 2.01%。在初中就读的农村留守儿童 809.72 万人，比上年增加 18.45 万人，增长 2.33%。

### 1.3.4 我国小学教育的特点

小学教育的对象是未成年儿童，儿童的特性和教育的双重任务赋予了小学教育诸多特点，但是，这些特点都可以概括为三个，那就是养成性、基础性和义务性。

**1. 养成性**

小学教育是养成教育。所谓养成教育，就是培养学生良好行为习惯的教育。养成教育既包括正确行为的指导也包括良好习惯的训练，以及语言习惯、思维习惯的培养。习惯是养成教育的产物，它往往起源于看似不经意的小事，却蕴含了足以改变人类命运的巨大能量。养成教育的目的是培养成功的人格。

养成教育的基本目标是：

第一，帮助学生逐步形成良好的学习习惯。树立起自主学习意识和正确的学习态度，养成良好的读书、思考、探究、预习、复习、听讲、作业、考试等习惯，掌握科学的学习方法，为适应未来社会的多元化打好基础。

第二，帮助学生逐步形成良好的为人处世习惯。树立现代公民责任意识，学会处理人与人、人与社会、人与自然的关系，养成诚实守信、结交益友；宽以待人、严于律己；自尊自爱、自强自信；勤俭节约、办事认真；乐观向上、抵抗挫折的良好品质。

第三，帮助学生逐步形成良好的文明行为习惯，树立文明意识，通过对学生进行中华传统美德教育、社会公德教育和诚信教育，引导学生追求真善美，摒弃假丑恶。通过开展礼仪、礼貌、礼节活动，引导学生增强文明交往、礼貌待人意识，要求学生从小事做起，从身边的事做起，在学校过好每一天，净化心灵，纯化行为，提高学生的道德修养和品质，实现“说文明话，办文明事，做文明人”的目标。

第四，帮助学生逐步形成良好的安全行为习惯。通过安全教育和安全教育行为管理活动，引导学生自觉养成遵守公共秩序，遵守交通法规，遵守科学实验、体育及体育竞技等特殊学科的操作规范的好习惯，引导学生远离毒品、远离赌场、远离色情诱惑，学生人人都懂安全知识，都会自救自护，都有自我防范意识和能力，珍爱生命，享受生活，幸福快乐每一天。

**2. 基础性**

小学教育属于基础教育。所谓基础教育，就是人们在成长中为了获取更多学问而在先期要掌握的知识、要培养的基本能力。就如同盖房子先要打地基一样，要想学好一门语言就要从认字开始。基础教育，作为造就人才和提高国民素质的奠基工程，在世界各国面向 21 世纪的教育改革中占有重要地位。中国的基础教育包括幼儿教育、小学教育、普通中等教育。

所谓基础教育的独立价值，指的是基础教育在整个教育系统内部，具有它自己独立的、不依附于其他类型和层次教育的价值。《中华人民共和国义务教育法》是这样规定的："义务教育必须贯彻国家的教育方针，努力提高教育质量，使儿童、少年在品德、智力、体质等方面全面发展，为提高全民族的素质，培养有理想、有道德、有文化、有纪律的社会主义建设人才奠定基础。"《中国教育改革与发展纲要》则更明确地指出，基础教育是提高民族素质的奠基工程。

这就清楚地告诉我们，基础教育的价值主要表现在两个方面：第一，基础教育的基本目标在于提高整个中华民族的素质，它的对象和着眼点是全体人民，而不是一部分人，更不是少数人；第二，基础教育的功能是为提高全民族的素质奠定基础，它强调的是基本素质的培养，而不是专业或某些专门人才的培养。

**3. 义务性**

小学教育属于义务教育。所谓义务教育，就是根据法律规定，适龄儿童和青少年都必须接受，国家、社会、家庭必须予以保证的国民教育。其实质是，国家依照法律的规定对适龄儿童和青少年实施的一定年限的强迫教育的制度。义务教育又称强迫教育和免费义务教育，义务教育具有公益性、统一性和强制性的特点。

所谓公益性，就是明确规定"不收学费、杂费"。公益性和免费性是联系在一起的，对农村而言，从今年到明年要全部免除学费、杂费，但是对城市而言，这还需要一个过程。义务教育是国家统一实施的所有适龄儿童、少年必须接受的教育，是国家必须予以保障的公益性事业。国家建立义务教育经费保障机制，保证义务教育制度实施。

统一性是贯穿始终的一个理念。在新法中，从始至终强调在全国范围内实行统一的义务教育，这个统一包括要制定统一的义务教育阶段教科书设置标准、教学标准、经费标准、建设标准、学生公用经费标准等。如修订的《义务教育法》第四条规定，凡具有中华人民共和国国籍的适龄儿童、少年，不分性别、民族、种族、家庭财产状况、宗教信仰等，依法享有平等接受义务教育的权利，并履行接受义务教育的义务。

强制性又叫义务性，让适龄儿童、少年接受义务教育是学校、家长和社会的义务。谁违反这个义务，谁就要受到法律的规范。家长不送学生上学，家长要承担责任；学校不接受适龄儿童、少年上学，学校要承担责任；学校不提供相应的条件，也要受到法律的规范。如修订的《义务教育法》第七条规定，义务教育实行国务院领导，省、自治区、直辖市人民政府统筹规划实施，县级人民政府为主的管理体制。

### 1.3.5 小学教育的研究方法

小学教育的常用研究方法有：经验总结法、实验研究法、调查研究法、行动研究法、案例研究法、教育叙事法。前四种方法在"教育科学研究方法"中已经涉及，下面我们重点了解一下后两种方法。

**1. 案例研究法**

教学案例是一个教学故事，它描述了教师和学生面对某些疑难问题和解决这些问题的典型思想与行动。好的教学案例具有以下特征：一个好的案例应讲述一个近来的真实故事；一个好的案例必须有一个中心论题，且有价值；一个好的案例应包含从案例反映的对象那里引述的材料；一个好的案例需要有对已经作出的决策的评价；一个好的案例需要对面临的疑难问题提出解决方法；一个好的案例应能教会读者一定的操作方法或者给读者一定的启示。

案例的基本格式：问题的产生，基本背景，事件过程与处理，结论，反思。反思部分应包括为什么编写这一案例，这一案例说明了什么观念，带来了什么启示，这一案例的理论支撑是什么，这一案例在实际表达中有哪些可能的变式。案例写作中应该注意的问题：第一，案例应该包含时间结构、叙述结构、说明结构、情节结构四种结构；第二，在案例写作时，教师要注意正视自己所具有的一些偏见；第三，要反映当事人的真实情感，但不能陷于感情的宣泄；第四，在案例写作中，要理清案例问题的性质，是关于教学策略，还是学生行为，或是教育政策。

**2. 教育叙事法**

教育叙事，就是讲有关教育的故事。它是教育主体叙述教育教学中的真实情境的过程。其实质是通过讲述教育故事，体会教育真谛的一种研究方法。并非为讲故事而讲故事，而是通过教育叙事展开对现象的思索，对问题的研究，是一个将客观过程、真实体验、主观阐释有机融为一体的一种教育经验的发现和揭示过程。

教育叙事的特点主要有：叙述事例必须是已经发生的、真实的、典型的；叙事要以人物及其所感所想为主线；教学活动故事情节应该跌宕起伏、扣人心弦；教育叙事应令读者有身临其境之感；获得教育理论或教育信念的方式的归纳；叙事目的不是自我陶醉，而是与众人分享，给人以思考和启示。

教育叙事的基本要素：叙事应该有一个主题，叙事的主题是从某个或几个教学事件中产生，而不是将某个理论问题作为一个幌子，然后选择几个教学案例作为例证；教育叙事形成的报告是一种“教育记叙文”而不是“教育论文”，叙事研究报告以“叙述”为主，但是在自己“反思”的基础上写的“夹叙夹议”，要能够更真实、深入地反映研究的全过程和作者的思考；教育叙事对改进自己的教育教学思路，提升自己的教育教学水平要起到强有力的推动作用。

教师的叙事研究包含了这样的流程：确定研究问题—选择研究对象—进入研究现场—进行观察访谈—整理分析资料—撰写研究报告。教育叙事写作的一般格式为：①标题，或用事件做标题，或以主题做标题，或用文学性的标题，如“自然，一本无字的天书”；②引言，开场白，主要描述事件的大致场景，预告事件所涉及的主题；③背景，间接背景是事件发生的比较深远的复杂的渊源，直接背景是直接导致事件发生或与事件发生至关密切的前提或条件；④问题描述(主体)，事件发生和发展；⑤问题的解决方案方法，结局，余波；⑥反思和讨论，对案例本身的探讨，包括案例的原因、包含的理念等；⑦案例的拓展，对案例深层的、背后的、相关的教育行为的反思，相关理论的阐发，以及该案例留给读者的启示等。

## 拓展阅读：巩固提高九年义务教育水平①

义务教育是国家依法统一实施、所有适龄儿童少年必须接受的教育，具有强制性、免费性和普及性，是教育工作的重中之重。注重品行培养，激发学习兴趣，培育健康体

① 节选自《国家中长期教育改革和发展规划纲要(2010—2020年)》。

魄，养成良好习惯。到2020年，全面提高普及水平，全面提高教育质量，基本实现区域内均衡发展，确保适龄儿童少年接受良好义务教育。

巩固义务教育普及成果。适应城乡发展需要，合理规划学校布局，办好必要的教学点，方便学生就近入学。坚持以输入地政府管理为主、以全日制公办中小学为主，确保进城务工人员随迁子女平等接受义务教育，研究制定进城务工人员随迁子女接受义务教育后在当地参加升学考试的办法。建立、健全政府主导、社会参与的农村留守儿童关爱服务体系和动态监测机制。加快农村寄宿制学校建设，优先满足留守儿童住宿需求。采取必要措施，确保适龄儿童少年不因家庭经济困难、就学困难、学习困难等原因而失学，努力消除辍学现象。

提高义务教育质量。建立国家义务教育质量基本标准和监测制度。严格执行义务教育国家课程标准、教师资格标准。深化课程与教学方法改革，推行小班教学。配齐音乐、体育、美术等学科教师，开足开好规定课程。大力推广普通话教学，使用规范汉字。

增强学生体质。科学安排学习、生活、锻炼，保证学生睡眠时间。大力开展"阳光体育"运动，保证学生每天锻炼一小时，不断提高学生体质健康水平。提倡合理膳食，改善学生营养状况，提高贫困地区农村学生营养水平。保护学生视力。

## 1.4 课程改革与教师发展

### 1.4.1 基础教育课程改革的现状

改革开放以来，我国基础教育取得了辉煌成就，基础教育课程建设也取得了显著成绩。但是，我国基础教育总体水平还不高，原有的基础教育课程已不能完全适应时代发展的需要。为贯彻《中共中央国务院关于深化教育改革全面推进素质教育的决定》和《国务院关于基础教育改革与发展的决定》，教育部决定，大力推进基础教育课程改革，调整和改革基础教育的课程体系、结构、内容，构建符合素质教育要求的新的基础教育课程体系。

**1. 总体目标**

基础教育课程改革要以邓小平同志关于"教育要面向现代化，面向世界，面向未来"和江泽民同志"三个代表"的重要思想为指导，全面贯彻党的教育方针，全面推进素质教育。

新课程的培养目标应体现时代要求。要使学生具有爱国主义、集体主义精神，热爱社会主义，继承和发扬中华民族的优秀传统和革命传统；具有社会主义民主法制意识，遵守国家法律和社会公德；逐步形成正确的世界观、人生观、价值观；具有社会责任感，努力为人民服务；具有初步的创新精神、实践能力、科学和人文素养以及环境意识；具有适应终身学习的基础知识、基本技能和方法；具有健壮的体魄和良好的心理素质，养成健康的审美情趣和生活方式，成为有理想、有道德、有文化、有纪律的一代新人。

**2. 具体目标**

改变课程过于注重知识传授的倾向，强调形成积极主动的学习态度，使获得基础知识与基本技能的过程同时成为学会学习和形成正确价值观的过程。

改变课程结构过于强调学科本位、科目过多和缺乏整合的现状，整体设置九年一贯的课程门类和课时比例，并设置综合课程，以适应不同地区和学生发展的需求，体现课程结构的均衡性、综合性和选择性。

改变课程内容“难、繁、偏、旧”和过于注重书本知识的现状，加强课程内容与学生生活以及现代社会和科技发展的联系，关注学生的学习兴趣和经验，精选终身学习必备的基础知识和技能。

改变课程实施过于强调接受学习、死记硬背、机械训练的现状，倡导学生主动参与、乐于探究、勤于动手，培养学生搜集和处理信息的能力、获取新知识的能力、分析和解决问题的能力以及交流与合作的能力。

改变课程评价过分强调甄别与选拔的功能，发挥评价促进学生发展、教师提高和改进教学实践的功能。

改变课程管理过于集中的状况，实行国家、地方、学校三级课程管理，增强课程对地方、学校及学生的适应性。

**3. 课程结构**

整体设置九年一贯的义务教育课程。小学阶段以综合课程为主。小学低年级开设品德与生活，语文，数学，体育，艺术(或音乐、美术)等课程；小学中高年级开设品德与社会，语文，数学，科学，外语，综合实践活动，体育，艺术(或音乐、美术)等课程。

初中阶段设置分科与综合相结合的课程，主要包括思想品德，语文，数学，外语，科学(或物理、化学、生物)，历史与社会(或历史、地理)，体育与健康，艺术(或音乐、美术)以及综合实践活动。积极倡导各地选择综合课程。学校应努力创造条件开设选修课程。在义务教育阶段的语文、艺术、美术课中要加强写字教学。

高中以分科课程为主。为使学生在普遍达到基本要求的前提下实现有个性的发展，课程标准应有不同水平的要求，在开设必修课的同时，设置丰富多样的选修课程，开设技术类课程。积极试行学分制管理。

从小学至高中设置综合实践活动，并作为必修课程，其内容主要包括：信息技术教育、研究性学习、社区服务与社会实践以及劳动与技术教育。强调学生通过实践，增强探究和创新意识，学习科学研究的方法，发展综合运用知识的能力。增进学校与社会的密切联系，培养学生的社会责任感。在课程的实施过程中，加强信息技术教育，培养学生利用信息技术的意识和能力。了解必要的通用技术和职业分工，形成初步技术能力。

农村中学课程要为当地社会经济发展服务，在达到国家课程基本要求的同时，可根据现代农业发展和农村产业结构的调整因地制宜地设置符合当地需要的课程，深化“农科教相结合”和“三教统筹”等项改革，试行通过“绿色证书”教育及其他技术培训获得“双证”的做法。城市普通中学也要逐步开设职业技术课程。

**4. 教学过程**

教师在教学过程中应与学生积极互动、共同发展，要处理好传授知识与培养能力的关系，注重培养学生的独立性和自主性，引导学生学会质疑、调查、探究，在实践中学习，促进学生在教师指导下主动地、富有个性地学习。教师应尊重学生的人格，关注个体差异，满足不同学生的学习需要，创设能引导学生主动参与的教育环境，激发学生的学习积极性，培养学生掌握和运用知识的态度和能力，使每个学生都能得到充分的发展。

大力推进信息技术在教学过程中的普遍应用，促进信息技术与学科课程的整合，逐步实现教学内容的呈现方式、学生的学习方式、教师的教学方式和师生互动方式的变革，充分发挥信息技术的优势，为学生的学习和发展提供丰富多彩的教育环境和有力的学习工具。

### 1.4.2　基础教育课程改革的发展趋势

改革开放 30 多年来，我国的基础教育课程改革取得了令人瞩目的成果，但也存在一些问题。今后一段时间内，在国际基础教育发展的大背景下，结合我国基础教育的实际水平，我们的基础教育课程改革会呈现以下趋势。

**1. 注重基础学力的提高**

为适应学习化社会的需要，提高儿童的基础学力仍然是各国课程改革首要的关注点。读、写、算能力和信息素养等是未来公民所不可或缺的，基础学力是儿童适应未来社会的前提，是开展终身学习、促进自身的完善与发展的基础。

**2. 信息素养的养成**

为迎接信息时代的挑战，适应信息化社会，从浩瀚的信息海洋中获取必要的信息，儿童必须具备相应的信息素养能力。

**3. 创造性与开放性思维的培养**

全球化社会的发展要求人们具备开放性思维与创新精神，需要与世界各地的人们进行交流。因此，课程改革都强调创造性与开放性思维的培养，认为教育应该培养胸襟开阔、能够站在全球化视野考察问题并创造性地解决问题的公民。

**4. 强调价值观教育和道德教育**

文明的进步要求世界公民素质的普遍提升，但科技的发展在给人类带来进步的同时也带来了负面的影响，物质生活的充实并不能代表精神世界的充实，经济的发展并不能避免价值观的失落与道德沦丧。因此，课程改革普遍注重教育的道德文化层面，强调儿童价值观的培养和道德教育。

**5. 尊重学生经验、发展学生个性**

教育是儿童的教育，课程是儿童的课程，教育向学生生活世界的回归受到国家课程改革的关注。这就要求尊重儿童经验，把儿童从大人世界的控制下解放出来，把儿童的教育交到儿童的手中。

### 1.4.3　教师的职业素养

小学教师是履行小学教育工作职责的专业人员，需要经过严格的培养与培训，具有良好的职业道德，掌握系统的专业知识和专业技能。为促进小学教师专业发展，建设高素质小学教师队伍，根据《中华人民共和国教师法》和《中华人民共和国义务教育法》，2011 年 12 月 12 日，教育部正式公布《小学教师专业标》(试行)(准征求意见稿)，明确规定了合格小学教师专业素质。根据该标准，小学教师的专业素质主要表现在以下几个方面：

**1. 小学教师的职业理念**

**学生为本**

尊重小学生权益，以小学生为主体，充分调动和发挥小学生的主动性；遵循小学生身心发展特点和教育教学规律，提供适合的教育，促进小学生生动活泼学习、健康快乐成长。

**师德为先**

热爱小学教育事业，具有职业理想，践行社会主义核心价值体系，履行教师职业道德规范；关爱小学生，尊重小学生人格，富有爱心、责任心、耐心和细心；为人师表，教书育人，自尊自律，做小学生健康成长的指导者和引路人。

**能力为重**

把学科知识、教育理论与教育实践相结合，突出教书育人实践能力；研究小学生，遵循小学生成长规律，提升教育教学专业化水平；坚持实践、反思、再实践、再反思，不断提高专业能力。

**终身学习**

学习先进小学教育理论，了解国内外小学教育改革与发展的经验和做法；优化知识结构，提高文化素养；具有终身学习与持续发展的意识和能力，做终身学习的典范。

**2. 小学教师的职业修养**

**专业理念与师德**

职业理解与认识：贯彻党和国家教育方针政策，遵守教育法律、法规；理解小学教育工作的意义，热爱小学教育事业，具有职业理想和敬业精神；认同小学教师的专业性和独特性，注重自身专业发展；具有良好职业道德修养，为人师表；具有团队合作精神，积极开展协作与交流。

对小学生的态度与行为：关爱小学生，重视小学生身心健康，将保护小学生生命安全放在首位；尊重小学生独立人格，维护小学生合法权益，平等对待每一个小学生；不讽刺、挖苦、歧视小学生，不体罚或变相体罚小学生；信任小学生，尊重个体差异，主动了解和满足有益于小学生身心发展的不同需求；积极创造条件，让小学生拥有快乐的学校生活。

教育教学的态度与行为：树立以育人为本、德育为先的理念，将小学生的知识学习、能力发展与品德养成相结合，重视小学生全面发展；尊重教育规律和小学生身心发展规律，为每一个小学生提供适合的教育；引导小学生体验学习乐趣，保护小学生的求知欲和好奇心，培养小学生的广泛兴趣、动手能力和探究精神；引导小学生学会学习，养成良好学习习惯。

个人修养与行为：富有爱心、耐心、细心和责任心；乐观向上、热情开朗、有亲和力；善于调节自我情绪，保持平和心态；勤于学习，不断进取；衣着整洁得体，语言规范健康，举止文明礼貌。

**专业知识**

小学生发展知识：了解关于小学生生存、发展和保护的有关法律、法规及政策规定；了解不同年龄及有特殊需要的小学生身心发展特点和规律，掌握保护和促进小学生身心健康发展的策略与方法；了解不同年龄小学生学习的特点，掌握小学生良好行为习惯养成的知识；了解幼小和小初衔接阶段小学生的心理特点，掌握帮助小学生顺利过渡的方法；了解对小学生进行青春期和性健康教育的知识和方法；了解小学生安全防护的知识，掌握针对小学生可能出现的各种侵犯与伤害行为的预防与应对方法。

学科知识：适应小学综合性教学的要求，了解多学科知识；掌握所教学科知识体系、基本思想与方法；了解所教学科与社会实践的联系，了解与其他学科的联系。

教育教学知识：掌握小学教育教学基本理论；掌握小学生品行养成的特点和规律；掌握不同年龄小学生的认知规律；掌握所教学科的课程标准和教学知识。

通识性知识：具有相应的自然科学和人文社会科学知识；了解中国教育基本情况；具有相应的艺术欣赏与表现知识；具有适应教育内容、教学手段和方法的现代化信息技术知识。

**专业能力**

教育教学设计：合理制定小学生个体与集体的教育教学计划；合理利用教学资源，科学编写教学方案；合理设计丰富多彩的班队活动。

组织与实施：建立良好的师生关系，帮助小学生建立良好的同伴关系；创设适宜的教学情境，根据小学生的反应及时调整教学活动；调动小学生学习积极性，结合小学生已有的知识和经验激发学习兴趣；发挥小学生主体性，灵活运用启发式、探究式、讨论式、参与式等教学方式；将现代教育技术手段渗透运用到教学中；较好使用口头语言、肢体语言与书面语言，使用普通话教学，规范书写钢笔字、粉笔字、毛笔字；妥善应对突发事件；鉴别小学生行为和思想动向，用科学的方法防止和有效矫正不良行为。

激励与评价：对小学生日常表现进行观察与判断，发现和赏识每一个小学生的点滴进步；灵活使用多元评价方式，给予小学生恰当的评价和指导；引导小学生进行积极的自我评价；利用评价结果不断改进教育教学工作。

沟通与合作：使用符合小学生特点的语言进行教育教学工作；善于倾听，和蔼可亲，与小学生进行有效沟通；与同事合作交流，分享经验和资源，共同发展；与家长进行有效沟通合作，共同促进小学生发展；协助小学与社区建立合作互助的良好关系。

反思与发展：主动收集分析相关信息，不断进行反思，改进教育教学工作；针对教育教学工作中的现实需要与问题，进行探索和研究；制定专业发展规划，不断提高自身专业素质。

### 1.4.4 教师的专业发展

所谓教师的专业发展，即教师专业化发展，是指教师作为专业人员，在专业思想、专业知识、专业能力等方面不断发展和完善的过程，即专业新手到专家型教师的过程。专业发展包括职前学习和职后提升两个阶段。职前学习主要以掌握通识知识、教育教学知识、学科教学知识和培养师范技能为主；职后提升以教学反思、校本教研和校外专业支援与合作为主要形式。

**1. 专业发展的理念**

强调以学生为本。小学生具有发展性、主动性等特点，在教育教学过程中，处于主体和中心的位置。学生为本，就是遵循教育教学的规律，坚持学生主体的教育理念，尊重、关注和爱护学生，引发学生积极、主动地参与学习，将促进小学生快乐学习、健康成长作为教育教学的最终目标。

倡导以师德为先。师德是作为教师的第一要素，小学教师面对的是成长中的小学儿童，特别要注重为人师表，重视榜样的作用。师德大到遵纪守法、献身教育事业，小到个人修养、言谈举止。特别是在对待小学生的态度方面，本着"教师爱是小学教师的灵魂"这一理念，着重要求教师要富有爱心、有耐心和责任心。

重视教师能力提升。教师的专业能力是教师教育理念、专业知识的载体，它直接关系到学生的学习能力、实践能力和创新能力的形成。小学教师所面对的是生动活泼、日益成长的小学生，他的能力首先体现在认识学生、了解学生，把握学生的特点和需求方面，同时还体现在教育教学的方法等实践环节上。当代教师不仅要把握学科的基本理论，还要有能力驾驭课堂，通过有效的方法、智慧来指导学生的学习，以保证学生的学习效果。

践行终身学习理念。终身学习是当代社会的重要特征，教师在形成全民学习、构建学习型社会的过程中应该起到领头羊的作用。小学教师的终身学习主要体现在主动发展的意识和不断反思、制定发展规划的能力。同时还要把握国内外教育发展的动向，跟上教育理论和知识学习的发展步伐，不断充实和完善自己，使学习成为自身生活中的一种习惯。

**2. 专业发展的途径**

**提升理念与师德**

教师要从职业理解与认识、对小学生的态度与行为、教育教学的态度与行为、个人修养与行为四个领域提升专业理念并对师德提出具体要求。以下四个方面体现出鲜明的时代精神和教育发展的特点。

第一，强调教师职业的专业性和独特性，要求教师注重自身专业发展。这是时代发展和教育进步对教师专业发展的诉求。

第二，突出小学生的生命教育。生命教育是这个时代的重音符，它体现出不断革新的教育观，因此生命教育也自然成为教师对学生的一种最原始、最重要的姿态和使命。教师要"将保护小学生的生命安全放在首位"，"尊重小学生的人格"，"信任小学生，尊重个体差异"。这即意味着，教师要服务于小学生生命成长的需要，关心小学生的生命状态，同时也关注小学生自身对生命的体验和态度。

第三，明确要求教师要积极创造条件，让小学生拥有快乐的学校生活。学校生活是教师和学生共同拥有的，以小学生为着眼点提出快乐学校生活的问题意味着要依据素质教育的要求和新课程改革的精神，深入、有效地转变教学观、学生观、师生观，以及学校管理思维等。外在环境的改善固然重要，但是在教师与学生交往的微观世界里，教师对教育和对学生的理解与行动将会更为直接地决定小学生是否能够拥有一个快乐的学校生活。

第四，要求教师要注重修身养性。教育的特殊性提出了指向教师个人修养和行为方面的诸多要求。这些要求更多反映出教师作为平凡的人，哪些心性、品质、行为是适当的，其次才将教师作为“教育者”特有的心性、品质和行为要求融入进来。

**丰富专业知识**

教师要从小学生发展知识、学科知识、教育教学知识、通识性知识四个领域对小学教师的专业知识提出具体要求。其中有四个方面体现出鲜明的时代精神和教育发展的特点。

第一，要求教师了解和掌握小学生发展的知识。目的在于保护小学生的身心健康、保障小学生的合法权益和促进他们的健康成长。小学教师仅仅只了解小学生身心发展特点和规律、学习特点等是远远不够的，还需要加强政策和法律层面的学习，了解小学生生存、发展和保护的有关法律、法规及政策规定，需要了解小学安全防护的知识，掌握针对小学生可能出现的各种侵犯和伤害行为的预防与应对方法，了解幼小和小初衔接阶段小学生的心理特点。

第二，对小学教师学科知识的要求体现一定的特殊性。小学教育的综合性特点要求小学教师了解多学科的知识，在此基础上掌握所教学科的知识体系、基本思想与方法；也正是综合性特点特别要求小学教师关注所教学科与社会实践的联系，与其他学科的联系。

第三，要求教师掌握小学教育与教学理论。小学教育与教学因其基础性、养成性、启蒙性等特点，使得它不同于幼儿和中学的教育教学，小学教师应掌握小学教育教学的基本理论。

第四，关注通识性知识的重要价值。通识性教育要求所关注的是小学教师作为人的整体素质的提升，它是非功利、非职业性的，同时也是教师作为专业人员必须具备的素质。

**发展专业能力**

教师要从教育与教学设计、组织和实施、激励与评价、沟通与合作、反思与发展五个领域对小学教师的专业能力提出具体要求。本节从以下五个方面叙述教师专业能力所体现出的鲜明的时代精神和教育发展的特点。

第一，对教师能力的要求处处体现“儿童为本”的理念。如要求“制定小学生个体教育教学方案”、“发现和赏识每一个小学生”、“引导学生进行积极地自我评价”等；同时体现出了建构主义(如要求“结合儿童已有经验”组织教育教学)、教育智慧(如要求“妥善应对突发事件”)、多元智能(如要求“灵活使用多元评价方式”)等教育新理念。

第二，对教师能力的要求尽可能跟上时代发展的新需要，如要求教师“帮助小学生建立良好的同伴关系”、“现代教育技术手段渗透运用于教学中”等。

第三，关注小学教师专业能力建设过程中的独特性。如增加体现小学教师教育教学特殊性的一项新能力要求，即“涉及丰富多彩的班队(教育教学)活动”，这是遵循小学教师不应该只是学科知识的传授者，每一个小学教师都应该能够做班主任，每一个小学教师都应能够结合儿童身心特点和发展需要设计丰富的活动，进而促进儿童全面发展。

第四，十分强调教师的沟通与合作能力。这是考虑到小学教师工作依托于多角色人际互动这一活动特征，因此对小学教师如何有效进行人际沟通合作提出了细致的要求。如在人际沟通方面，明确提出小学教师要做到"使用符合小学生特点的语言""善于倾听""与小学生进行有效沟通"等。在人际合作方面，教师要"与家长有效沟通，共同促进小学生发展"、"协助小学与社区建立合作互助的良好关系"等。

第五，重视培养教师的反思与发展能力。这一能力领域的提出，是对全球教师专业化发展背景下的教师专业发展内在要求的回应。教师专业化的本质就是发现教师自身，让教师意识到自身在专业成长中的力量和自主发展的角色，进而在各项专业发展活动中体现出积极地自我反思意识和专业发展规划意识和能力，能主动对教育教学进行探索和研究活动。

### 拓展阅读：加强教师队伍建设①

建设高素质教师队伍。教育大计，教师为本。有好的教师，才有好的教育。提高教师地位，维护教师权益，改善教师待遇，使教师成为受人尊重的职业。严格教师资质，提升教师素质，努力造就一支师德高尚、业务精湛、结构合理、充满活力的高素质专业化教师队伍。

加强师德建设。加强教师职业理想和职业道德教育，增强广大教师教书育人的责任感和使命感。教师要关爱学生，严谨笃学，淡泊名利，自尊自律，以人格魅力和学识魅力教育感染学生，做学生健康成长的指导者和引路人。将师德表现作为教师考核、聘任(聘用)和评价的首要内容。采取综合措施，建立长效机制，形成良好学术道德和学术风气，克服学术浮躁，查处学术不端行为。

提高教师业务水平。完善培养培训体系，做好培养培训规划，优化队伍结构，提高教师专业水平和教学能力。通过研修培训、学术交流、项目资助等方式，培养教育教学骨干、"双师型"教师、学术带头人和校长，造就一批教学名师和学科领军人才。

以农村教师为重点，提高中小学教师队伍整体素质。创新农村教师补充机制，完善制度政策，吸引更多优秀人才从教。积极推进师范生免费教育，实施农村义务教育学校教师特设岗位计划，完善代偿机制，鼓励高校毕业生到艰苦边远地区当教师。完善教师培训制度，将教师培训经费列入政府预算，对教师实行每五年一周期的全员培训。加大民族地区双语教师培养培训力度。加强校长培训，重视辅导员和班主任培训。加强教师教育，构建以师范院校为主体、综合大学参与、开放灵活的教师教育体系。深化教师教育改革，创新培养模式，增强实习实践环节，强化师德修养和教学能力训练，提高教师培养质量。

提高教师地位待遇。不断改善教师的工作、学习和生活条件，吸引优秀人才长期从教、终身从教。依法保证教师平均工资水平不低于或者高于国家公务员的平均工资水平，并逐步提高。落实教师绩效工资。对长期在农村基层和艰苦边远地区工作的教师，在工资、职务(职称)等方面实行倾斜政策，完善津贴补贴标准。建设农村艰苦边远地区学校教师周转宿舍。研究制定优惠政策，改善教师工作和生活条件。关心教师身心健康。落

---

① 节选自《国家中长期教育改革和发展规划纲要(2010—2020年)》。

实和完善教师医疗养老等社会保障政策。国家对在农村地区长期从教、贡献突出的教师给予奖励。

健全教师管理制度。完善并严格实施教师准入制度，严把教师入口关。国家制定教师资格标准，提高教师任职学历标准和品行要求。建立教师资格证书定期登记制度。省级教育行政部门统一组织中小学教师资格考试和资格认定，县级教育行政部门按规定履行中小学教师的招聘录用、职务(职称)评聘、培养培训和考核等管理职能。

逐步实行城乡统一的中小学编制标准，对农村边远地区实行倾斜政策。制定幼儿园教师配备标准。建立统一的中小学教师职务(职称)系列，在中小学设置正高级教师职务(职称)。探索在职业学校设置正高级教师职务(职称)。制定高等学校编制标准。加强学校岗位管理，创新聘用方式，规范用人行为，完善激励机制，激发教师积极性和创造性。建立、健全义务教育学校教师和校长流动机制。城镇中小学教师在评聘高级职务(职称)时，原则上要有一年以上在农村学校或薄弱学校任教经历。加强教师管理，完善教师退出机制。制定校长任职资格标准，促进校长专业化，提高校长管理水平。推行校长职级制。

创造有利条件，鼓励教师和校长在实践中大胆探索，创新教育思想、教育模式和教育方法，形成教学特色和办学风格，造就一批教育家，倡导教育家办学。大力表彰和宣传模范教师的先进事迹。国家对作出突出贡献的教师和教育工作者设立荣誉称号。

## 1.5 教育热点问题

### 1.5.1 教育公平

所谓教育公平，是指国家对教育资源进行配置时所依据的合理性的规范或原则。这里所说的“合理”是指要符合社会整体的发展和稳定，符合社会成员的个体发展和需要，并从两者的辩证关系出发来统一配置教育资源。

教育公平的三个层次：①确保人人都享有平等的受教育的权利和义务；②提供相对平等的受教育的机会和条件；③教育成功机会和教育效果的相对均等，即每个学生接受同等水平的教育后能达到一个最基本的标准，包括学生的学业成绩上的实质性公平及教育质量公平、目标层面上的平等。其中，“确保人人都有受教育的机会”是前提和基础，“提供相对平等的受教育机会和条件”是进一步的要求，也是“教育成功机会”和“教育效果相对均等”的前提。而通常，这三个层次被概括为：起点公平、过程公平和结果公平。

从教育实践主体来看，教育公平可分为学生公平与教师公平。学生公平是指对待和评价学生公平与否的问题；而教师公平则是指对待和评价教师公平与否的问题。

从教育活动过程来看，可分为教育起点公平、过程公平和结果公平。起点上的公平是指每个人不受性别、种族、出身、经济地位、居住环境等条件的影响，均有开始其学习生涯的机会。过程公平是指教育在主客观两个方面以平等为基础的方式对待每一个人。结果公平即教育质量平等。

从教育公平的结果是根据一定的公平原则进行操作而产生的这一角度来看，教育公平可分为原则的公平、操作的公平和结果的公平。教育原则的公平是教育结果公平的前提条件，操作的公平需要把操作的步骤合理化，固定下来，形成公平的程序，还需要各种形式的监督机制、监督机构及配套的技术手段，进而保障结果的公平。

从是否把教育实践的主体(教育者和受教育者)看作存在着差异，教育公平可分为同质的教育公平和差异的教育公平。同质的教育公平是指忽略人人之间的差异，用同一的教育公平原则指导实际的教育活动，而差异的教育公平认为每个人都是各不相同的。

从实存与观念的角度来看，以上我们所谈的都是实存公平，除此之外，教育公平还有一种观念层次的公平，它是对实存公平的一种主观反映，是对实存公平的一种价值判断，主要表现为一种教育公平感，即对公平问题进行评价时所产生的一种心理感受。

### 1.5.2 教育均衡

教育均衡，即教育均衡发展。实质上是指在教育公平思想和教育平等原则的支配下，教育机构、受教育者在教育活动中，平等待遇的教育理想和确保其实际操作的教育政策和法律制度。其最基本的要求是在教育机构和教育群体之间，平等地分配教育资源，达到教育需求与教育供给的相对均衡，并最终落实在人们对教育资源的分配和使用上。

从个体看，教育均衡指受教育者的权利和机会的均等，指学生能否在德、智、体、美、劳等方面均衡发展、全面发展；从学校看，教育均衡指区域间、城乡间、学校间以及各类教育间教育资源配置是否均衡；从社会看，教育均衡指教育所培养的劳动力在总量和结构上，是否与经济、社会的发展需求达到相对的均衡。当前人们关注的基础教育均衡发展，主要是指我国不同地区之间、城乡之间、同一地区不同学校之间、同一学校不同群体之间的教育均衡发展问题。或者说，它主要涉及的是受教育者的受教育权利保障问题，教育的民主与公平问题。

基础教育均衡发展，就是在教育公平、教育平等原则的支配下，国家制定的有关基础教育法律、法规和政策，各级政府和教育部门制定的有关基础教育法规、政策，都要体现教育均衡发展的基本思想。不同地区之间、城乡之间、学校之间、群体之间的基础教育资源，必须均衡配置；各级学校和教育机构，在具体教育活动和教学活动中，要为每一个受教育者提供均衡的教育和发展机会。

从教育资源的配置看，教育的“硬件”设施，包括生均教育经费、校舍、教学实验仪器设备等的配置，教育的“软件”，包括教师、图书资料等的配置是否均衡；从教育目标看，包括学生能否在德、智、体、美、劳等方面均衡发展、全面发展；从教育的功能看，是指教育所培养的劳动力，在总量和结构上，是否与经济、社会的发展需求达到相对的均衡。

基础教育均衡发展的最终目标，就是要合理配置教育资源，办好每一所学校，教好每一个学生。基础教育均衡发展，主要表现为“八大均衡”：

入学权利和入学机会实现均等发展，其中包括有能力就读的残疾儿童等弱势群体学生，都享有均衡的受教育机会；

区域间实现均衡发展，即在省域之间、市域之间、县域之间、乡域之间统筹规划；

城乡间实现均衡发展；

校际间实现均衡发展，包括学校布局和规模均衡合理，教育经费投入、学校设备设施、师资配备、生均教育资源、学生生源的均衡等多方面；

学生间实现均衡发展，包括校内各班级在设施、师资、生源和管理等方面的均衡；

不同类别、不同级别教育间实现均衡发展，包括基础教育内部普通教育与职业教育均衡发展，也包括初等教育、中等教育与高等教育之间的均衡发展；

教育质量实现均衡发展，包括课程设置、教学水平和效果的均衡；

教育结果在学校教育中和受教育者间实现均衡发展，基础教育均衡发展的基础是学校的均衡发展，因为学校是教育教学的基本实施机构。

### 1.5.3 素质教育

关于素质教育的含义，国家教育部《关于当前积极推进中小学实施素质教育的若干意见》中作了明确解释，“素质教育是以提高民族素质为宗旨的教育。它是依据《教育法》规定的国家教育方针，着眼于受教育者及社会长远发展的要求，以面向全体学生、全面提高学生的基本素质为根本宗旨，以注重培养受教育者的态度、能力、促进他们在德、智、体等方面生动、活泼、主动地发展为基本特征的教育”。

素质教育主要包括内在素质和外在素质。内在素质主要是人对世界、环境、人生的看法和意义，包括人的世界观、人生观、价值观、道德观等，也就是一个人对待人、事、物的看法，也可以称为人的“心态”。外在素质就是一个人具有的能力、行为、所取得的成就等。对素质教育内涵的理解，有三个方面的问题需要强调。

第一，素质教育是面向全体学生的教育。受教育机会平等是国家法律规定的一项基本教育方针。对政府和教育行政部门来说，应当为所有适龄儿童少年提供平等的教育；对学校和教师而言，要努力使每个班和每个学生都得到全面而健康的发展。基础教育特别是义务教育的根本宗旨，是为提高全民族的素质打下扎实基础，为全体适龄儿童今后的学习和参与社会生活打下良好基础。

第二，素质教育是促进学生全面发展的教育。全面发展，这是党的教育方针的核心部分。它提出了教育所要培养的人的合理素质结构，包括生理的、心理的、思想的、文化的素质。实施素质教育就是要培养学生品德高尚、身心健康、知识丰富、学有专长、思路宽广、实践能力强，使学生学会做人、学会学习、学会劳动、学会创造、学会生活、学会健体、学会审美，成长为有理想、有道德、有文化、有纪律的社会主义事业的建设者和接班人。

第三，素质教育是促进学生个性健康发展的教育。人的个性是千差万别的，社会也需要各种各样的人才。实施素质教育的重要目的之一，也是为了使有不同天赋和爱好的孩子，在受教育的过程中，除了统一的基础课程外，通过各种教育方式给予他们能发挥天赋和爱好的空间和时间。培养人不能如同用一个统一的模子，把不同形态的材料都压成一模一样的东西。

实施素质教育，就是全面贯彻党的教育方针，以提高国民素质为根本宗旨，以培养学生的创新精神和实践能力为重点。素质教育最重要的，就是要培养学生的创新精神和实践能力，培养学生树立建设中国特色社会主义的共同理想和民族精神，树立正确的世界观、人生观、价值观，养成良好的社会公德、职业道德、家庭美德。

全面推进素质教育，要坚持面向全体学生，为学生的全面发展创造相应的条件，依法保障适龄儿童和青少年学习的基本权利，尊重学生身心发展特点和教育规律，使学生生动活泼、积极主动、富有个性的发展。

### 拓展阅读：推进义务教育均衡发展①

均衡发展是义务教育的战略性任务。建立、健全义务教育均衡发展保障机制。推进义务教育学校标准化建设，均衡配置教师、设备、图书、校舍等资源。

切实缩小校际差距，着力解决择校问题。加快薄弱学校改造，着力提高师资水平。实行县(区)域内教师、校长交流制度。实行优质普通高中和优质中等职业学校招生名额合理分配到区域内初中的办法。义务教育阶段不得设置重点学校和重点班。在保障适龄儿童少年就近进入公办学校的前提下，发展民办教育，提供选择机会。

加快缩小城乡差距。建立城乡一体化义务教育发展机制，在财政拨款、学校建设、教师配置等方面向农村倾斜。率先在县(区)域内实现城乡均衡发展，并逐步在更大范围内推进。

努力缩小区域差距。加大对革命老区、民族地区、边疆地区、贫困地区义务教育的转移支付力度。鼓励发达地区支援欠发达地区。

### 拓展阅读：减轻中小学生课业负担②

过重的课业负担严重损害儿童少年身心健康。减轻学生课业负担是全社会的共同责任，政府、学校、家庭、社会必须共同努力，标本兼治，综合治理。把减负落实到中小学教育全过程，促进学生生动活泼学习、健康快乐成长。率先实现小学生减负。

各级政府要把减负作为教育工作的重要任务，统筹规划，整体推进。调整教材内容，科学设计课程难度。改革考试评价制度和学校考核办法。规范办学行为，建立学生课业负担监测和公告制度。不得以升学率对地区和学校进行排名，不得下达升学指标。规范各种社会补习机构和教辅市场。加强校外活动场所建设和管理，丰富学生课外及校外活动。

学校要把减负落实到教育教学各个环节，给学生留下了解社会、深入思考、动手实践、健身娱乐的时间。提高教师业务素质，改进教学方法，增强课堂教学效果，减少作业量和考试次数。培养学生学习兴趣和爱好。严格执行课程方案，不得增加课时和提高难度。各种等级考试和竞赛成绩不得作为义务教育阶段入学与升学的依据。

充分发挥家庭教育在儿童少年成长过程中的重要作用。家长要树立正确的教育观念，掌握科学的教育方法，尊重子女的健康情趣，培养子女的良好习惯，加强与学校的沟通配合，共同减轻学生课业负担。

---

① 节选自《国家中长期教育改革和发展规划纲要(2010—2020年)》。

② 同上。

# 第 2 章　学生指导

学生指导包括指导学生身心健康发展的基础知识和基本能力两个部分。其中的基础知识是指小学生身心发展、思想品德发展、医疗、保健、传染病预防和意外伤害事故等方面的相关知识；基本能力是指能够运用这些知识有针对性地设计并实施小学教育的有关活动。

本章的内容包括以下九个方面：①了解教育与学习心理学的基本常识；②了解小学生身心发展的一般规律和特点；③了解小学生的认知特点以及学习兴趣培养、良好学习习惯养成的一般方法；④了解小学生思想品德发展的基本规律和特点；⑤了解小学生医疗、保健、传染病预防和意外伤害事故的相关知识；⑥掌握指导小学生学习的主要方法；⑦掌握小学生德育、美育和心理辅导的基本策略和方法；⑧能够根据小学生学习规律和个体差异，有针对性地指导学生学习；⑨能够遵循小学生身心发展规律，有针对性地开展德育、美育和心理辅导工作，促进小学生全面、协调发展。

## 2.1　小学生学习理论概要

### 2.1.1　心理学概述

心理学(psychology)一词来源于希腊文，意思是关于灵魂的科学。灵魂在希腊文中也有气体或呼吸的意思，因为古代人们认为生命依赖于呼吸，呼吸停止，生命就完结了。随着科学的发展，心理学的对象由灵魂改为心灵。直到 19 世纪初，德国哲学家、教育学家赫尔巴特才首次提出心理学是一门科学。科学的心理学不仅对心理现象进行描述，更重要的是对心理现象进行说明，以揭示其发生发展的规律。1879 年，冯特在德国莱比锡大学建立了第一个心理学实验室，标志着心理学成为了一门独立的学科。

心理学是一门研究人类及动物的心理现象、精神功能和行为的科学，既是一门理论学科，也是一门应用学科。包括理论心理学与应用心理学两大领域。心理学研究涉及知觉、认知、情绪、人格、行为和人际关系等许多领域，也与日常生活的许多领域——家庭、教育、健康等发生关联。心理学一方面尝试用大脑运作来解释个人基本的行为与心理机能；另一方面也尝试解释个人心理机能在社会行为中的角色。同时心理学也与神经科学、医学、生物学等科学有关，因为这些科学所探讨的生理作用会影响个人的心智。

心理学分为五个子领域，即脑神经科学(Neuroscience)、发展心理学(Developmental psychology)、认知心理学(Cognitive psychology)、社会心理学(Society psychology)、临床心理学(Clinical psychology)。简单讲，脑神经科学研究通过观察人类大脑的反应来研究他们的心理；发展心理学是研究人类是如何成长、发育和学习的一门学科；认知心理学是通过计算机方法来研究心理，即将心理比喻成计算机，看人类是如何游戏、辨别语言和物体辨认的；社会心理学则是研究人类的群体行为，怎样与他人交流；临床心理学主要研究心理健康和心理疾病。

### 2.1.2 学习心理学概要

学习是指人和动物在生活过程中，凭借经验而产生的行为或行为潜能的相对持久的变化。学习心理学是教育心理学的一个重要分支，是专门研究人们尤其是学生群体学习的一门科学。学习心理学立足于学生的学习本质，从人的学习过程、思维方式、行为方式、生理机制、学习类型、认知理论、信息加工、记忆原理、学习策略、学习技巧、学习迁移等领域的研究，总结出一系列的学习理论和学说。运用学习心理学理论和方法，可以从根本上解决学生的学习和行为问题，达到科学地学习，真正做到研究为实践所用。

**1. 行为主义学习理论**

行为主义学习理论的基本观点是，刺激是反应的连接。具体来说是这样的：一切学习都是通过条件作用，以刺激 S 和反应 R 之间建立直接联结的过程；强化在刺激-反应联结的建立中起着重要作用；在刺激-反应联结之中，个体学到的是习惯，而习惯是反复练习与强化的结果；习惯一旦形成，只要原来的或类似的刺激情境出现，习惯反应就会自动出现。

**巴甫洛夫的经典条件反射**

俄国著名的生理学家巴甫洛夫通过用狗作为实验对象，提出了广为人知的条件反射效应。所谓条件反射是指无条件刺激与中性刺激（也称为条件刺激）的反复结合，使中性刺激也获得信号意义的过程。保持与消退、分化与泛化是条件反射的基本过程。

**保持与消退**　巴甫洛夫发现，在动物建立条件反射后继续让铃声与无条件刺激（食物）同时呈现，狗的条件反射行为（唾液分泌）会持续地保持下去。但当多次伴随条件刺激物（铃声）的出现而没有相应的食物时，则狗的唾液分泌量会随着实验次数的增加而自行减少，这便是反应的消退。教学中，有时教师及时的表扬会促进学生暂时形成某一良好的行为，但如果过了一些时候，当学生在日常生活中表现出良好的行为习惯而没有再得到教师的表扬，这一行为很有可能会随着时间的推移而逐渐消退。

**分化与泛化**　在一定的条件反射形成之后，有机体对与条件反射物相类似的其他刺激也做出一定的反应的现象叫作泛化。比如，刚开始学汉字的孩子不能很好地区分“未”跟“末”，或“日”跟“曰”。而分化则是有机体对条件刺激物的反应进一步精确化，对目标刺激物加强保持，而对非条件刺激物进行消退。比如在体育教学中，教师帮助学生辨别动作到位和不到位时的肌肉感觉，从而使动作流畅、有力。

**桑代克的“尝试—错误”学说**

美国实证主义心理学家桑代克用科学实验的方式来研究学习的规律，提出了著名的联结学说。他把猫放入笼子，然后在笼子外面放上猫可以看见的鱼、肉等食物，笼子中有一个特殊的装置，猫只要一踏笼中的踏板，就可以打开笼子的门栓出来吃到食物。一开始猫放进去以后，在笼子里上蹿下跳，无意中触动了机关，于是它就非常自然地出来吃到了食物。桑代克发现随着实验次数的增多，猫从笼子里逃出来所花的时间在不断减少。到最后，猫几乎是一被放进笼子就去启动机关，即猫学会了开门栓这个动作。

通过这个实验，桑代克认为，所谓的学习就是动物(包括人)通过不断地尝试形成刺激—反应联结，从而不断减少错误的过程。他把自己的观点称为试误说。桑代克根据自己的实验研究得出了三条主要的学习定律：准备律，在进入某种学习活动之前，如果学习者做好了与相应的学习活动相关的预备性反应，学习者就能比较自如地掌握学习的内容；练习律，对于学习者已形成的某种联结，在实践中正确地重复这种反应会有效地增强这种联结；效果律，学习者在学习过程中所得到的各种正或负的反馈意见会加强或减弱学习者在头脑中已经形成的某种联结。

**斯金纳的强化学说**

继桑代克之后，美国又一位著名的行为主义心理学家斯金纳用白鼠作为实验对象，进一步发展了桑代克的刺激—反应学说，提出了著名的操作条件反射。斯金纳也专门为实验设计了一个学习装置——“斯金纳箱”，箱子内部有一个操纵杆，只要当饥饿的小白鼠按动操纵杆，小白鼠就可以吃到一颗食丸。开始的时候小白鼠是在无意中按下了操纵杆，吃到了食丸。但经过几次尝试以后，小白鼠“发现”了按动操纵杆与吃到食丸之间的关系，于是小白鼠会不断地按动操纵杆，直到吃饱为止。

斯金纳把小白鼠的这种行为称为操作性条件反射或工具性条件反射。斯金纳与桑代克的主要区别在于：桑代克侧重于研究学习的 S—R 联结，而斯金纳则在桑代克研究的基础上进一步探讨小白鼠乐此不疲地按动操纵杆的原因——因为小白鼠每次按动操纵杆都会吃到食丸。斯金纳把这种会进一步激发有机体采取某种行为的程序或过程称为强化，凡是能增强有机体反应行为的事件或刺激叫作强化物，导致行为发生的概率下降的刺激物叫作惩罚。

斯金纳按照强化实施以后学习者的行为反应，将强化分为正强化和负强化两种方式。正强化是指学习者受到强化刺激以后，加大了某种学习行为发生的概率。比如，由于教师表扬学生做出的正确行为，从而使学生能在以后经常保持这种行为。负强化是指教师对学习者消除某种讨厌刺激以后，学习者的某种正确行为发生的概率增加。比如，教师取消全程监控的方式以后，良好的学习习惯能够保持。

**2. 认知学习理论**

认知学习理论认为：学习不是在外部环境的支配下被动地形成刺激—反应(S—R)联结，而是主动地在头脑内部构造认知结构；学习不是通过练习与强化形成反应习惯，而是通过顿悟与理解获得期待；有机体当前的学习依赖于他原有的认知结构和当前的刺激情境，学习受主体的预期所引导，而不受习惯所支配。

**苛勒的完形—顿悟说**

格式塔学派心理学家苛勒曾在 1913—1917 年，对黑猩猩的问题解决行为进行了一系列的实验研究，从而提出了与当时盛行的桑代克的尝试—错误学习理论相对立的完形—顿悟说。苛勒认为：学习是通过顿悟实现的，而顿悟学习的实质是在主体内部构建一种心理完形。

**加涅的信息加工理论**

1974 年，美国心理学家加涅利用计算机模拟和当代认知心理学的信息加工观点来解释学习过程，展示了学习过程中的信息流程并提出了学习和记忆的信息加工模型。其主要观点如下：①学习是学习者摄取信息的一种程式。学习者从环境中接受刺激从而激活感受器，这是学习的第一步；②学习者自发的控制和积极的预期是制约课堂教学有效性的决定因素；③反馈是检验教学效果的手段。加涅在对学习活动进一步分析的基础上，又把与上述学习过程有关的教学划分为动机、了解、获得、保持、回忆、概括、作业和反馈八个阶段。

**布鲁纳的认知发现学习理论**

布鲁纳是美国著名的教育心理学家，他的主要教育心理学理论集中体现在1960年出版的《教育过程》一书中。布鲁纳主要研究有机体在知觉与思维方面的认知学习，他把认知结构称为有机体感知和概括外部世界的一般方式。布鲁纳始终认为，学校教育与实验室研究猫、狗、小白鼠受刺激后做出的行为反应是截然不同的两回事。他强调学校教学的主要任务就是要主动地把学习者旧的认知结构置换成新的，促成个体能够用新的认知方式来感知周围世界。布鲁纳认知发现学习理论的基本观点为：

重视学科基本结构的掌握。布鲁纳强调“不论我们选教什么学科，务必使学生理解该学科的基本结构”。所谓“基本”，就是“具有既广泛而又有强有力的适用性”，学科的基本结构包括基本概念、原理和规律，也就是每科教学要着重教给学生这“三基”。

提倡有效学习方法的形成。在布鲁纳看来，人类具有对于不同事物进行分类的能力，人的学习其实就是按照知识的不同类别把刚学习的内容纳入到以前学习所形成的心理框架(或现实的模式)中，有效地形成学习者知识体系的过程。布鲁纳认为，人类的知觉过程也就是对客观事物不断进行归类的过程。所以，他提倡教师在帮助学习者学习的过程中，不仅要提供必要的信息，而且要教会学生掌握并综合运用对客观事物归类的方法。

强调基础学科的早期教学。布鲁纳有句名言——“任何学科的基础知识都可以用某种形式教给任何年龄的任何人”，因此主张将基础知识下放到较低的年级教学。他认为任何学科的最基本的观念是既简单又强有力的，教师如果能够根据各门学科的基本概念按照儿童能够接受的方式开展教学的话，就能够帮助学生缩小“初级”知识和“高级”知识之间的距离，有效地促进知识之间的迁移，引导学生早期智慧的开发。

主张学生的发现学习。所谓发现，是指学习者独自遵循他自己特有的认识程序亲自获取知识的一切方式。布鲁纳反复强调教学是要促进学生智慧或认知的生长，他认为，“教育工作者的任务是要把知识转换成一种适应正在发展着的学生的形式，以表征系统发展的顺序，作为教学设计的模式”。由此，他提倡教师在教学中要使用发现学习的方法。

**奥苏伯尔的认知同化理论**

奥苏伯尔是美国的认知心理学家，他对教育心理学的杰出贡献集中体现在他对有意义学习理论的表述中。他在批判行为主义简单地将动物心理等同于人类心理的基础上，创造性地吸收了皮亚杰、布鲁纳等同时代心理学家的认知同化理论思想，提出了著名的有意义学习、先行组织者等，并将学习论与教学论两者有机地统一起来。

有意义学习。奥苏伯尔学习理论的核心是有意义学习，他指出，“有意义学习过程的实质就是符号所代表的新知识与学习者认知结构中已有的适当观念建立非人为的和实质性的联系”。在他看来，学习者的学习，如果要有价值的话，应该尽可能地有意义。

知识的同化。奥苏伯尔学习理论的基础是同化。他认为学习者学习新知识的过程实际上是新旧材料之间相互作用的过程，学习者必须积极寻找存在于自身原有知识结构中的能够同化新知识的停靠点，这里同化主要指的就是学习者把新知识纳入到已有的图式中去，从而引起图式量的变化的活动。奥苏伯尔指出，学习者在学习中能否获得新知识，主要取决于学生个体的认知结构中是否已有了有关的概念(即是否具备了同化点)。教师必须在教授有关新知识以前了解学生已经知道了什么，并据此开展教学活动。

奥苏伯尔按照新旧知识的概括水平及其相互间的不同关系，提出了三种同化方式：下位学习、上位学习和并列结合学习。

下位学习(又称类属学习)主要是指学习者将概括程度处在较低水平的概念或命题，纳入自身认知结构中原有概括程度较高水平的概念或命题之中，从而掌握新学习的有关概念或命题。上位学习(又称为总括关系)是指在学习者已经掌握几个概念或命题的基础上，进一步学习一个概括或包容水平更高的概念或命题。并列结合学习是指当新学习的概念和命题既不能与原有知识结构中的概念或命题产生下位关系，也不能产生上位关系，而是并列关系时，这时的学习便只能采用并列结合学习。

奥苏伯尔还在有意义学习和同化理论的基础上提出了学习的原则与策略。逐渐分化原则，这条原则主要适合下位学习，学习者在学习新知识时，用演绎法从已知的较一般的整体中分化细节要比用归纳法从已知的具体细节中概括整体容易一些。因而教师在传授新知识时应该先传授最一般的、概括性最强的、包摄性最广的概念或原理，然后再根据具体细节逐渐加以分化。综合贯通原则，这条原则主要适合上位学习和并列结合学习，教师在用演绎法渐进分化出新知识的同时，还要注意知识之间的横向贯通，要及时为学习者指出新旧知识间的区别和联系，防止由于表面说法的不同而造成的知识间人为地割裂，促进新旧知识的协调和整合。序列巩固原则，这条原则主要针对并列结合学习，该原则指出对于非上位、非下位关系的新旧知识可以使其序列化或程序化，使教材内容由浅入深、由易到难。同时，奥苏伯尔也指出，对于这类知识的学习，教师还应该要求学习者及时采取纠正、反馈等方法复习回忆，保证促进认知结构中原有观念的稳定性以及对新知识掌握的牢固性。

**3. 建构主义学习理论**

建构主义的基本观点是，学习者不是被动接受学习内容，而是积极主动的建构起意义，让新学习内容和已有知识结构建立实质性的非人为的联系。

建构主义的知识观——对知识的意义，建构主义强调的是人类知识的主观性，他们认为，人类知识只是对客观世界的一种解释、一种假设，并不是对客观现实的准确表征。它不是最终的答案，而是会随着人类认识的进步而不断地被新的解释和假设所推翻、所取代的。对知识的应用，建构主义则强调应用的情境性。

建构主义的学习观——建构主义认为，学生不是被动的信息接受者，学习不是知识由教师到学生的简单的转移或传递，而是在师生共同的活动中，教师通过提供帮助和支持，使学生主动地建构自己知识经验的过程，这种建构是任何人所不能代替的。

建构主义的教学观——建构主义认为，学生是信息意义的主动建构者，“学习者并不是把知识从外界搬到记忆中，而是以已有的经验为基础，通过与外界的相互作用来建构新的理解”。教学不能无视学生已经具有的这些知识经验，而是要把学生现有的知识经验作为新知识的生长点，引导学生从这些知识经验中“生长”出新的知识经验。

**4. 人本主义学习理论**

人本主义心理学代表人物罗杰斯认为，人类具有天生的学习愿望和潜能，这是一种值得信赖的心理倾向，它们可以在合适的条件下释放出来。当学生了解到学习内容与自身需要相关时，学习的积极性最容易激发，在一种具有心理安全感的环境下可以更好地学习。罗杰斯认为，教师的任务不是教学生知识，也不是教学生如何学习知识，而是要为学生提供学习的手段，至于应当如何学习则应当由学生自己决定。教师的角色应当是学生学习的“促进者”。

知情统一的教学目标观。由于人本主义心理学家认为人的潜能是自我实现的，而不是教育的作用使然，因此在环境与教育的作用问题上，他们认为虽然“弱的本能需要一个慈善的文化来孕育他们，使他们出现，以便表现或满足自己”，但是归根结底，“文化、环境、教育只是阳光、食物和水，但不是种子”，自我潜能才是人性的种子。他们认为，教育的作用只在于提供一个安全、自由、充满人情味的心理环境，使人类固有的优异潜能自动地得以实现。

有意义的自由学习观。由于人本主义强调教学的目标在于促进学习，因此学习并非教师以填鸭式严格强迫学生无助地、顺从地学习枯燥乏味、琐碎呆板、现学现忘的教材，而是在好奇心的驱使下去吸收任何他自觉有趣和需要的知识。所谓有意义学习(significant learning)，不仅是一种增长知识的学习，而且是一种与每个人各部分经验都融合在一起的学习，是一种使个体的行为、态度、个性以及在未来选择行动方针时发生重大变化的学习。对于有意义学习，罗杰斯认为主要具有四个特征：全神贯注、自动自发、全面发展、自我评估。

学生中心的教学观。罗杰斯从人本主义的学习观出发，认为凡是可以教给别人的知识，相对来说都是无用的；能够影响个体行为的知识，只能是他自己发现并加以同化的知识。因此，教师的任务不是教学生学习知识(这是行为主义者所强调的)，也不是教学生如何学习(这是认知主义者所重视的)，而是为学生提供各种学习的资源，提供一种促进学习的气氛，让学生自己决定如何学习。罗杰斯认为，教师应该是“学习的促进者”(facilitator)，促进学生学习的关键不在于教师的教学技巧、专业知识、课程计划、视听辅导材料、演示和讲解、丰富的书籍等，而在于特定的心理气氛因素，这些因素存在于“促进者”与“学习者”的人际关系之中。

## 2.1.3 儿童认知发展理论

**1. 皮亚杰的儿童认知发展阶段论**

瑞士心理学家皮亚杰(Jean Piaget)，是近代最有名的儿童心理学家之一。他首先提出应用图式、同化、顺应和平衡等概念描述儿童的认知发展。皮亚杰认为发展是个体与外界环境不断相互作用的一种建构过程，个体内部的心理结构是不断变化的。同化和顺应是发展中同时存在的两个过程。所谓同化是指个体将环境因素纳入已有的图式之中，以加强和丰富主体的动作；所谓顺应是指个体改变自己的动作以适应客观变化。个体的认知发展就是在同化和顺应这两个过程的同时作用下从一个平衡状态走向另一个更高的平衡状态。皮亚杰还首次根据儿童认知发展的不同特点将儿童的认知发展分为感觉运算、前运算、具体运算和形式运算4个阶段。

感觉运算阶段(0～2岁)，这一阶段的儿童只能依靠自己的肌肉动作和感觉应付外界事物。动作表现为外显活动，尚未内化，还不能在头脑中进行。通过与外界的交往，动作慢慢协调起来，逐渐知道自己的动作与动作对外物所起的作用之间的关系，并能有意识地进行某种活动。进而，开始把自己和外物区别开来，有了客体永久性观念，即知道物体在看不见摸不着的时候仍继续存在。

前运算阶段(约2～7岁)，又称前逻辑阶段。在这一阶段，动作虽然内化了，但尚未形成从事逻辑思维所需要的心理结构，还不能进行运算，因而它是具体运算的准备期。这一时期的幼儿只能以表象进行思维，他们的思维是表面的、原始的和混乱的。这个时期儿童的认知开始出现象征(或符号)功能(如能凭借语言和各种示意手段来表征事物)。正是由于这种消除自身中心的过程和具备象征功能，才使得表象或思维的出现成为可能。但在这个阶段，儿童还不能形成正确的概念，他们的判断受直觉思维支配。例如，唯有当两根等长的小木棍两端放齐时才认为它们同样长；若把其中一根朝前移一些，就会认为它长一些。所以，在这个时期，儿童还没有运算的可逆性，因而也没有守恒性。

具体运算阶段(约7～11岁)，此阶段相当于童年期。在这一阶段，儿童形成了初步的运算结构，出现了逻辑思维，思维具有可逆性，产生了守恒观念。运算的知识是考虑事物如何从它们原来的样子改变成现在这个样子的，儿童能认识到物体不因为形状和位置的改变而改变质量，儿童不会被各种具体的、表面化的变化所迷惑，能在变化中把握事物的本质。但运算还离不开具体事物的支持，只能将逻辑运算运用到具体或者可观测到的实物中，并不能扩展到抽象的概念中。儿童能根据事物的性质和关系将实物进行不同的组合。前运算阶段只能根据简单性质或者单一性质进行分类，现在可以进行复杂的、多元的分类。内心根据事物的大小、多少、轻重、长短等关系对事物进行次序安排。

形式运算阶段(约11～16岁)，此阶段相当于少年期。到这一阶段，个体形成了完整的认知结构系统，能进行形式命题思维，智力发展趋于成熟。他们开始从具体事物中解脱出来，能在头脑中将形式和内容区分开来；能运用语词或符号进行抽象逻辑思维，能根据假说或命题进行逻辑演绎推理。这一阶段的思维比具体运算阶段有更大的灵活性。

**2. 维果茨基的最近发展区理论**

苏联心理学家维果茨基注意到虽然儿童的认知发展制约着教学的内容和方法，但是教学也在促进着儿童的认知发展。他认为学生的发展有两种水平：一种是学生的现有水平，指独立活动时所能达到的解决问题的水平；另一种是学生可能的发展水平，也就是通过教学所获得的潜力。两者之间的差异就是最近发展区。教学应着眼于学生的最近发展区，为学生提供带有难度的内容，调动学生的积极性，发挥其潜能，超越其最近发展区而达到下一发展阶段的水平，然后在此基础上进行下一个发展区的发展。

以素质教育为背景的我国当前教学改革则倡导面向全体学生，使学生全面发展的现代发展式教学观。这一观点认为，教学的本质是激励学生的学习积极性，帮助学生全面发展。而维果茨基的最近发展区理论所倡导的教学观恰好与之暗合。维果茨基的最近发展区理论认为，学习与发展是一种社会和合作活动，它们是永远不能被“教”给某个人的。它适于学生在他们自己的头脑中构筑自己的理解。而正是在这一过程中，教师扮演着“促进者”和“帮助者”的角色，指导、激励、帮助学生全面发展。

## 2.2 小学生认知发展理论

认知是个体对客观世界的认识。人的认知主要包括他的高级的、属于智力性质的心理过程，诸如思维、想象、创造、智力、推理、概念化、符号化、计划和策略的制定、问题解决等。较广义地讲，它也包括注意、记忆、学习、知觉以至有组织的运动；还可以把人在社会交往中和个体的认知活动中所使用的语言也包括在内。由此，认知发展所涉及的问题也很广泛和复杂，诸如人的整个认知以及它所包含的各种过程如何发生，如何随个体的成长而变化，制约认知发展的客观条件，认知在个体成长的每个阶段上的特点，认知发生和发展的内在的规律性，它的发生和发展过程中的量变与质变等。

### 2.2.1 小学生感知的发展

感觉主要有视觉、听觉、味觉、嗅觉、肤觉、运动觉、平衡觉和机体觉等。知觉主要有视知觉、听知觉、嗅知觉、空间知觉、时间知觉和运动知觉等。下面具体介绍其中的几种。

**1. 视觉**

眼睛是周围世界信息输入最重要的感觉器官。在人们的认识活动中占有极其重要的地位。据说人们所获信息量的80%左右来源于视觉。小学生的视觉是随着年龄的日益增长和小学生学习活动的不断深入而逐渐提高的。其发展主要表现在以下三个方面：

视敏度的发展。视敏度俗称视力，是指在一定距离内感知和辨别细小物体的视觉能力。有人对儿童视敏度的研究证明，童年期的绝对感受性的增长比幼儿期缓慢，而差别感受性的增长比幼儿期显著，尤其是7～15岁的差别感受性比绝对感受性提高很多。研究证明，10岁前儿童的视敏度不断提高；10岁儿童的水晶体的弹性较大，视觉调节能力的范围最大，远近物体看得都较清楚；10岁以后，随着年龄的增长，视觉调节能力逐渐降低。

近年来，小学生中戴近视镜的人数不断增加，与眼睛的生理机能变化有关，更与人们用眼习惯有关。有的儿童不注意用眼卫生，如经常在暗淡的光线下长时间地注视，造成眼睛过度疲劳；眼睛离书本的距离太近，使眼睛只习惯近物；写字时执笔的姿势不正确。有人曾对五百多名中小学生作调查，发现执笔姿势不正确的达65%。这不仅直接影响了学生视力，还会影响学生的骨骼、体形的健康发育。为此，教师应特别注意指导小学生正确用眼。

颜色视觉的发展。小学一年级儿童已能正确辨认各种颜色，能正确匹配各种不同颜色，对于经常见到的颜色也能叫出名称。至于不同饱和度以及混合色的精确命名，与小学教育教学的训练有关。有人用20个深浅各不相同的红色和黄色毛线团对20个孩子进行训练，每天训练20次，要求按颜色深浅顺序排列5遍，出现错误及时纠正。经过4天，训练的结果为：红色由原来能辨别3种提高到能辨别12种，黄色由原来能辨别2种提高到能辨别10种。对绿色、蓝色训练也有一定效果，训练前对绿色和蓝色不能辨认，训练后，对绿色能辨认6种，对蓝色能辨认4种。

另外，小学生已具有对颜色的偏好倾向。如在常用的几种颜色中，对红色、绿色、黄色偏爱的儿童较多，对灰色、棕色、黑色偏爱的儿童较少。对于颜色爱好的性别差异，6岁以前不明显。6岁以后，男性最喜爱黄色、蓝色，其次喜欢绿色、红色；女性则最喜爱红色、黄色，其次喜欢橙色、白色和蓝色。儿童对颜色的偏爱，与实践活动及客体固有颜色有关。如经常画兔子，则喜欢白色；经常画自然风光，则喜欢绿色。

**2. 听觉**

小学儿童在学习语言过程中，必须精确地分辨各种语音，如 zh 和 z、ch 和 c、sh 和 s、d 和 t、n 和 l，以及汉语中的四个声调和语音相近的字等。在音乐学习过程中，更需要精确地分辨各种音调、音强、音色、节奏等，这些都会促进儿童听觉的发展。据国外对5～14岁儿童的研究，不论男孩和女孩，白人和黑人，儿童在十二三岁以前，听觉感受性一直在增加，但到了成年期，听觉能力便逐渐下降。

纯音听觉。小学儿童听觉的敏感度逐渐提高。有人把6岁入学儿童的听觉能力作为标准单位1，经过训练后，发现7岁就可发展到1.4，8岁可达1.6，9岁可达2.6，10岁可达3.9。当然整个小学阶段听觉敏感度都不如成人，更未达到高峰。

语音听觉。小学生入学后，在语音教学特别是汉语拼音教学的影响下，语音听觉发展非常迅速。到了一年级末，辨别汉语四声和相近字音的能力可达到成人的水平。刘兆吉等人(1980)的研究表明，儿童对语音的感知能力受方言的影响，并且农村儿童略低于城市儿童，这主要是生活环境和教育条件所造成的。

听觉辨别能力。听觉辨别能力是指对不同声音之间差异辨别的能力及辨别不同词语之间差异的能力。听觉辨别能力可以通过一些特殊的测验来评价。在测验中，向儿童成对呈现发音差异很小的词，要求儿童背对测试者(避免儿童从测试者的口形中找出视觉线索)，辨别词的异同，如为和会、b 和 p 等。还可以让儿童分别在安静背景下与有噪声背景下进行辨别。

听觉记忆能力。听觉记忆能力是指储存与回忆所听到信息的能力。例如，关窗、开门和把书放在书桌上三个活动，儿童听了以后能够把这三件事储存起来，在做的时候再回忆起来。

听觉系列化能力。听觉系列化能力是把测试者口头所述的一系列信息按次序回忆出来的能力。例如，测试者说“A、B、C…”或“小红、小明、小聪……”要求儿童按照测试者所说的顺序回忆出来。

**3. 空间知觉**

空间知觉是人脑对物体空间特性的反映。空间知觉包括大小知觉、形状知觉、方位知觉、距离知觉等。人没有专门感知空间的感觉器官，它是由多种感官联合协调活动的结果。视觉、触觉和运动觉在空间知觉中起着特别重要的作用，听觉和平衡觉也常协同参加感知空间的活动，如通过听觉可以分辨声音发出的方位及远近。

大小知觉。儿童大小知觉发展比较早。入学后，儿童不仅能熟练地用目视测量和比较测量进行直觉判断，而且还逐渐运用推理进行判断。研究发现，对图片空间面积大小的判断能力，7～8岁儿童处于直觉判断和推理判断相交叉的过渡阶段，高年级儿童有85%以上人次已能运用推理判断来比较空间和面积的大小，说明小学高年级学生大小知觉发展到新的水平。

形状知觉。汉字识别被现代认知心理学作为研究人们的知觉过程中信息加工的一个重要内容。研究表明，大学生、初中生和小学三年级学生对高频、少笔画、独体字的识别是熟练的，而小学生组的总平均反应时明显慢于大学生组和初一学生组，说明小学三年级学生的汉字识别技能明显不如其他两组。初入学儿童对几何图形及其概念已有初步了解；在儿童掌握几何图形的概念中，前科学概念(日常生活概念)多于科学概念；儿童掌握几何图形和几何概念与儿童的“接近程度”有关，致使儿童对梯形的认识不如其他图形。

方位知觉。初入学儿童一般已能很好地辨别前后、上下、远近(在画图时，辨别远近则很困难)。但对于左右方位，则常常要和具体事物联系起来，才能辨别。如上体操课时，对“向左转”、“向右转”的口令反应不够灵敏和准确，有1/3的儿童出现错误。对字形的感知往往只注意形状而不注意方位，尤其在学习困难的儿童中，有5%的儿童出现书写字母颠倒，呈现镜中倒影的现象，如把“3”写成“ε”，把“8”写成“∞”，“b”“d”和“q”“p”不分等。

### 2.2.2 小学生思维的发展

思维是认识的高级阶段是较高级的心理过程，它具有概括性和间接性的特点。儿童思维的发展是与儿童言语的发展分不开的，也与儿童的经验和实践活动密切相关。借助思维活动，儿童才能在学习过程中，深入理解教材，掌握多种概念、理论，了解事物的规律和知识体系，才能在人际交往中解决自身遇到的各种问题。

**1. 由具体形象思维向抽象逻辑过渡**

小学生思维发展的基本特点是：从以具体形象思维为主要形式逐步过渡到以抽象逻辑思维为主要形式。这种“过渡性”的特征主要表现在以下几个方面：过渡是通过新质要素的逐渐积累和旧质要素的逐渐“消亡”和改造而实现的，过渡也表现为发展过程中的“飞跃”或“质变”。发生“质变”的转折关键年龄是小学3～5年级；初步具备了人类思维发展的完整结构，即逐渐具备了明确的目的性，思维基本过程日益完善，自我监控和自我调节能力日益加强，思维品质上的个体差异也有了明显的表现；存在着不平衡性，表现在不同的思维对象、不同学科和不同教材的掌握上，孩子思维发展的趋势表现出很大的差异。

刚入学儿童的思维还离不开事物的具体形象，也就是说，他们还要借助具体事物的表象解决问题。有经验的教师都会发现这样一个事实：当儿童对抽象的数学运算感到困难时，只要教师用直观教具一演示或以形象的语言来提示，学生就能很快领悟，得到正确答案。初入学儿童的思维虽然保持具体形象的特点，但不意味着他们的思维没有任何抽象概括的成分。

小学儿童的思维如何从以具体形象为主向以抽象概括为主过渡呢？我们仅以一个实验为例具体说明。在一个关于“儿童对物体运动速度”的认知发展研究中，小学儿童在理解 $v=s/t$ 这一抽象关系时经历了这样一个过程：最初(6～7岁)儿童比较两车速度的快慢只是依据单一的空间因素，如哪个车停在前面哪个车就快；或只依据单一的时间因素，如哪个车先停哪个车就快。以后，儿童逐渐能看到空间和时间两方面的因素，但也只能从外部形象判断，不能整合其中的关系。最后，儿童才能真正抽象出“速度＝路程÷时间"的关系，主动采取各种策略解决问题，他们的思维逐渐达到了抽象概括的水平。对速度的认知如此，对其他事物的认知也表现出类似的发展趋势。

**2. 思维的基本过程日趋完善**

分析和综合是思维的基本过程。幼儿在解决问题时，往往只注意事物的某一点或某一个方面，不能同时注意和思考更多的方面。这种倾向称之为思维的中心性。瑞士著名心理学家皮亚杰做过一个试验：他给儿童看两个形状、大小完全一样的玻璃杯，杯中装着一样多的水，让儿童确认两个杯子的水一样多之后，将其中之一倒在另一个扁平的杯子中。他们让儿童判断此时两个杯子的水是否一样多，幼儿往往认为两杯水是不一样多的。这说明幼儿在解决问题时往往容易考虑事物的单一因素，他们的分析综合能力还很差。

而到了小学阶段(6岁半到8岁半)，儿童已能同时考虑到液面降低了和杯子变宽了等多种因素，而且知道一个维度——液体高度的变化可以由另一个维度——液体宽度的相应变化所补偿。这种倾向称为思维的脱中心化，这说明儿童的分析综合能力提高了。小学低年级儿童还只能在直接观察事物的条件下进行分析综合，随着儿童知识经验的积累，在教学条件的影响下，小学高年级儿童已能在表象和概念的基础上进行更高水平的分析和综合了。

比较也是思维的过程。要找出事物的相同点和不同点就需要比较。研究表明，小学儿童比较能力的发展表现在：从区分具体事物的异同，逐渐发展到区分许多部分关系的异同；从直接感知条件下的比较逐步发展到运用语言在头脑中引起表象的条件下进行比较。小学儿童的比较不是在所有条件下都是相同的，对某些事物的比较既能找出相似点又能找出细微的差别，但在另一些条件下，他们进行比较时则有所不同。

小学生的抽象概括能力也有了明显的发展，这种发展表现在儿童能从对事物外部特点的概括(形象概括)发展到对事物本质属性的概括(抽象概括)；从对简单事物的概括发展到对复杂事物的概括。对儿童词语概括能力的研究，发现二年级至五年级儿童在概括三组包含不同因素的材料时，有不同的水平，句组中包含的因素越多，概括的难度越大。小学儿童的概括能力是随年龄的增长而逐渐发展的，但发展的过程有时快有时慢，对不同任务的认知发展是不同步的。

儿童对数的概括能力的发展也表现出类似的发展趋势。对儿童数能力发展的研究表明，小学儿童数概念的发展趋势是，7～8岁儿童基本上属于具体形象概括，8～10岁从具体形象概括向抽象概括过渡，10～12岁儿童大部分达到初步本质抽象概括水平。

**3. 逐步稳定地形成各种概念**

概念是思维的重要方面，概念的形成和发展是认知发展的重要组成部分。儿童只有形成了某种概念，才能用它进行抽象、概括、判断和推理，用它来分析问题和解决问题。而另一方面，儿童掌握概念和理解概念又是以原有认知水平，特别是以思维水平为基础的。

儿童概念的发展水平是教材和教法制定的依据，教师在教学过程中，只有按照儿童概念发展的规律传授知识，才能更好地促进儿童智力的发展。对儿童认数、数序与系列、数的组成、运算和应用四方面的研究发现，儿童数概念的发展表现出四种水平。小学

6～8岁儿童已由利用实物运算过渡到抽象的数的运算：经过学习，形成数群概念，逐步掌握三四位数的初步概念系统。在这个范围内，能比较数的大小，认识数的相邻关系。数词和标志同一数量的图形之间建立了联系，可以互相转换，能解决简单的应用题。大约 9～12 岁即小学三年级到六年级学生逐步形成数的概念系统。此时儿童的抽象逻辑思维有了发展，儿童可以通过推理掌握更大的数，在一定的范围内正确运用归纳和演绎的形式进行推理，能解决条件较隐蔽、内容较复杂的应用题，能逐步认识三维空间图形。研究也发现，概念的发展水平明显受任务条件和教育条件的影响，有时会显示出不同步现象。

**4. 已能初步监控自己的认知活动**

能监控自身的认知活动过程与策略，即对认知的认知，是发展得较迟的一种能力，称其为元认知能力。元认知已成为认知发展研究中一个重要领域。幼儿的元认知能力还刚刚萌芽，而到了小学阶段，儿童的这种能力已有所发展。在解决问题之后，如果你要求儿童报告其解决问题的过程和采用的方法，他们已能回答问题。但如果要求儿童详细描述自己解题的过程和策略时，他们还会感到困难。

### 2.2.3　小学生的语言发展

小学生入学后，学习成为他们的主导活动，不仅学校的学习活动向小学生提出进一步掌握言语的要求，而且小学生的社会交际和活动也向小学生提出进一步掌握言语的要求，这样就形成了小学生言语能力发展的内在动力。小学生在教育教学的影响下，他们的言语水平发展到了新的高度。

**1. 小学生口头言语的发展**

学前儿童的口头言语已经有了很大的发展，他们掌握了一定数量的词汇，能够运用简短的语句来表达思想，并且有一定的连贯性。小学生入学后，口头言语无论是质还是量都逐步得到了发展和提高。

小学生的口头言语包括两种主要形式：一种是对话言语；另一种是独白言语。小学生入学后，由于学习上的需要，独白言语成为口头言语的主要形式。例如，朗读课文、回答问题、在各种场合发言等，都是独白言语。研究表明：初入学的儿童的口头言语以对话言语占主导地位，二、三年级小学生时独白言语开始发展起来，四、五年级时口头表达能力初步完善，能较完整地、连贯地表达自己的意思。

小学生口头言语的发展，与教育培养有很大的关系，其中与小学语文教学的关系更为密切。根据小学生口头言语发展特点，在发展小学生口头言语时应注意以下方面：

要求小学生发音正确。学前儿童在口头言语的基础上，已掌握了正确的发音，如能区分一些相似的音；能区分四声；能正确表达语调等。但是儿童年龄越小，口头言语的可塑性就越大，其发音受到周围环境的影响也较大。因此，成人尤其是教师的发音必须十分准确；同时要努力克服方言对小学生口头言语的消极影响。

要求小学生丰富词汇。初入学的小学生已经掌握了一定数量的词汇，但是这些词汇大部分是具体的，抽象的词不多，很多词内容贫乏，这种情况是和学习的要求不相适应的。为此，教师应帮助小学生丰富词汇、理解词义、认识词性，并用恰当的词语进行表达。在小学生的口头言语的发展上，书面词汇的掌握是至关重要的。

要求培养小学生的口头表达能力。在教学条件的影响下，要求小学生口语表达能力进一步发展起来。要求发言时语句完整、符合语法规则、前后连贯、分清主次、清晰流利。同时，口头表达还与语速、语调、表情有很大的关系。所以教师要在课内外为小学生创设对话和独白的机会，并耐心地观察和指导。

帮助小学生克服口吃，口吃是一种言语性障碍。其基本表现是在说话过程中整个语句失去了正常的节奏。如：多个字重复、说话费力，有时还有呼吸紊乱及摇头、翻白眼等行为。口吃的原因很多，对口吃者进行模仿、紧张等都会引起口吃。一般而言，性格内向、胆子小的儿童容易口吃。教师应注意减轻其心理负担，帮助他们树立信心，提高勇气。但是口吃的问题重在预防，教师特别不要对小学生说话有问题时大声训斥，造成他们的心理压力，从而引发小学生的口吃。

**2. 小学生书面言语的发展**

初入学的小学生一般只有运用口头言语的经验，还没有掌握书面言语，儿童真正掌握书面言语是从小学开始的。书面言语和口头言语相比较有如下特点：①书面言语比口头言语出现得要晚；②书面言语比口头言语要求更高、更复杂；③书面言语可以超越时空的限制，可以为人类长期积累和保存。

整个小学阶段，小学生最初是书面言语落后于口头言语，在正确的教学影响下，从二、三年级开始，书面言语逐渐赶上口头言语的水平，约从四年级开始，小学生书面言语的发展超过了口头言语的水平。资料表明，在小学生书面言语与口头言语中，词的数量之比为：一年级 20∶40；二年级 42∶46；三年级 73∶75；四年级 106∶76。

先看看小学生识字的特点。据统计，一般成人的识字量在 3000～5000 字左右，小学生也能掌握到这个范围，一般低年级学生识字 1000 左右，中年级学生识字 1300 左右，小学高年级识字 3500 左右。小学生识字的潜能是很大的，常常有超前识字的现象。有专家对我国小学生的识字量进行了研究，结果为：小学生各年级识字发展水平不平衡。年龄越小，分化越大，以小学一年级和三年级为最；小学生识字具有回生的现象。年级越低，回生率越高；小学生在识字过程往往会出现错别字现象。其发展趋势是随年龄增长而降低。

再看看小学生阅读的特点。阅读的基本方式是朗读和默读。朗读是口头言语和书面言语的结合，默读是内部言语和书面言语的结合。小学生掌握阅读，大体上要经历三个阶段：第一阶段主要是分析阶段。这时的小学生由于识字不够熟练，由于知识经验的限制，常常是一个字、一个词地读，而不是整句地读，停顿很多；第二阶段主要是综合阶段。这个时候的小学生常常忙于读出整个的词或句子，以至于对词或句的感知和发音不能和对词或句子的理解完全结合起来，因而常常发生断词、断句或理解错误；第三阶段主要是分析综合阶段。在第二阶段基础上，阅读时分析和综合逐渐平衡，读出的音和词句的理解逐渐统一起来。这个阶段就是流畅地朗读的阶段。

研究我国小学生朗读的年龄特点，发现：①识字是朗读的前提，理解是朗读的基础；②朗读的指标是响度、口齿、准确、表情、技能五个方面，小学二、三年级能够较好地掌握“响度”和“口齿”，而“技能”和“准确”到了小学六年级还不完善；③小学生朗读个体发展不平衡，个体差异较大；④小学生朗读有性别差异，一般女生优于男生。

同样的研究表明小学生默读的年龄特点：①小学生三年级开始，对自己学过的材料能够默读。②小学四年级默读能力逐渐发展，到了五年级达到小学的高峰，但小学生总体默读水平不高，初步的完善要到初中。③默读的主要指标是复述和理解。小学一、二、三年级学生复述的占90％，理解的占75％；小学四五年级学生复述的占53％～83％，理解的占53％～76％。④男女生差异不明显。一般复述女生略优于男生，理解则是男生明显优于女生。

再次看看小学生写作的特点，写作是书面言语的高级阶段。小学生言语的学习是按听、说、读、写的顺序进行的。写作是以口头表达能力和阅读能力为基础，同时反映了小学生的内部言语的发展。

小学生写作能力的发展，大体经历了三个阶段：准备阶段，这个阶段主要是口头作文阶段，比如口头造句、看图说话等，小学低年级就处于这个阶段；过渡阶段，从口述向笔述的过渡，即把口述的内容写成书面的东西，例如，看图作文、模仿范文写作等；独立写作阶段，即根据一个命题，小学生独立思考、写作的阶段，独立写作是书面言语的最高阶段。

**3. 小学生内部言语的发展特点**

内部言语是一种不出声的言语活动，它是在外部言语的基础上形成的，内部言语是和逻辑思维、独立思考、自觉行动有着更多联系的一种高级言语形态。学习越复杂，思维越复杂，就越需要复杂的内部言语。内部言语有一个发展过程。婴儿完全没有内部言语，幼儿在游戏中会有一种自言自语的独白言语。儿童进入小学后，学习任务需要他们独立思考，于是内部言语也就发展起来了。

在小学阶段，内部言语的发展可以分为三个阶段：第一阶段，出声思维阶段，初入学的小学生还不善于思考问题，这时，主要通过出声的思考和回答教师提出的问题来发展内部言语能力；第二阶段，过渡阶段，在比较简单的问题中，小学生在出声思维的同时，会有短时间的无声思维；第三阶段，无声思维阶段，小学生三、四年级以后，无声思维逐渐占据了主导地位，但是如果小学生在演算或思考出现困难时，往往还是会出现有声思维。

总之，内部言语的发展不是在小学阶段就完成了的，在个体一生的发展中，内部言语都在不断完善和发展着。

### 2.2.4 小学生注意的发展

注意是心理活动或意识对一定对象的指向与集中。注意按是否有目的和意志努力可以分为不随意注意、随意注意和随意后注意三种。不随意注意，指事先没有目的，也不需要意志努力的注意。随意注意，指事先有预定目的，需要一定意志努力的注意。随意后注意，事先有一定的目的，但是不需要意志努力的注意。小学生注意力的发展主要表现在注意的自觉性和注意品质的完善程度上。

**1. 有意注意逐渐发展，无意注意仍起作用**

低年级的小学生，无意注意仍起很大作用，他们兴奋抑制的产生比较迅速，第二信号系统的抑制作用较弱，容易受外界新鲜、突变和运动的事物所吸引，从而容易分散注意力。随着教师向学生提出各种要求，特别是学习任务的增多，学习活动仅靠无意注意是无法完成的，所以就迫使小学生由无意注意向有意注意发展，就整个小学阶段而言，无意注意仍起着重要的作用。

**2. 注意的范围依然有限**

注意的范围是指在同时间内注意物体的数量。它主要取决于主体的知识经验，由于小学生知识经验少，他们的注意范围要比成人小，尤其是小学低年级学生，其注意更具有狭隘性。研究表明，小学生的注意广度平均只限于三四个客体，成人约为 4～6 个客体。另外，低年级小学生还不善于注意事物的内部联系，因而注意的范围受到限制。例如，一年级小学生总是一个字一个字地阅读课文，注意的范围很小。到了高年级，才能把字和字连成句子阅读，并逐渐注意到句与句之间的联系，注意范围扩大了。要扩大小学生注意的范围，教师应做到：一是引导学生对教材有很好地理解；二是理解时充分运用直观教具；三是有条理地组织学习材料；四是知觉对象离学生近一些。

**3. 注意的集中性和稳定性较差**

小学生的注意稳定性较差，表现在集中于某一事物或活动上的时间较短。一般说来，7～10 岁儿童可连续集中注意力约 20 分钟；10～12 岁儿童约 25 分钟；12 岁以上约 30 分钟。低年级儿童对一些具体的、活动的事物以及操作性的工作，注意容易集中和稳定，对于一些抽象的公式、定义以及单调刻板的对象，注意就容易分散，随着年龄的增长，到了小学中高年级，对抽象事物的注意稳定、集中才会相应提高。另外，低年级小学生自制力还比较差，容易离开教师所讲的内容，转移到偶然看到或听到的事物上去，特别容易转移到感兴趣的事物上去。小学生注意的稳定与集中，与其年龄、兴趣、健康、情绪及对课业的理解程度有关。

**4. 注意的分配和转移能力较弱**

小学生不善于分配自己的注意力，在听课时，眼、耳、手、脑的配合往往不够，表现为注意分配能力不强，听讲和记笔记不能同时进行。这主要是因为他们对要注意的事物不熟悉，如果儿童写字成了自动化，那他就能把注意力集中到听讲上，他也能边听边记了。注意的转移和大脑皮层神经过程的可塑性、灵活性有关。低年级小学生注意转移性较差，由一种活动立即转移到另外一种活动上的能力欠佳，往往是一种活动进行了很长时间，注意还停留在先前的那种活动上。随着年龄增长，小学生注意的分配和转移也将逐渐发展起来。

## 2.2.5　小学生记忆的发展

记忆是过去经验在头脑中的反映。按照记忆在头脑中保持的时间可以将记忆分为瞬时记忆、短时记忆和长时记忆 3 类。瞬时记忆又叫感觉记忆或感觉登记，是指外界刺激以极短的时间一次呈现后，信息在感觉通道内迅速被登记并保留一瞬间的记忆。短时记忆是指外界刺激以极短的时间一次呈现后，保持时间在 1 分钟以内或是几分钟的记忆。长时记忆是指外界刺激以极短的时间一次呈现后，保持时间在 1 分钟以上的记忆。其特点是容量很大，且保持时间很长。

小学生的记忆力较学前儿童在质与量上都有明显的提高。总的发展趋势为由无意识记忆向有意识记忆发展，具体形象记忆仍占主导地位。具体表现为：

**1. 有意记忆逐渐增强**

小学低年级学生无意记忆常占优势，在许多情况下都是靠无意记忆获得知识的。他们常常凭借兴趣记住一些事物，对不感兴趣而要求记住的东西，记忆的效率较低。但随着年级的升高，学生不能只学习一些自己感兴趣的内容，而必须学习一些不一定感兴趣的内容，在这样的条件下，有意记忆开始逐渐发展起来。

**2. 意义记忆迅速发展**

小学生在记忆的目的性上，比学前儿童有了较高的自觉性。但小学低年级儿童还不完全具有意义记忆的能力，因为他们还缺乏知识经验，难以找出材料的内部联系。他们的语言虽有发展，但还不能用自己的话复述所记忆的材料内容。他们对意义记忆的方法还很生疏，不善于进行分类和对比。随着年级的增高，知识经验的积累，理解能力的增强，对所学知识有了一定程度的理解，能够从知识本身去寻找联系，进行意义记忆。小学生年级越高，意义记忆所占的比例越大，机械记忆所占的比例越小；随着年龄长大，小学生的记忆方法便由机械记忆向意义记忆过渡。

## 2.2.6 小学生的智力发展

智力是个体以抽象逻辑思维能力为核心的心理活动，是最一般的综合能力。美国心理学家雷蒙德·卡特尔把智力的构成区分为流体智力和晶体智力两大类。

流体智力是一个人生来就能进行智力活动的能力，即学习和解决问题的能力，它依赖于先天的禀赋，随神经系统的成熟而提高，如知觉速度，机械记忆，识别图形关系等不受教育与文化影响。流体智力属于人类的基本能力，受先天遗传因素影响较大，受教育文化影响较少。流体智力的发展与年龄有密切的关系：一般人在 20 岁以后，流体智力的发展达到顶峰，30 岁以后随着年龄的增长而降低。

晶体智力，是通过掌握社会文化经验而获得的智力。如词汇概念，言语理解，常识等记忆储存信息的能力，一直保持相对稳定；而流体智力呈缓慢下降的趋势。

**1. 多元智能理论**

美国心理学家霍华德·加德纳将人类的智力分为了以下 8 种：语言智能——有效地运用口头语言及文字的能力；数理逻辑智能——有效地计算、测量、推理、归纳、分类，并进行复杂数学运算的能力；空间智能——准确感知视觉空间的才能；身体运动智能——善于运用整个身体来表达想法和感觉，以及运用双手灵巧地生产或改造事物的能力；音乐智能——敏感地感知音调、旋律、节奏和音色等能力；人际交往智能——能够有效地理解别人及其关系和与人交往能力；内省智能——认识自己并据此做出适当行为的能力；自然观察者智能——指善于观察自然界中的各种事物，对物体进行辨识和分类的能力。人生来具有 8 种智能，程度不同。每种智能对人类都有重要意义，没有优劣之分，同等重要。

**2. 智力三因素理论**

美国心理学斯腾伯格(Sternberg)提出了智力的三因素理论，他认为智力包括三个部分：成分、经验和情境。成分智力(Componential Intelligence)是指思维和问题解决等所依赖的心理过程。经验智力(Experiential Intelligence)是指人们在两种极端情况下处理问题的能力：新异的或常规的问题。情境智力(Contextual Intelligence)反映在对日常事物的处理上。它包括对新的和不同环境的适应，选择合适的环境以及有效地改变环境以适应需要。

# 2.3 小学生学习指导常识

## 2.3.1 小学生学习兴趣的培养

学习兴趣是指一个人对学习的一种积极的认识倾向与情绪状态。学习兴趣大体上可以分为直接学习兴趣与间接学习兴趣两种。直接学习兴趣是由所学材料或学习活动——学习过程本身直接引起的。间接学习兴趣是由学习活动的结果引起的。间接学习兴趣具有明显的自觉性。当一个人意识到学习的社会意义或与自己的关系时，学习兴趣就随之产生。例如，为了集体的利益，意识到学习的目的或任务，因而支配自己去坚持学习。或者为了得到父母、教师的赞赏，同学、朋友的尊重，在考试中得到好分数，在竞赛中取得胜利等，也能引起学生对学习的兴趣。

小学生学习兴趣的发展趋势与特点主要表现为：从对学习的过程、学习的外部活动感兴趣，发展到对学习的内容、对需要独立思考的作业感兴趣；从笼统的泛泛的兴趣，逐渐产生对不同学科内容的初步的分化性兴趣；从对具有事实的兴趣发展到初步探讨抽象和因果关系知识的兴趣；阅读兴趣从课内阅读发展到课外阅读，从童话故事发展到文艺作品和通俗科普小读物；从对日常生活的兴趣，逐步扩大和加深到对社会、政治生活的兴趣。

兴趣是最好的老师。有了兴趣学生学习的积极性便会得到提高，变被动学习为主动学习，也就是所谓的，变“要我学”为“我要学”。只要学生学习的主动性被充分调动起来，素质教育所提倡的全面提高学生的综合素质以适应现代化社会发展的需要，才不只是一句空话。学习兴趣的产生与教学有密切的关系。

培养小学生学习兴趣的具体方法为：加强教材的趣味性、系统性、科学性。有趣的、能逐步掌握的、可获得科学知识的教材，肯定能引起学生的学习兴趣；提高教学水平，使学生不断获得新知识，并能将其成功地运用于实际，及时得到强化；了解学生已有的兴趣，搞清学生已有的学习兴趣，就有了扩展和提高其学习兴趣的基础；帮助学生认识学习某一学科(或材料)的社会意义及其与个人的关系。需要特别指出的是：“奖优”和“竞赛”虽也能激发学生的学习兴趣，但这些方法如运用不当，则流弊较多，因此要慎重对待。

## 2.3.2 小学生学习习惯的培养

学习习惯是在学习过程中经过反复练习形成并发展，成为一种个体需要的自动化学习行为方式。良好的学习习惯，有利于激发学生学习的积极性和主动性；有利于形成学习策略，提高学习效率；有利于培养自主学习能力；有利于培养学生的创新精神和创造能力，使学生终身受益。

### 1. 制定计划的习惯

小学生应该在家长、教师指导下制定生活、读书、实践活动计划，制定切合实际的每周、每月、每学期学习目标、学习计划，并认真执行。

**2. 课前预习习惯**

提前预习课程，每天晚上和上课前，都要对将要学习的课程做简要的预习，了解课程的知识点、重点、难点，为课堂学习做好准备 预习时遇到不懂的地方要通过查字典、查资料寻找答案，也可以向同学、家长问询，仍然没有解决的问题要标记出来，以便在课堂上有重点的学习。预习时要学会用笔在书上做不同的标记，如：重点内容在文字下面标"△"，有疑问的地方在文字下面画并在旁边写上"?"等，以便在课堂学习时多留心。预习时要精力集中，培养自己一丝不苟的学习习惯。

**3. 课堂学习习惯**

课前做好准备，自觉检查课本、课堂练习本、必需的文具是否都准备齐全。课堂上认真接受教师指导，专心致志地参与探索，全身心地投入学习。积极踊跃发言，敢于提出自己的不同见解，对与自己不一致的见解要敢于争论，并不断修正、弥补自己的不足。说话完整，口齿清楚，声音洪亮，仪态端庄。有疑难问题时，及时举手发问。虚心听取同学的发言，善于倾听他人的意见和建议，不随便打断别人的谈话，不讥笑别人的错误。要善于合作学习，在进行分级实验、动手操作、课外考察等活动时互相帮助，共同提高。学习要善于举一反三，善于通过学科间的联系理解问题。

**4. 阅读习惯**

每天课外阅读时间累计不少于30分钟，每天观看少儿电视节目不少于10分钟。每周背诵古诗文不少于2首。善于运用网络资源有效完成学习任务。自己订阅的报刊应及时阅读。摘抄课外读物的精彩句段，或在精彩处圈点，记上自己的阅读体会，养成"不动笔墨不读书"的好习惯。边读边思考，善于"打破砂锅到底"，不懂的地方向他人请教或查工具书解决。

**5. 书写习惯**

做作业时要专心，不边玩边写，不边吃边写，书写时先想好再下笔。保持正确的写字姿势，做到"头正、身直、足平、臂开"，字迹工整，书写规范。书写时要注意保护好视力，要做到"三个一"：眼睛离书本一尺、胸膛离书桌一拳，手指离笔尖一寸。不在作业本上乱涂乱画，养成写字垫纸的好习惯，不随便撕作业纸，保持作业本的清洁和完整无缺。写完作业必须认真仔细地检查，发现错误及时纠正。

**6. 复习习惯**

对当天学习的内容及时复习巩固，需要记忆的字词句篇、概念、公式以及单词、语句、名人名言等理解深刻，记忆准确。在学习生活中，我们随时会有新的发现、新的感受，也会遇到一些疑问。如果在师生之间、同学之间经常交流，在合适的机会向别人讲述自己的所见所闻以及课外阅读的内容和感受，能够使我们产生成就感。高年级学生要养成用英语进行日常用语对话的习惯。

**7. 作业习惯**

当天的作业要当天完成，在做完老师布置作业的前提下，有余力的学生要养成自主设计和完成作业的好习惯。独立、认真、按时完成老师布置的各类作业，不抄袭别人的作业。没完成作业主动向老师说明理由，并及时补上。写完作业后把作业放入书包中，并整理书包，使学习资料在书包中分类放置有序。

**8. 总结反思习惯**

每天睡觉前都要反思一下："今天，我又学到了什么新知识?"把当天的学习内容在头脑中简要地回顾一遍，回想今天学习的重点和难点是什么。建立自己的成长记录袋，对自己的作业本、试题、笔记、纠错本以及受到的奖励、获得的荣誉等做好积累，并时常翻阅自己的成长历程记录。及时记录自己的生活感悟，养成写日记的习惯。每学期结束，写出总结材料，分析学习中的得与失，确定今后努力方向。

其中，各年级学生学习习惯培养重点为：1～3年级(低年级)培养重点，兴趣、阅读习惯、书写习惯、课堂学习习惯、记忆习惯；4～5年级(高年级)培养重点，阅读习惯、课堂学习习惯、书写习惯、演讲习惯、总结反思习惯。

### 2.3.3　小学生学习策略的培养

学习策略是指学习者为了提高学习的效果和效率，有目的有意识地制定的有关学习过程的复杂的方案。应从以下四个方面理解学习策略。第一，学习策略是学习者为了完成学习目标而主动使用的。第二，学习策略是有效学习的需要。第三，学习策略是制定的学习计划，由规则、方法、技能等构成。第四，学习策略是通过学习、练习获得的，并且能通过训练得到提高。学习策略分为认知策略、元认知策略和管理策略三类。

认知策略，是加工信息的一些方法和技术，有助于有效地从记忆中提取信息。一般而言，认知策略又包括复述策略、精加工策略和组织策略。复述策略是在工作记忆中为了保持信息，运用内部语言在大脑中重现学习材料或刺激，以便将注意力维持在学习材料上的方法。比如教师教学生将大段课文分成若干小部分进行记忆。精加工策略是一种将新学材料与头脑中已有知识联系起来从而增加新信息的意义的深层加工策略。比如教师在讲授新课前让学生复习相关的旧知识。组织策略是整合所学新知识之间的内在联系，形成新的知识结构。比如教师将具有相同偏旁、部首的汉字放在一起让学生学习。

元认知策略，是学生对自己认知过程的策略，包括对自己认知过程的了解和控制策略，有助于学生有效地安排和调节学习过程。计划策略、控制策略和自我调节策略都属于元认知策略。元认知计划策略指的是要根据认知活动的特定目标，在一项活动之前浏览阅读材料，选择策略，谋划具体活动，并预计其有效性。元认知控制策略是指在认知活动进行的实际过程中，根据认知目标及时反馈认知活动的结果、策略的效果，正确估计自己达到认知目标的程度、水平。元认知自我调节策略是根据监视的结果，找出认知偏差，及时调整或修正目标的策略。

管理策略，是辅助学生管理可用环境和资源的策略，有助于学生适应环境并调节环境以适应自己的需要，对学生的动机有重要的作用。它包括时间管理策略、学习环境管理策略、努力管理策略和学业求助策略。

培养学习策略的常用方法有三种：程序训练法、完形训练法和交叉训练法。

程序训练法，就是将活动的基本技能，如解题技能、阅读技能、记忆技能等，分解成若干有条理的小步骤，将它们作为固定程序，要求活动主体按此进行活动，并经过反复练习使之达到自动化程度。使用程序训练方法的基本步骤为：①将某一活动技能，按有关原理，分解成可执行、易操作的小步骤，而且使用简练的词语来标志每个步骤的含义；②通过活动实例示范各个步骤，并要求学生按步骤活动；③要求学生记忆各步骤，并坚持练习，直至使其达到自动化程度为止。

完形训练法，就是在直接讲解策略之后，提供不同程度的完整性材料促使学生练习策略的某一个成分或步骤，然后逐步降低完整性程度，直至完全由学生自己完成所有成分或步骤。

交叉训练法，是教师与学生轮流承担教的角色的课堂教学组织形式。教师和一小组学生(大约6人)一起进行。其一般步骤为：①总结——总结段落内容；②提问——提与要点有关的问题；③析疑——明确材料中的难点；④预测——预测下文会出现什么。在交互教学中，教师提供运用学习策略的示范和指导，学生自然地承担教的角色和责任，积极模仿教师；教师则不断根据学生的活动情况，灵活调整指导，对学生的活动给予及时反馈。

## 2.4 小学生身心发展指导

小学阶段的儿童处于六岁到十二三岁的年龄段，这个阶段是个体身心发展重要转折的时期。具体来说，小学生的身心发展主要包括身体发展、认知能力发展和社会性发展三个基本的维度。小学生的认知能力发展我们在前面已经做过阐述，在这一节中我们将对小学生的身体发展和社会性发展进行讲述。

### 2.4.1 小学生的身体发展

小学年龄儿童在幼儿期生长发育的基础上，身体继续生长发育，身体各项功能也在不断分化、增强。其生长发育特点主要表现为以下几个方面。

新陈代谢旺盛。新陈代谢包括同化作用和异化作用两个方面。人体从外界摄取营养物质，变为自己身体一部分，并且储存了能量，这种变化叫同化作用。与此同时，构成身体的一部分物质不断氧化分解，释放出能量，并将分解的产物排出体外，这种变化叫异化作用。小学年龄儿童正处在长身体的时候，同化作用大于异化作用，所以，他们需要从外界摄取更多的营养物质，以保证正常生长的需要。

体格发育在儿童期平稳发育的基础上，出现快速增长。小学年龄期中的6～9岁属于儿童期，10～12岁属于青春期早期。因此这个阶段的儿童生长发育既有儿童期特点，又有青春期早期的特点。以身高、体重的生长为例，在儿童期，体格发育基本上是平稳的，身高平均每年增长4～5厘米，体重平均每年增长2～3.5公斤。10岁以后，随着青春期的到来，体格发育进入快速增长阶段。这时男孩身高一般每年可增长7～9厘米，个别可长10～12厘米；女孩一般每年可增长5～7厘米，多的可长9～10厘米；体重每年可增长4～5公斤，有的可增加8～10公斤。女孩青春期身高生长突增开始得比男孩早约2年，所以在10岁左右，女孩身高由以前略低于男孩开始赶上男孩，超过男孩；12岁左右，男孩青春期身高生长突增开始，而此时女孩生长速度已开始减慢，到13～14岁左右男孩身高生长水平又赶上女孩，超过女孩。由于男孩突增期间增长幅度较大，生长时间持续较长，所以到成年时绝大多数身体形态指标均比女孩高。

骨逐渐骨化，肌肉力量尚弱。小学年龄儿童的各种骨正在骨化，但骨化尚未完全。儿童期的骨骼有机物和水分多，钙、磷等无机物成分少，所以儿童骨骼的弹性大而硬度小。儿童不易发生骨折，但容易发生变形，不正确的坐、立、行走姿势可引起脊柱侧弯(表现为一肩高一肩低)、后凸(驼背)等变形。这时的儿童肌肉虽然在逐渐发育，但主要是纵向生长，肌肉纤维比较细，肌肉的力量和耐力都比成人差，容易出现疲劳。因此，在劳动或锻炼时，不应该让他们承担与成人相同的负荷，以免造成肌肉或骨骼损伤。写字、画画的时间也不宜过长。

乳牙脱落，恒牙萌出。儿童一般在 6 岁左右开始有恒牙萌出。最先萌出的恒牙是第一恒磨牙，俗称六龄齿。接着乳牙按一定的顺序脱落，逐一由恒牙继替。到十二三岁时乳牙即可全部被恒牙替代，进入恒牙期。替牙期是龋病的高发期，尤其是乳磨牙和六龄齿很容易患龋，应该注意口腔卫生。

心率减慢，呼吸力量增强。小学年龄儿童的心率约为 80～85 次/分，明显低于新生儿时的约 140 次/分和学龄前儿童时的 90 次/分左右。这时儿童的肺活量也明显增加，对各种呼吸道传染病的抵抗力也增强。

### 2.4.2　小学生的社会性发展

社会性发展是指在个体毕生发展过程中，个体在与他人关系中表现出来的观念、情感、态度和行为等随着年龄而发生的变化。儿童入学以后，社会关系发生了重要变化，与教师和同学在一起的时间越来越长，在与教师和同学的相处中，儿童学习与人相处、与人合作及竞争的一些基本技能技巧。师生关系及同伴关系对儿童的学校适应有重要影响。这种关系的质量既影响到儿童对学习的兴趣，对班级、学校的归属感，也影响到学生情绪、情感的发展。小学阶段也是个体自我概念逐渐形成的一个重要时期，儿童学业成败、社会技能、来自教师及同伴的社会支持对其形成自信或自卑的个性品质有很大的影响。

**1. 小学生的情绪情感发展**

情绪是指伴随着认知和意识过程产生的对外界事物的态度，是对客观事物和主体需求之间关系的反映。是以个体的愿望和需要为中介的一种心理活动。儿童进入学校以后，由于生活环境的变化，有了社会性较强的各种要求、经常性的责任和任务，儿童逐渐学会整合内外部线索来理解他人的情绪，对表达规则进一步遵守。自我意识的情绪与行为“对错”、“好坏”标准的内化联系更加紧密。自我调节策略更加多样和复杂，情绪情感的移情反应增强，对他人的情感体验逐渐有所了解。这一时期是儿童情感发展的关键期，他们的情绪情感在内容、深刻性、稳定性、可控性等方面都有了进一步发展。

**2. 整合内外部线索理解情绪**

进入小学后，儿童活动的领域扩展了，学习和集体活动、劳动和文体活动以及相应的社会生活对儿童提出更多更具体的要求。小学生在各种活动中，既有自发的情绪体验，又必须面对外部的反应、评价和要求，二者之间往往不一定和谐、协调。所以，小学生的情绪情感的复杂性逐渐凸显出来，需要他们整合内外部线索来了解自发的情绪，逐渐学会理解他人的情绪情感，学会情绪情感评价，在这个基础上逐渐掌握按照社会规则来表达情绪情感。具体表现为小学生的情感进一步分化，表现更为丰富，情感的整合水平逐步提高。三年级是小学生情感从易变到初步稳定的一个转折点。三年级之后，小学生一般能抑制自己眼前的一些愿望去完成教师与集体的任务，能放弃自己的一些近时利益或切身利益去维护集体的利益。

**3. 依据社会道德标准来发展情感**

小学生情感整合过程的一个十分重要的主轴就是情感整合的方向和标准问题。通过教育引导，小学生自我意识的情绪与行为“对错”、“好坏”标准的内化联系更加紧密了。随着教育引导的社会性需要的发展，小学生在责任、秩序、友爱、助人、荣誉等方面的情感逐渐摆脱自我中心，或是家长中心，意识到外部评价的重要性，总之，是社会道德标准引导着小学生的情感发展。

**4. 自我调节策略更加多样和复杂**

自我调节策略(包括适当的时候对情感的激发)更加多样和复杂。也就是说，逐渐丰富的情绪情感使小学生在情绪情感的表达上逐渐表现出“有心计”。其缘由就是小学生对更加多样和复杂情绪情感逐渐学会了自我调节策略，即在什么场合什么时候应该表现怎样的情感，作为集体中的一员，是不能率性而为的。

以上所阐述的小学生情绪、情感的特点，只是和学前儿童比较来说的，绝不宜过高估计。一般说来，小学生情感还不够丰富、不够深刻、不够稳定，情绪的调控能力还是较低的。因此，教师要采取有效措施，促使小学生情感向更高水平发展。总之，小学生的情绪认知理解能力在不断发展，到小学高年级已达到较高的水平。这表明小学生已经能够正确辨认理解他人的情绪状态。

## 2.4.3 小学自我意识的发展

儿童入学后，一方面，由于独立活动的范围进一步扩大，儿童已经能运用语言符号调节和指导自己的行为；另一方面，由于学校、教师和家庭向儿童提出一系列要求，迫使儿童不得不经常按照要求来约束自己。因而他们对自己有了更多的了解，自我意识开始迅速发展。

**1. 自我概念的发展**

自我概念是个人心目中对自己的印象，包括对自己存在的认识，以及对个人身体、能力、性格、态度、思想等方面的认识。自我概念是由一系列态度、信念和价值标准所组成的有组织的认知结构，把一个人的各种特殊习惯、能力、观念、思想和情感组织联结在一起，贯穿于经验和行为的一切方面。

小学生的自我概念是从比较具体的外部特征的描述向比较抽象的心理术语的描述发展的。比如，在回答“我是谁”这样的问题时，小学低年级学生往往提到姓名、年龄、性别、家庭住址、身体特征、活动特征等方面。到了小学高年级，学生开始试图根据品质、人际关系、动机等特点来描述自己。

**2. 自我评价的发展**

小学生自我评价的发展特点主要表现在以下几个方面。第一，大约从小学四年级开始，可以明显地看到儿童开始用道德原则来评价自己或他人的行为。开始有了从顺从别人的评价发展到有一定独立见解的评价。第二，在8岁左右，从注重对行为效果的评价过渡到对行为动机的评价。第三，小学生开始出现对内心品质进行评价的初步倾向。从注重行为直接后果过渡到对行为后果的性质的评价。第四，自我评价的独立性日益发展，并且有了一定的批判性。第五，小学生自我评价的稳定性逐渐加强。但由于小学生缺乏经验，因此，他们的自我评价水平还很低。需要教师和家长的正确引导和教育。

**3. 自我情绪体验的发展**

小学阶段，自我体验主要是自我意识中的情感问题。小学生自我体验与自我评价的发展具有很高的一致性，自我体验的发展与自我认识、自我评价的发展密切相关。随着小学生理性认识的增加和提高，他们的自我体验也逐步深刻，包括自尊感、羞愧感、委屈感、愉快感、愤怒感等。

### 2.4.4 小学生心理发展辅导

一般来讲，小学生身心发展辅导包括对身体(生理上)发展的辅导和情感与思想上(心理上)的辅导两个大类。下面主要从小学生的心理辅导进行论述。

**1. 小学生情绪、情感辅导**

情绪、情感不仅具有调节行动的功能，而且与人的心理健康密切相关。所以，培养小学生积极的情绪、情感，就成了学校教育的一项重要任务。小学生积极情感的培养方法主要有以下三种。

**增强理性认识**

情感虽然具有很强的感性特征，但终究离不开理性作为基础，即认识是情感的基础，认识的改变会引起情感的改变。由于小学生知识贫乏，社会经验不足，辨别是非的能力较差，容易“跟着感觉走”。所以，教育者在培养小学生情感过程中，要善于抓住契机，随机性进行引导，不断提高他们对情绪情感的认识水平，才能促使他们的情感体验向更高水平发展。

教师可以引导学生了解和分析周围的真人真事，使小学生感到亲切，便于学习；通过提供范例，把具体的人和事提升到抽象的道德标准水平，使学生逐渐形成正确的认识。也可以针对某些具有典型性的问题组织学生讨论，帮助小学生深化认识，这样一点一点地“集零为整”来提高他们的认识水平，会有持续的效果。通过提高认识水平，可以逐渐做到用理智支配情感，避免情感支配理智，使积极情感成为主导，但切忌灌输式、教条式的教育方式。

**联系社会现实**

由于小学生的情感具有现实情境性的特点，容易受具体事物或形象的支配，教师应该紧密联系社会的现实问题来培养他们的积极情感，如互联网、电视等电子媒体方面的“新东西”。而社会现实中的真善美与假丑恶等诸多现象也泥沙俱下，对学生的情感发展不断产生着各种影响。教育者对此不能视若无睹，要把这些纳入到情感培养的教育内容中来。这就要求教育者自己要加强这方面的了解和研究，才能进行有针对性的教育。

教育者还需要从实践行为的方面来培养学生情感，可以有意识地设计现实情境来培养小学生的积极情感，如可以通过学校环境的布置、角色扮演、气氛的渲染以及一些相应的实践活动来培养小学生的积极情感，也可以引导小学生积极参加一些有意义的社会实践活动，如宣传、表演等，让学生感受到社会对这些活动的积极响应，有利于他们对积极情感的肯定性评价。

**培养调控能力**

要培养小学生的积极情感，就需要增强他们对情绪情感的调整、控制能力。教育者通过各种途径和方式培养小学生的情感调控能力，有利于他们在日常生活中能够保持正常、稳定的情绪状态，不仅有助于建立良好的人际关系、形成健全的人格，而且是社会性成熟的一个重要标志。调节和控制情绪的策略是逐渐掌握的，小学生的某些负面情绪如焦虑、生气或敌意、沮丧、敏感、羞涩、冲动和脆弱等往往会使小学生的心理发展受到阻碍。如果引导他们学会和掌握一些调控方法，有助于他们合理有效地克制不良情绪而保持良好的情绪。帮助小学生学会一些具体的情绪调控方式，可使儿童保持心理平衡，促进其心理与人格健康地发展。

**2. 小学生常见的心理学疾病**

儿童多动综合征，简称多动症，是小学生中最为常见的一种以注意力缺陷和活动过度为主要特征的行为障碍综合征，高峰发病年龄为8～10岁。多动症的主要障碍是精神上或心理和行为方面的，其中，注意障碍和活动过度又是本症的主要特征。

学习困难综合征，是指某些智力正常或接近正常（IQ＞70）的儿童，因神经系统的某种或某些功能性失调，使其在听、读、写、算方面能力降低或发展较慢，以致陷入学习困难。学习困难综合征在小学生中比较多见。

儿童过度焦虑反应，是儿童情绪障碍的一种表现。在小学生中，以女生的过度焦虑反应较为多见。过度焦虑的儿童常常对学习成绩、陌生环境反应敏感，担心害怕，甚至惶恐哭闹，显得很不安宁。对一些小事情也表现出过度的恐惧。

儿童厌学症，厌学是由于人为因素所造成的儿童情绪上的失调状态。儿童厌学症的主要表现是对学习不感兴趣，讨厌学习。厌学的儿童对学习有一种说不出来的苦闷感，一提到学习就心烦意乱，焦躁不安，他们对教师或家长有抵触情绪，学习成绩不好，有的还兼有品德问题；儿童厌学情绪严重或受到一定诱因影响时，往往会发生旷课、逃学或辍学现象。

儿童强迫行为，在小学高年级男生中较为多见。主要表现包括：①强迫性洗手；②强迫性计数；③强迫性自我检查；④有的患儿表现为刻板的仪式性动作或其他强迫行为。

学校恐惧症，是一种典型的心理适应不良综合征。除了情绪上的恐学状态之外这种症状还同其他生理、心理缺陷有密切联系，学校恐惧症的主要症状是害怕上学。要注意将学校恐惧症与儿童厌学症区分开来。

**3. 心理辅导的常用方法**

心理辅导，是指在一种新型的建设性的人际关系中，学校辅导教师运用其专业知识和技能，给学生以合乎其需要的协助与服务心理，帮助学生正确地认识自己，认识环境，依据自身条件，确立有益于社会进步与个人发展的生活目标，克服成长中的障碍，增强与维持学生心理健康，使其在学习、工作与人际关系各个方面形成良好适应。心理辅导一般分为个体心理辅导和团体心理辅导两类。我们重点介绍常用的个体心理辅导方法。

强化法，此法用来培养新的适应行为。根据学习原理，一个行为发生后，如果紧跟着一个强化刺激，这个行为就会再一次发生。例如，一个学生不敢同老师说话，学习上遇到了疑难问题也没有勇气向老师求教。当他一旦敢于主动向老师请教，老师就给予表扬，并耐心解答问题，这个学生今后就能学会主动向老师请教的行为方式。

代币奖励法，代币是一种象征性强化物，筹码、小红星、盖章的卡片、特制的塑料币等都可作为代币。当学生表现出我们所期待的良好行为后，我们发给他数量相当的代币作为强化物。学生用代币可以兑换有实际价值的奖励物或活动。代币奖励法的优点是：可使奖励的数量与学生良好行为的数量、质量相适应。代币不会像原始强化物那样产生“饱”现象而使强化失效。

行为塑造法，通过不断强化逐渐趋近目标的反应，来形成某种较复杂的行为。有时候我们所期望的行为在某学生身上很少出现或很少完整地出现。此时我们可以依次强化那些渐趋目标的行为，直到合意行为的出现。

示范法，此法由班杜拉创立，他认为观察、模仿教师呈示的范例(榜样)，是学生社会行为学习的重要方式。模仿学习的机制是替代强化。替代强化的含义是：当事人(学习者)因榜样受强化而使自己也间接受到强化。

处罚法，处罚的作用是消除不良行为。处罚有两种：一是在不良行为出现后，呈现一个厌恶刺激(如否定评价、给予处分)；二是在不良行为出现后，撤销一个愉快刺激。

自我控制法，是让当事人自己运用学习原理，进行自我分析、自我监督、自我强化、自我惩罚，以改善自身行为。从理论指导来说。它是一种经过人本主义心理学改善过的行为改变技术。其好处是：强调当事人(学生)个人责任感，增加了改善行为的练习时间。

全身松弛训练，又称松弛训练，由雅各布松首先提出，它是通过改变肌肉紧张，减轻肌肉紧张引起的酸痛，以应对情绪上的紧张、不安、焦虑和气愤。

系统脱敏法，当某些人对某些事物、某种环境产生敏感反应(害怕、焦虑、不安)时，我们可以在当事人身上发展起一种不相容的反应，使其对本来可引起敏感反应的事物，不再发生敏感反应。

肯定性训练(自信训练、果敢训练)，其目的是促进个人在人际关系中公开表达自己真实的情感和观点，维护自己的权益也尊重别人的权益，发展人的自我肯定行为。自我肯定行为主要表现在三个方面：①请求，请求他人为自己做某事，以满足自己合理的需要；②拒绝，拒绝他人无理要求而又不伤害对方；③表达，真实地表达自己的意见和情感。

## 2.5　小学生品德发展指导

品德是道德品质的简称，它是个体依据一定的社会道德准则行动时所表现出来的稳定的心理特征和倾向，或者说品德是社会的道德准则和规范在个人思想和行动中的体现。品德与道德是两个不同的概念。道德是指由社会舆论力量和个人内在信念系统支持的行为规范的总和，人们按照社会道德行为规范来支配和调节自己的言行，并以此要求和评价他人的言行。品德更多地体现出个体性，而道德更多地表现出社会性。在这里，我们重点讨论小学德育与美育等方面的问题。

### 2.5.1 小学生的道德教育

本书讲的德育专指学校德育。学校德育是指教育者按照一定的社会或阶级要求，有目的、有计划、有系统地对受教育者施加思想、政治和道德等方面的影响，并通过受教育者积极的认识、体验与践行，以使其形成一定社会与阶级所需要的品德的教育活动，即教育者有目的地培养受教育者品德的活动。

德育是各个社会共有的教育现象，具有社会性，与人类社会共始终。德育随着社会发展变化而发展变化，具有历史性。德育在阶级和民族存在的社会具有阶级性和民族性。在德育历史发展过程中，其原理、原则和内容、方法等存在一定的共同性，因此德育具有继承性。德育是对学生进行思想、政治、道德和心理品质的教育。

思想教育是形成学生一定的世界观、人生观的教育；政治教育是形成学生一定的政治观念、信念和政治信仰的教育；道德教育即促进学生道德发展的教育。可以说，我国目前的德育是一种涵盖整个社会意识形态的“大德育”。然而，品德的发展，世界观、人生观的形成，政治觉悟的提高，各属于不同层面的问题，其过程机制相差甚大，不能以一样的手段、方法，通过一样的途径，遵循一样的原则，来实施政治教育、思想教育和道德教育。

小学的德育原则主要有：其一，道德认知与道德实践并重，又称理论和实践相结合的原则、知行统一的原则。其二，严格要求与尊重信任，严格要求是指严格按照教育方针和德育任务，对学生进行教育。尊重信任是指在民主平等的基础上关心学生的成长，尊重学生的人格，信任学生能在教师的指导下自主发展。其三，统一要求与个性发展相结合，保证所有学生的发展同社会发展的总方向相一致，又要针对学生的个别差异，有的放矢地进行教育。其四，集体教育与个别教育并举，通过集体来教育个人，又要通过个别教育来加强和影响学生集体。其五，学校教育和社会影响相统一，既要重视学校教育在青少年品德形成过程中的主导作用，又要重视社会各方面的影响，相互配合，协调一致。

德育方法，是指用来提高学生思想认识、培养他们的品德的方法。在小学阶段，常用的德育方法有以下几种。

说服，是通过摆事实、讲道理，使学生提高认识，形成正确观点的方法。要求学生遵守道德规范、养成道德行为。首先要提高认识、调动他们的积极性，这就需要运用说服的方法来讲清道理，使学生明白。只有学生的认识提高了，认识到道德的必要性，才能自觉去履行。我们学校是社会主义的学校，要把学生培养成为自觉的建设者，尤其要注重说服。说服的应用很广，无论运用哪种德育方法，都离不开提高学生的认识，都需要结合运用说服的方法，但是仅仅强调或运用说服的方法是不行的。

榜样，是以他人的高尚思想、模范行为和卓越成就来影响学生品德的方法。榜样包括：典范、示范、评优。运用榜样要注意以下几点要求：①选好学习的榜样；②激起学生对榜样的敬慕之情；③引导学生用榜样来调节行为，提高修养。

锻炼，是有目的地组织学生进行一定的实际活动以培养他们的良好品德的方法。锻炼包括：练习、制度、委托任务和组织活动。运用锻炼要注意以下几点要求：①坚持严格要求；②调动学生的主动性；③注意检查和坚持。

修养，是在教师引导下学生经过自觉学习、自我反思和自我行为调节，使自身品德不断完善的一种重要方法。学生品德的提高是一个能动的发展过程，它的成效同学生个人能否自觉主动进行道德修养紧密相关。学生的年龄愈大，他们个人进行的道德修养在自身品德发展中的作用也愈大。所以德育不得不重视学生的道德修养和提高他们的修养能力，如果没有道德的修养，个人的进步就是不可能的。

陶冶，是通过创设良好的情境，潜移默化地培养学生品德的方法。陶冶包括人格感化、环境陶冶和艺术陶冶等。运用陶冶时要注意：①创设良好的情境；②与启发说服相结合；③引导学生参与情境的创设。

总之，德育的各种方法各有特点与作用，每一种方法都是进行德育所不可缺少的，但又不是万能的，它们之间相互补充、配合，构成了德育方法的完整系统。青少年学生品德的培养，不可能通过个别方法来实现，必定是科学地综合运用全部德育方法的结果。所以教师要熟悉全部德育方法，善于创造性地运用。

### 2.5.2 小学生的审美教育

审美教育，是培养学生认识美、爱好美和创造美的能力的教育，也称美感教育。美育要通过各种艺术以及自然界和社会生活中美好的事物来进行。通过各种艺术形式进行教育的美育就是艺术教育。在人的全面发展教育中，美育占有重要地位。

美育的具体内容包括：艺术美，比如音乐和舞蹈，绘画，影剧欣赏，文学；自然美，以大自然为审美对象所感受和体验到的美；社会美，以社会生活中美好的人和事为对象而感受和体验到的美；科学美，以科学的内容和形式为对象所感受到的美。小学美育的内容包括：艺术教育，如文学、音乐、图画、戏剧、电影、舞蹈等；组织学生观察和欣赏自然美；引导学生体验社会生活美和劳动美。

社会主义社会的美育是为建设社会主义精神文明和培育学生心灵美、行为美服务的。它用现实生活中的美好事物和反映在艺术形象中的先进人物的思想感情和活动来感染受教育者。它广泛而深入地影响着学生的情感、想象、思想、意志和性格。它能丰富学校的文化精神生活，激起学生的情绪体验，有助于培养高尚情操，提高社会主义觉悟，鼓舞学生为实现共产主义理想和创造一切美好的事物而奋发向上。

美育对德育、智育、体育都有积极的影响。美育用优美感人的艺术形象，可以帮助学生认识人们的生活、理想和斗争，使他们受到生动的思想品德教育，促进他们的政治品质、道德面貌和思想感情健康地成长。美育不仅可以帮助学生认识现实，认识历史，同时可以发展他们的观察能力、想象能力、形象思维能力和创造能力；还能调剂他们的生活，提高学习效果。在美育中要求整齐清洁，美化环境，也有利于健康，有助于体育的开展。

社会主义美育的主要原则是：①思想性和艺术性相结合，把革命的思想性和完美的艺术性紧密地结合起来；②美育内容和实际生活相结合，美育的内容需富有生活气息，并渗透到学校全部生活中；③情绪体验和逻辑思维相结合，使学生在感受美和享受美的过程中，焕发高尚的情感，使学生通过逻辑思维来分析作品，加深他们对生活的认识；④艺术内容与表现方法的统一，既要使学生钻研艺术内容，加深理解，又要使他们了解艺术的表现方法，掌握表现的技能、技巧；⑤统一要求和因材施教相结合，要使全体学生都学点绘画、唱歌和其他艺术，有一般的艺术修养，也要适应学生艺术才能和兴趣的不同，因材施教。

### 2.5.3 小学生的劳动教育

生产劳动是人类社会赖以生存和发展的基础，是人类最基本的实践活动。在原始社会中，人人都要劳动才能生存。在阶级社会中，出现了体力劳动与脑力劳动的分离与对立，剥削阶级把体力劳动者作为剥削和压迫的对象。在社会主义中国，实现了生产资料公有制，消灭了剥削与压迫，劳动人民当家做主，劳动是每一公民的光荣义务。各尽所能按劳分配是社会主义的基本原则，每一个公民都应该以自己的辛勤劳动对社会主义现代化建设作出贡献。

因此，我们的教育必须使学生树立正确的劳动观点和劳动态度，热爱劳动和劳动人民，养成劳动习惯的教育，这样的教育就是劳动教育。

劳动教育的主要目标是：

(1)树立学生正确的劳动观点，使他们懂得劳动的伟大意义。了解人类的历史首先是生产发展的历史，是劳动人民创造的历史；懂得辛勤的劳动是建设社会主义和共产主义的根本保证；劳动是公民的神圣权利和义务；懂得把脑力劳动同体力劳动相结合的重要意义；轻视体力劳动和体力劳动者，是数千年来剥削阶级的思想残余。

(2)培养学生热爱劳动和劳动人民的情感，养成劳动的习惯，要教育学生形成以劳动为荣，以懒惰为耻的品质。抵制好逸恶劳、贪图享受、不劳而获、奢侈浪费等恶习的影响。

(3)学习是学生的主要劳动，教育学生从小勤奋学习，将来担负起艰巨的建设任务。并教育学生正确对待升学、就业和分配。

如何进行劳动教育呢?

首先要培养学生形成正确的劳动观点，让学生认识到劳动在人类社会历史进步中的作用，懂得世界是劳动人民创造的，历史是劳动人民谱写的，我们每个人所吃的、穿的、用的，哪一样都少不了人们的劳动，使学生体会到劳动是光荣的，从而树立正确的劳动观点。

其次是培养小学生的良好劳动习惯，针对小学生的年龄特点，教育他们积极参加身边力所能及的劳动，培养爱劳动的好习惯。具体措施如下：在学生中开展自我服务性劳动。让学生洗刷自己穿脏的衣服、鞋子，整理自己的小房间等，并在劳动过后，写出简要汇报，由家长、老师、同学对他的劳动给予肯定评价。从而使学生感到劳动所带来的喜悦，激发劳动的积极性。

还有积极开展社会公益劳动，比如，打扫路面为敬老院的老人服务等，使学生学会用自己的劳动为社会、为人民作贡献。另外，还可以开展一些手工劳动来培养学生的动手能力。

总之，让学生通过劳动锻炼，真正懂得劳动是光荣的，同时也养成学生珍惜自己和他人劳动成果的习惯，培养他们吃苦耐劳的精神，更为他们将来能够从容不迫地面对社会、面对生活打下坚实的基础。

# 第3章　班级管理

班级管理包括班级管理的基础知识和基本能力两个部分。其中的基础知识是指要具有小学班级管理、班队活动组织，以及与学生、家长、社区等沟通的基础知识；基本能力是指能够运用这些基本知识有针对性地设计并实施班级管理的相关活动。

本章的内容包括以下八个方面：①了解班级管理的一般原理；②了解小学班主任的基本职责；③了解小学班队活动的基本类型；④了解小学课外活动的基本知识；⑤掌握小学班级管理的基本方法；⑥掌握组织小学班级活动的基本途径和方法；⑦能够针对班级实际和小学生特点，分析班级日常管理的现象和问题；⑧能够整合各种教育资源，组织有效的班队活动，促进小学生健康成长。

## 3.1　班级与少先队

### 3.1.1　班级的含义

班级是现代学校教育的产物：同一年级，发展水平相当的学生根据学校的安排固定地聚集在一起，形成了"班"；而班又处在一定的教育阶段和学生发展阶段之上，这就是"级"。因此，班级是学校为实现一定的教育目的，将年龄相同、文化程度大体相同的学生按一定的人数规模建立起来的教育组织。班级是学校的基本单位，也是学校行政管理的最基层组织。

"班级"一词来自于班级授课制，1632年捷克教育家夸美纽斯出版了《大教学论》，形成了班级授课制的系统化理论，而最先使用"班级"一词的则是艾拉斯莫斯。班级教学是现代最具代表性的一种教育形态。一个班级通常是由一位或几位学科教师与一群学生共同组成，整个学校教育功能的发挥主要是在班级活动中实现的。班级不仅是学生接受知识教育的资源，也是学生社会化的资源，学生进行自我教育的资源。

班级具有较强的教育意义：班级有利于培养学生的集体意识和社会性，以及良好的思想品德；班级有利于学生在完成学习任务的过程中，相互帮助、相互合作，提高效率，培养社会交往能力；班级不是严密的社会组织，而是特殊的社会初级群体，可以满足学生的尊重需要、情感需要、交往需要；班级在发挥教师教育力量的同时，有利于培养学生的自我管理和自我教育能力。

小学班级是小学的基层教育组织，由大致6～12岁的同一年龄段的少年儿童组成，成员为固定的数十位学生。小学班级是小学生成长的重要环境，是小学生学习社会生活的地方。班级能促进小学生的社会性的发展，主要表现在，帮助儿童巩固入学前所获得的社会行为规范，帮助儿童继续学习和实践新的社会行为规范。班级还能形成小学生的个性，促进小学生的自我发展、兴趣发展和交往发展。

小学班级的性质表现为三个方面：小学班级是一种正式组织；小学班级的组织生活特性与儿童发展的特性是统一的；小学班级是有个性的组织，具有儿童的特征。小学班级的特征表现为四个方面：小学班级是小学生的非自愿选择组织；小学班级具有正式的组织管理体系；小学班级由成人领导；小学班级有自己的相对独立性。

### 3.1.2　班级的形成与发展

班级是学校开展教育教学和管理活动的基层组织。班集体不是一群人的机械组合，而是一个有正确的共同目标、坚强的领导核心，有严密的组织，能产生巨大教育作用的教育主体。一般说来，班集体是在以班主任为主的教师集体有目的有计划地组织下，通过各种活动，经过各个阶段逐步形成的。

班集体构成的基本要素有：共同的目标，把班集体的成员紧密地团结在一起，进行相应的学习和生活；稳定的组织，由班委会、小组长、课代表组成的班级管理机构，协助教师管理班集体；共同的准则，在生活准则、规章制度、班级守则等的约束下促进儿童健康而富有活力地成长；心理的氛围，一定的心理氛围作为情感纽带，形成集体感和归属感，产生班级的凝聚力。

班集体形成和发展大致要经历三个基本阶段：①组建班集体框架阶段，刚刚组建的班级，学生之间只是松散的关系，缺乏强有力的领导团体，班级仅有整体的结果框架；②构建班集体管理体制阶段教师（主要是班主任）预定班级管理运行的目标，选择具有领导和组织管理能力的学生组建班委，开展班级的日常活动和管理活动；③完善班集体教育功能阶段，强有力的班委形成并开展一阶段的活动后，班级凝聚力形成并发挥明显作用，教师再根据班级的特点和发展方向，完善班级管理的细节，进一步发挥教育功能。

良好班集体形成的标志是：①团结有力的领导集体，一个健全良好的班级，应逐步建立班主任—核心班干部—班干部—大批积极分子—普通学生的班级管理模式。②积极向上的班集体舆论导向，使班上大多数学生明辨是非、分清好坏，成为几十名学生发展的巨大精神力量，并内化为学生的行为规范和准则，形成培养健康进取的良好班风。③学生良好个性的充分发展，充分尊重学生的个性并促进其良好个性的充分发展，充分调动学生的积极性，促使各个学生投身到班级建设的群众性活动中，形成绽放的花朵。④较强的组织活动的能力，一方面能锻炼学生的活动能力、扩大眼界、增长知识；另一方面能增强学生的友谊和团结，有利于建立蓬勃向上的班集体氛围。

### 3.1.3　少先队常识

中国少年先锋队（简称“少先队”），是中国少年儿童的群众组织，是少年儿童学习共产主义的学校，是建设社会主义和共产主义的预备队。中国少年先锋队由中国共产党于1949年10月13日创立，中国共产党委托中国共产主义青年团直接领导中国少年先锋队。少先队组织具有革命性、群众性、自治性和实践性等特征。

参加中国少年先锋队的目的是：团结教育少年儿童爱祖国、爱人民、爱劳动、爱科学、孝敬父母、爱护公共财物、努力学习、锻炼身体、培养能力、为国家贡献自己的力量，努力成长做社会主义现代化建设的合格人才，做共产主义事业的接班人。

**1. 队旗**

中国少年先锋队队旗是五角星加火炬的红旗。少先队的队旗是少先队组织的标志。队旗为红色，象征革命胜利，队旗中央的五角星，代表中国共产党的领导，火炬象征光明。队旗寓意着：在中国共产党的领导下，向着光明的未来前进。少先队员要热爱自己的队旗，在举行集会、队旗出场和退场时，队员应严肃、立正并敬礼。

大队旗，高约为 90 厘米，长约为 120 厘米，旗中心有黄色五角星及火炬(火炬镶黄色边，内为红色)。中队旗，高为 60 厘米，长为 80 厘米，一端剪去高为 20 厘米、底宽为 60 厘米的等腰三角形，形成一个三角缺口，五角星及火炬(颜色同大队旗)在以 60 厘米为边长的正方形中心。

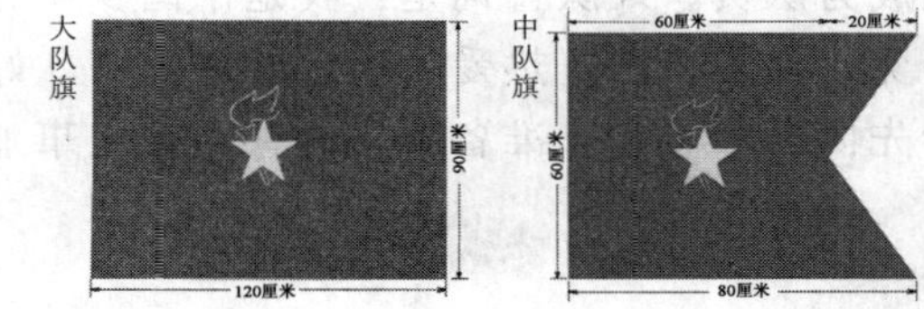


**2. 队徽**

1990 年 10 月 15 日在中国少年先锋队代表大会上通过《中国少年先锋队》章程确认五角星加火炬和写有“中国少先队”的红色绶带组成队徽。队徽的使用应该庄重、严肃。队的各级代表大会、团委、少工委的会议室、队室，“六一”、建队日的活动场所以及有关少先队的外事场合等可以悬挂队徽。队的各级组织颁发的奖状、奖旗、奖章、证书、光荣证和其他荣誉性文件、证件及队的报刊上都可以加印队徽。

中国少年先锋队队徽

**3. 红领巾**

红领巾是少先队员的标志。它是红旗(队旗)的一角，像是用烈士的鲜血染成的。中国共产党将国旗的一角作为少先队员的标志，就是要求他们学习先辈为真理而奋斗的精神，继承革命事业，为建设社会主义现代化强国，为实现共产主义勇敢前进。红领巾是国旗的一角，她象征着广大的少先队员在共产党的指引下，热爱自己的祖国、不断投身党的事业。每个少先队员不仅要佩戴红领巾，而且要用自己的行为保持红领巾的荣誉，并为红领巾不断增光添彩，为中国添光。

**4. 敬队礼**

行少先队队礼要立正站直，右手五指并拢(左手也要五指并拢，自然下垂，贴裤缝)，手掌成平，手腕自然挺直，前肘弯曲，掌心向里，经前胸高举头上，距前额上一拳。掌心向左前，眼睛注视受礼者，表情庄重严肃。

在升旗仪式时，队旗进、退场时，集会前列队、行进时，见到师长时和在烈士墓前扫墓时需要行队礼。少先队的敬礼是右手五指并紧，高举过头，表示人民的利益高于一切。人民的利益高于一切，这是因为，人民最伟大，人民创造财富，人民创造文明，人民创造历史。我们党是为人民的利益而奋斗的。

**5. 队歌**

中国少年先锋队的队歌是《我们是共产主义接班人》。歌词是：我们是共产主义接班人，继承革命先辈的光荣传统，爱祖国，爱人民，鲜艳的红领巾飘扬在前胸。不怕困难，不怕敌人，顽强学习，坚决斗争，向着胜利勇敢前进，向着胜利勇敢前进，前进！向着胜利勇敢前进，我们是共产主义接班人。我们是共产主义接班人，沿着革命先辈的光荣路程，爱祖国，爱人民，少先队员是我们骄傲的名称。时刻准备，建立功勋，要把敌人，消灭干净，为着理想勇敢前进，为着理想勇敢前进，前进！为着理想勇敢前进，我们是共产主义接班人。

**6. 队员**

凡是6～14周岁的少年儿童，愿意参加少先队，愿意遵守队章，向所在学校少先队组织提出申请，经批准，就成为队员。入队誓词是：我是中国少年先锋队队员，我在队旗下宣誓：我热爱中国共产党，热爱祖国，热爱人民，好好学习，好好锻炼，准备着为共产主义事业贡献力量。少先队的呼号为：准备着，为共产主义事业而奋斗。回答：时刻准备着！

## 3.2 班主任

### 3.2.1 班主任的含义

班主任是学校中全面负责一个班学生的思想、学习、健康和生活等工作的教师。是一个班的组织者、领导者和教育者，也是一个班中全体任课教师教学、教育工作的协调者。班主任是学校领导进行教导工作的得力助手，他对一个班的学生工作全面负责，组织学生的活动，协调各方面对学生的要求，对一个班集体的发展起主导作用。

中小学生处于长身体、长知识的重要时期，缺少生活的经验、独立生活和工作的能力。他们既需要，又欢迎有专任的教师来当生活与学习的指导，为他们排忧解难，设置班主任对学生的身心发展是十分必要的。班主任素质的要求：高尚的思想品德、坚定的教育信念、较强的组织能力、多方面的兴趣与才能、善于待人接物。

班主任工作的基本任务：依据我国教育目的和当前学校的教育任务，协调来自各方面对学生的要求和影响，有计划地组织全班学生的教育活动，做好学生的思想教育工作，并对他们的学习、劳动、工作、课外活动和课余生活等全面负责，把班级培养成为积极向上的集体，使每一个学生在德、智、体、美等方面都得到充分的发展，形成良好的个性。

班主任工作的内容和方法：①了解和研究学生；②教导学生学好功课；③组织班会活动；④组织课外活动、校外活动和指导课余生活；⑤组织学生的劳动；⑥协调各方面对学生的要求；⑦评定学生操行、评选三好学生；⑧做好班主任工作计划与总结。

班主任的配备与选聘，基本要求是：每个班级应当配备一名班主任；班主任由学校从班级任课教师中选聘。聘期由学校确定，担任一个班级班主任的时间一般应连续1学年以上；教师初次担任班主任应接受岗前培训，符合选聘条件后学校方可聘用；选聘班主任应当在教师任职条件的基础上突出考查以下条件：作风正派，心理健康，为人师表；热爱学生，善于与学生、学生家长及其他任课教师沟通；爱岗敬业，具有较强的教育引导和组织管理能力。

### 3.2.2 班主任的职责和待遇

2009年，国务院印发《中小学班主任工作规定》，指明了新时期我国中小学班主任的权利与义务，对进一步加强中小学班主任工作、发挥班主任在中小学教育中的重要作用、保障班主任的合法权益、全面推进素质教育等起到了非常重要的作用。

其中，班主任的工作职责与任务如下：

(1)全面了解班级内每一个学生，深入分析学生思想、心理、学习、生活状况。关心爱护全体学生，平等对待每一个学生，尊重学生人格。采取多种方式与学生沟通，有针对性地进行思想道德教育，促进学生德、智、体、美全面发展。

(2)认真做好班级的日常管理工作，维护班级良好秩序，培养学生的规则意识、责任意识和集体荣誉感，营造民主和谐、团结互助、健康向上的集体氛围。指导班委会和团队工作。

(3)组织、指导开展班会、团队会(日)、文体娱乐、社会实践、春(秋)游等形式多样的班级活动，注重调动学生的积极性和主动性，并做好安全防护工作。

(4)组织做好学生的综合素质评价工作，指导学生认真记载成长记录，实事求是地评定学生操行，向学校提出奖惩建议。

(5)经常与任课教师和其他教职员工沟通，主动与学生家长、学生所在社区联系，努力形成教育合力。

其中，班主任的待遇与权利如下：

(1)学校在教育管理工作中应充分发挥班主任的骨干作用，注重听取班主任意见。

(2)班主任工作量按当地教师标准课时工作量的一半计入教师基本工作量。各地要合理安排班主任的课时工作量，确保班主任做好班级管理工作。

(3)班主任津贴纳入绩效工资管理。在绩效工资分配中要向班主任倾斜。对于班主任承担超课时工作量的，以超课时补贴发放班主任津贴。

(4)班主任在日常教育教学管理中，有采取适当方式对学生进行批评教育的权利。

其中，考核与奖惩如下：

(1)教育行政部门建立科学的班主任工作评价体系和奖惩制度。对长期从事班主任工作或在班主任岗位上做出突出贡献的教师定期予以表彰奖励。选拔学校管理干部应优先考虑长期从事班主任工作的优秀班主任。

(2)学校建立班主任工作档案，定期组织对班主任的考核工作。考核结果作为教师聘任、奖励和职务晋升的重要依据。对不能履行班主任职责的，应调离班主任岗位。

### 3.2.3 班主任工作要领

班主任工作是一项复杂、细致，需要付出爱心、耐心和责任心，对学生健康成长起着重要作用的工作，要求班主任教师具有良好的思想道德品质、较高的教育理论素养和专业知识水平，身心健康、富有人格魅力，善于做思想教育工作。要适应新时期教育工作中出现的变化，及时改进班主任工作，在学校育人工作中发挥更大的作用。

一、要坚持育人为本，德育为先的目标导向。要把学校教育目标落实到班级日常管理工作过程中，切实把德育放在首位，注重学生正确的世界观、人生观、价值观和社会主义荣辱观的培养和形成，培养学生健全、独立的人格。引导学生培养学习兴趣，树立正确的学习目标，促使学生全面、协调、健康发展。

二、要注重公平，面向班集体每一个学生。班主任要关心每一个学生，了解他们的内心世界，根据每个学生的特点，精心设计相应的教育方案，引导、帮助每一个学生健康成长，要特别注意关注学生中的弱势群体和边缘群体，为每一个学生的终身发展奠定基础。

三、要关心学生的全面发展。坚持以人为本，以学生的全面发展为班主任工作的根本出发点，不仅要关心他们的学习，更要关心他们的思想道德、身体、心理、人格等各方面的发展状况。培养学生各方面的能力，提高学生各方面的素质，发挥学生的个性特长，充分发掘学生的潜能。

四、要建立平等互信的师生关系。班主任要平等对待学生，建立和谐的、朋友式的新型师生关系。尊重学生，注重与学生交流沟通的方式，做学生人生路上的良师益友。

五、遵循学生的年龄特点和身心发展规律。相信每个学生都有自己的优点，都有成才的强烈愿望，帮助每一个学生建立不断提高进步的目标；善于发现和激励学生的每一点进步，让学生始终在成功的喜悦中提高自己、发展自己。

六、要建立完善班级管理制度。通过建立科学合理的班级日常管理规范，培养学生良好习惯的养成。从小事、细微处着手，积极开展行为规范教育。加强学生自主管理，增进学生民主意识，培养学生独立处理问题的能力。

七、要积极进行班集体文化建设。指导班集体通过开展班会、团队会、各种主题教育活动和丰富多彩的文体活动，丰富学生的生活，弘扬爱国主义、集体主义和民族精神，形成健康向上、积极进取的班风和有特色的班级文化，营造良好育人环境。

八、要指导和组织学生积极参加社会实践活动。充分开发社区、学校和班级的各种教育资源，组织学生积极参加有益于身心发展和道德养成的各种社会实践活动，增强道德体验，培养学生正确的劳动观念和劳动习惯。

九、要充分发挥纽带作用。积极主动地与其他课程任课教师、少先队、团委、政教处沟通，步调一致，形成合力，充分发挥集体教育的作用。加强与家长的沟通交流，积极建立与家长沟通和交流的有效渠道，实现学校教育和家庭教育的有机结合。加强与社会、社区的联系，善于利用各种资源让学生了解社会，参与社会，适应社会，服务社会。也让全社会都来了解教育、关心教育、支持教育，营造良好社会育人环境。

十、要大胆创新工作方式。认真做好学生的综合素质评价工作，积极探索建立学生良好行为习惯的动态管理模式和综合考评制度，建立并填好学生成长档案和记录袋。在此基础上，积极探索深化教育改革背景下班主任工作的新特点、新要求，创新班级管理和建设的有效模式。

**拓展阅读：班主任工作感悟**

我二十六年的教学生涯中，担任了二十多年的班主任工作，其间有欢笑，也有泪水，但我最大的感受则是充实。这也许是没有当班主任的老师无法体会到的，它不仅需要爱心与细心，更需要创造。因为你面对的是充满创造力的孩子，而且随着社会的发展，孩子的问题也越来越多了，因此，我们的班级工作也应当富有创造性。下面我就谈谈我在班级管理中的一些管理方法：

一、善于表扬，巧妙批评，以典型作为榜样

案例：我班的A同学，母亲早逝，父亲长年在外面打工，家境贫寒，不得不寄宿在他姑姑家，他行为习惯差，经常偷东西、打架，而且不按时完成作业，可以说是班上认为的那种无可救药的讨厌的学生了，在班里的影响力很大。后来，我跟他姑姑和他多次谈心，从正面、侧面去了解他。在这期间，只要他取得点滴的进步，我都采取不同程度的鼓励，使他产生了亲切感、信任感，愿意与我们心灵交流，这样使他从思想上认识到错误、改正错误。在班级多给他自我表现的机会，使他消除了自卑的心理，感觉到了自己的价值所在，于是，我在班内就让A同学做改正缺点的典型，去感染和他有类似毛病的同学，带动他们改正缺点。

小学生喜欢得到老师的表扬和鼓励，这对他们是荣誉的享受，更能增强他们的勇气和力量。当然，"金无足赤，人无完人"，由于每个学生的家庭环境、社会环境、自身的心理素质不同等方面的影响，学生中存在着较大的差异，有的勤学守纪，有的厌学做坏事。作为教师，要正视学生的差异，对于"问题学生"要从关爱的心态出发，对他们要晓之以理、动之以情，用人格力量去感化他们。现在我们班的A同学可以说是一位比较优秀的小学生了，同学们也很喜欢接近他，在学期终的评优活动中，肯定有他的名了。

二、班主任要以身作则

这学期，我们班的环境卫生是打扫操场，每个星期一的早上都要打扫。刚开始，学生们还非常好奇，拿着扫把一阵飞舞，后来没有人愿意扫了。由于我们是农村，天气一晴，地上的灰尘就像一股浓烟滚滚而来，不小心还可能误入眼睛。当然就更少有人愿意扫了，看到这一情况，我早上带头先去，当然我还叫了几个同学。扫完了过后，微微出了一点儿汗，面色红润地走进了教室，对着和我一起打扫操场的同学说："劳动使我们快乐！我为你们自豪！"现在每天早上，我们班的同学都争先恐后地去打扫，我相信：他们肯定从中享受到了劳动的乐趣。班主任凡要求学生做到的，自己首先要做到。可见，榜样的力量是无穷的，何况是自己的老师呢？

案例：一次，上课铃响了，同学们都进了教室，上了大约五分钟的时间，忽然外面有个学生喊：报告！我立即打开门一看，原来是我们班的B同学，这下我可气着了，就严厉地批评了他一顿：你干什么去了？马上就要期中考试了你还上课迟到，是准备考二三十分吗？平时大大咧咧的他这下可急了，眼泪分明在眼圈里打转。"你冤枉，我不是迟到，我是给语文老师交作业本去了，这才来晚的。"我的脑中"轰"的一下，是呀，我和语文老师商量了的，为了调动他的学习积极性，让他当语文科代表的嘛，我知道错怪了他，连忙给他道歉，他却气呼呼地走了，几天都不理我。

都说"眼见为实"，可我亲眼所见，还是错怪了学生，这是深刻的教训，因孩子的心是稚嫩的，一旦你伤害了他，就不容易愈合，我们作为教师在批评学生之前一定要好好想想，事情弄明白了吗？千万不能草率去判断、处理。如果学生和你产生了对立情绪，那么我们的教学就更难进行了。

几年来，我通过实践和探索，在班级管理中虽没有取得辉煌的成绩，但也积累了不少的经验，时势在变，教育在变，学生在变，作为班主任一定要学习新的有用的东西，永远走在时代的前面，农村小学班主任工作是复杂而繁重的。只要我们捧着一颗真诚的“爱心”去浇灌他们，就无悔我们的人生。

# 3.3 班级管理

## 3.3.1 班级管理的含义

班级管理是教师(通常是班主任)根据一定的目的要求，采用一定的手段措施，带领全班学生，对班级中的各种资源进行计划、组织、协调、控制，以实现教育目标的组织活动过程。班级管理的对象是班级中的各种管理资源，而主要对象是学生，班级管理主要是对学生的管理；班级管理的主要手段有计划、组织、协调、控制；班级管理是一种组织活动过程，它体现了教师和学生之间的双向活动，是一种互动的关系，参与者是教师与学生双方。

班级管理对班级发展和儿童成长有非常重要的意义。首先，班级管理有助于实现教学目标，提高学习效率。其次，班级管理有助于维持班级秩序，形成良好的班风，调动班级成员参与班级管理的积极性，共同建立良好的班级秩序和健康的班级风气。最后，班级管理有助于锻炼学生能力，学会自治自理，帮助学生成为学习自主、生活自理、工作自治的人，同时，还要帮助学生进行社会角色学习，获得认识社会、适应社会的能力，而这对于促进学生的人格成长是极其重要的。

班级管理的基本原则是：平行性原则，即将个人和集体结合起来，通过集体去影响个人，又通过个人来影响集体；民主与自主原则，教师要以人为本，充分尊重学生并发挥学生力量，让学生在民主协商的环境中成长；规范中创新原则，在让学生养成良好习惯和培养共通能力的同时，在班级管理的目标上有所创新，管理方式更加灵活；目标原则，将班级目标落实到每个学生，通过目标协调每个学生，发挥学生的积极性，在目标引领下促进学生发展。

然而，有研究表明，当前我国学校班级管理的形势还不乐观，还存在一些典型的问题，主要表现为：①班主任对班级管理方式偏重于专断，班主任一直在做程式化的教育教学工作，他们最关心的是如何让学生在考试中获得好成绩，确保班级的成绩在学校中的排名和让学生服从老师，以维护教师的权威不受侵害，使学生服从教师指挥，学生必须被动地按照教师的要求去做，缺乏自主性；②班级管理制度缺乏活力，民主管理的程度低，班干部相对固定，使一些学生形成了“干部作风”，不能平等地对待同学，而多数学生却缺少机会，学生在社会环境及部分家长的影响下，往往把干部看成是荣誉的象征，多数学生在班级管理中缺乏自主性。

鉴于此，我们有必要建立以学生为本的班级管理新机制，在班级管理中，只有确立学生的主体地位，才能从根本上解决班级管理中存在的问题。具体表现在以下三个方面：

①班级管理要以满足学生的发展为目的，学生的发展是班级管理的核心，满足学生发展的需要既是班级活动的出发点，又是班级活动的最终归宿；②班级管理要确立学生在班级中的主体地位，强调以学生为核心，尊重学生的人格和主体性，充分发挥学生的聪明才智，发扬学生在班级自我管理中的主人翁精神；③班级管理要有目的地训练学生进行班级管理的能力，要实行班级干部轮换制，让每个学生都有锻炼的机会，并学会与人合作，训练学生自我管理能力。

### 3.3.2 班级常规管理

班级常规管理是指通常情况下对班级一般性事务的处理和管理，这是对班级几乎所有成员的共同问题的事务性处理。它是班级管理中最重要也是最基础的部分，任何一个班级管理者都会遇到。班级常规管理的任务主要包括班级组织建设、班级日常管理、班级活动管理和班级教育力量管理四个方面。其中，关于“班级活动管理与组织”，我们将在后面的“班队活动”中详细讨论，这里只讨论其余三个方面。

(1)班级组织建设是把一个随机组成的学生群体，逐步建设成为一个目标明确、机构健全、规范有序、有凝聚力的班集体。班级组织建设的方法：①确定集体的奋斗目标。②健全组织、提高干部以形成集体核心。③有计划地开展集体活动。④培养正确的舆论和良好的班风。组建过程分组建阶段、核心初步形成阶段、集体自主活动阶段三个阶段。

**案例：身教胜言传**①

这学期，我接了一个学校有名的“乱班”。第一天走进教室就让我惨不忍睹：桌仰椅翻，纸片飞舞，污物满地。看到这种情景，我一声不吭地拿起扫帚把地面打扫干净，然后又把桌椅重新摆好，一切都整治好了，才请同学们进教室上课。坐在老师亲手打扫过的教室里，全班学生一个个都出奇的规矩。第二天，我依旧如此。有一些同学说话了：“张老师，让我们扫吧!”我微笑地说：“不，这一周张老师做值日。”一个星期后，我安排了值日表，每天值日的学生都非常认真负责，就连屋角旮旯儿也打扫得干干净净。教室卫生向来由学生轮流打扫，很少见过老师也做教室值日的。我不仅这样做了，而且做在学生之前，做得一丝不苟。学生由起初的费解到后来于心不忍，以致最后肃然起敬。这就使师生之间产生一种感情上的理解和交流，让学生真切地感受到教师对班级的热爱、对学生的尊重，也使学生从中感到一种压力——我们应该像老师那样做。常言道：“喊破嗓子，不如做出样子。”在我以身作则的带动下，我们这个学校有名的“乱班”，周周都能得到卫生流动红旗，还经常得到学校的表扬。这件事进一步加深了我对“身教重于言传”的理解。

(2)班级日常管理是指管理者每一天需要开展的集体管理活动，这些活动包括：品德指导、学习指导、安全与法规指导、健康与教育指导和学生操行评定。其中对学生的评价是促进学生发展的重要形式，评价的目的不仅在于指出哪里好哪里不好，更重要的在

① 张月娥：《喊破嗓子，不如做出样子》，《人民教育》，2000 年，第 5 期。

于让学生明白自己的得失，找到努力的方向，获得更好的发展。

**案例：对学生偏科的评语**

数学、语文好比是你的两条腿。一条腿粗粗的、壮壮的，你猜是哪条腿？一条腿细细的、弱弱的，你猜又是哪条腿呢？两条腿不一样粗，走路是跛子，你不会甘愿做跛子吧？老师也不希望你成为跛子，老师想很好地帮助你，你自己也要努力哟！

(3)班级教育力量管理是指管理者对影响班级的各种教育力量的协调。这些教育力量包括任课教师、学生家长和亲朋好友、学校领导和其余教师、社区人员等。只有这些影响学生发展的各种因素形成合力，才能更好地促进学习的发展，班级管理的力量才能更好地凸显出来。

**案例：一朵玫瑰花**

苏霍姆林斯基是苏联著名的教育家，他创办的巴甫雷什中学现已闻名世界。在他当校长的时候，校园里开出了一朵最大的玫瑰花，全校的学生都非常惊讶，每天都有许多学生来看。这天早晨，苏霍姆林斯基在校园里散步，看到幼儿园的一个4岁女孩在花园里摘下了那朵玫瑰花，他蹲下身子，亲切地问："孩子，你摘这朵花是送给谁呀？能告诉我吗？"小女孩害羞地说："我奶奶病得很重，我告诉她校园里有一朵大玫瑰花，奶奶有点不信，我现在摘下来送给她看，看过了我就把花送回来。"听了孩子天真的回答，苏霍姆林斯基的心颤动了。他牵着小女孩，从花园里又摘下两朵大玫瑰花，对孩子说："这一朵是奖给你的，你是一个懂得爱的孩子；这一朵是送给你奶奶的，感谢她养育了你这样好的孩子。"

### 3.3.3 班级非常规管理

班级非常规管理是对班级出现的异常现象的管理，这要针对班级中的个别学生进行的个别现象的管理和处理。这也是班级管理中不可缺少的内容，但针对不同班级、不同管理者，具体的内容和处理方法有很大差异。班级非常规管理主要包括促进学生的全面发展、对后进生的转化教育和对突发事件的应急处理三个部分。

**1. 促进学生的全面发展**

在集体活动和交往中，每个学生都有各自的优点和缺点，常处与短处都将得到充分表现，如何使他们扬长避短、全面发展，这是班级管理者的一项重要任务。班级管理者需要充分了解每一个学生，了解他们的性格、爱好、成长背景，帮助他们全面地认识和评价自己，找到自身发展的缺点，改掉缺点，相互学习，共同进步，不断地向更加完美的方向发展。同时，班级管理还需要做好优等生的教育工作，培养一些典型作为班级成员的样板，带动其他学生的发展。

## 案例：我的朋友在哪里[①]

一连几天，有好几名同学都到办公室找我，说小宇给他们起了不好听的绰号。小宇在我班已经快两年了，他的顽皮、淘气仿佛一团不和谐的气流，随时都可能冒出来干扰其他同学，也一直困扰着我。我记不清多少次苦口婆心地和他面谈，乃至严厉地批评训斥，都无济于事。我相信，爱的教育是最好的教育，师爱能够唤醒学生，促进他们发展、成长和完善。可是小宇似乎总在沉睡，让我苦恼、忧伤、怨恨甚至绝望。有时，我也怀疑，这些悲观情绪是因爱而生的吗？小宇能否感受到我的爱？

一天下午上课前，我找到小宇："怎么了？又给同学起外号？"他胸有成竹："没有啊！我在帮他们起网名。我自己就有两个网名。我姓焦，心情好的时候，就叫香蕉，心情很糟的时候就叫焦锅巴，我爸爸也是这样的。"他振振有词，说得也挺幽默。我告诉他："网络是不真实的虚拟世界，你有给自己取网名的自由。但是在班级里，同学之间你给别人取一些不喜欢的网名，就会令人反感生厌了。""不会的，他们都是我的好朋友。哎呀，我的语文作业还没写完呢！老师，我可以去写作业吗？"我挥挥手："先去吧！"仔细想想，小宇有时确实很可爱，他主动提出在教室里洒水、擦黑板的事由他一人包揽，他豪爽而且乐于助人的性格，也赢得了老师和同学的好感，只是他不明白自己豪爽得有些过了头，成为一些同学眼中的"多事者"和"好事者"。

第一节数学课，我带领学生学习怎样用数对确定位置。在课上，我特意安排了这样一个活动环节：用数对说一说你最好的朋友所在的位置。活动开始了，大家情绪高涨，我一个一个地找了被小宇起绰号的那些同学。他们没有一个人把朋友的位置锁定为小宇，我注意到小宇的表情时而紧张、时而失望。他们一个一个不把小宇当"最好的朋友"，我知道他的内心很难平静，看到小宇的头已渐渐伏在了课桌上，我真想快一点结束这场不知是否有效的测试。对他来说，毕竟这种心理考验很残酷。时间过得真慢，这场游戏总算结束了，我听到了小宇轻轻的叹息声。

接下来，我又抛出一个问题："请大家猜猜老师最好的朋友在哪里。"教室里顿时像炸开了锅，大家纷纷猜测。我又说："还是老师直接告诉大家吧！你们都是我的朋友，但如果只能选一个最好的，他就是——"我拖长音调，大家屏息倾听。"他就是——(4，3)"。"是小宇！"同学们异口同声地喊道。此时，我看到小宇的眼眶里闪动着激动的泪花，大家投去羡慕的目光，他涨红了脸，灿烂地笑了。

短短一节课，小宇仿佛经历了冷暖两重天。接下来的日子，小宇真把我当好朋友了，我打扫教室时，他主动抢我手中的扫帚，起绰号的事他早已忘得一干二净了。课间，他还主动邀请我打羽毛球，说："老师，你也该锻炼锻炼身体了。"和他打球时，我看他微胖的身躯显得有点笨拙可爱，冬日的阳光照在他白皙的脸上，我相信他一定感觉到了阳光的温暖。

---

① 汪跃峰：《我的朋友在哪里》，《小学教学》(数学版)，2012年，第3期。

**2. 后进生的转化**

所谓"后进生"，是指那些在思想品德和学习方面都达不到培养目标对该年级所提出要求的学生。在实际的教育中，后进生又大致可以分为两种，即思想和成绩都差的"双差生"和只有成绩差的"单差生"。苏霍姆林斯基曾感叹，"从我手里经过的学生成千上万，奇怪的是，留给我印象最深的并不是无可挑剔的模范生，而是别具特点、与众不同的孩子。"教育的这种反差告诉我们，对后进生这样一个"与众不同"的特殊群体，教育者必须正确认识他们，研究他们，将浓浓的师爱洒向他们，让这些迟开的"花朵"沐浴阳光雨露，健康成长。

后进生的转化，是教育的难点问题，也是每一个教育工作者必须面对和研究的问题。有经验的老师告诉我们，后进生的转化要具体问题具体分析，因地制宜，因材施教。①教师要尊重后进生，要把他们看作班级中正常的一员，平等对待，让他们感到教育的温暖和集体的力量；②教师要深入分析后进生的特点和缺点，这往往是他们落后的根源，分析的视角很多，可以从学习方法、家庭背景、人际关系、性格特点、生理特点等方面入手；③要对症下药，针对具体问题具体解决，比如对于自卑的学生要让他们认识到自己的优点，通过一些活动使他们恢复自信心和自尊心，对于不爱学习的学生，要及时表扬让他们体会到学习的意义和乐趣，对于行为习惯差的学生，要创造条件让他们做一件好事形成一个好习惯，然后教师再让他们认识到进步后的种种喜悦；④对后进生的教育要坚持不懈，持之以恒，并且需要不断的表扬和激励，同时还要严格要求，让他们同其他儿童一样自由平等地学习生活。

### 案例：后进生变优等生

五年级×班的学生郑××学习差、思想差、表现差，被学校老师们称为后进生"四大天王"之一。由于郑××同学的学习差、思想差、表现差，步入中学不足10天，就受到了班主任老师的高度关注。经多方了解，分析其后进成因后，班主任老师抓住一切可利用的时机，频频找他聊天，细致地观察他的言谈举止，了解他的喜好，分析他的思维模式、思维方法，发现他个性较强，好胜心强，喜欢打篮球、乒乓球等运动。老师适时调整了"聊天"的内容，逐步引入关于篮球的话题，指导他学习篮球技术，进而借助学校举办班际篮球赛之机，激发他的好胜心，鼓励他为班集体的荣誉尽自己的一份力。在师生的共同努力下，五年级×班在班际篮球赛中取得了年级第一名的好成绩。

成功的体验使郑××同学获得了自信心，同时也获得了同学们的尊重。班主任老师把"聊天"正式改为谈话：讲道理、谈人生、分析他的前期表现与当前转变，鼓励他把精力转入到学习上去，进一步激发他的"取胜"欲、唤醒他的求知欲。郑××同学的学习成绩在逐步上升，体验着学习带来的快乐，精力也就不放在"搞破坏"上了，思想转变了，表现变好了，从而形成了良性循环，并不断地巩固、加深其行为模式。一个学期结束时，郑××同学已经成为有上进心、有责任心、勤奋好学的学习好、思想好、表现好的"三优"生，学习成绩较稳定，名列年级前三十名。

**3. 突发事件的处理**

作为教师，难免遇到一些突发事件(又叫作偶发事件)，需要及时准确地处理。突发事件一般具有以下特征：偶发性，发生频率较低，但出乎人的预料；突发性，突然间发生，在缺乏心理准备的情况下发生；爆炸性，影响比较大，有时会产生连锁反应；紧迫性，需要教师当机立断做出反应，并妥善解决。因此，教师要根据突发事件的特殊性，抓住时机妥善解决，在解决时往往需要高度的教育机智和随机应变的技巧。

教师要想解决好突发事件，一般要遵循以下基本原则：①控制感情，冷静应对，突发事件一般在学生情绪失控的条件下发生，因此教师要冷静面对学生的行为，控制事态蔓延；②了解情况，把握分寸，在稳定和控制局面之后，教师要及时全面地了解事件发生的原因和过程，采用温和的手段巧妙地解决问题；③依靠集体，教育学生，教师要及时同学校管理者取得联系，依据集体的力量解决问题，同时要及时总结经验，作为教育契机，作为一次对学生进行教育的机会，让更多的学生从事件中受益。

## 案例：把沙子吹出来

小学二年级的李老师刚到教室门口，便看见小丽正在号啕大哭，整个教室一片混乱。七八个女生来向老师告状，说小丽不好。李老师通过仔细观察和分析，发现小花和几个女生欺负小丽，而小丽大哭并不是因为眼里被其他同学弄进了沙子，而是为了赢得老师的同情，让老师批评小花。

怎么办？李老师陷入了思考中：如果询问事件的前后经过，一节课的时间就过去了；如果不顾小丽的感受，威严地宣布上课，小丽便会更加委屈，甚至有可能号啕大哭得更加厉害；如果捅破小丽的做作，说你眼里根本没有沙子，不要哭了，小丽的自尊心会受到更大伤害。

到底怎么办呢？李老师先让其与同学安静下来，从包里掏出湿纸巾，蹲下身来，帮小丽擦眼泪，然后关切地说，“别哭，老师帮你把沙子吹出来，好不好?”说着，自己检查了一下小丽的眼睛，轻轻地吹了几下，问道，“还疼不疼?”小丽说，“有点疼。”李老师又认真地吹了几下，关切地问道，“还疼不疼?”小丽说，“不疼了。”“好，不疼了就不要哭啊，哭鼻子不是坚强的孩子。”小丽不哭了，李老师对全班同学说，“这件事是怎么回事，老师下课再解决，现在开始上课!”

小丽不哭了，教室里紧张的状态立即消失了，同学们静静地听李老师讲课，课堂又恢复了往日的状态。李老师很了解小丽的处境和心情，在充分了解事件情况之后，快速估计了种种教育处理方法对儿童的影响，果断做出决策，采用“以假当真”的手法，帮小丽“吹”出了眼中的沙子，稳定了课堂。这样做，不仅满足了心里委屈的学生的情感要求，还消除了教室的紧张氛围，同时也把不容易解决的问题留到课后去处理，使得突发事件得到了非常圆满的解决。

## 拓展阅读：班级管理案例

### 难问题，巧解决

教育离不开批评，批评是把双刃剑，用好了是良药，用不好，既伤了学生又伤了自己。在班级管理中难免会遇到一件件琐碎的小事，事虽小却很难处理，对学生大动干戈，声色俱厉吧反而显得黔驴技穷，毫无威信；苦口婆心，循循善诱吧，有时又显得苍白无力，一旦反复，没有效果，自己感觉日益沉重而且压抑。有时真觉得自己就像是一只困顿的小兽，总在原地转来转去。长此下去，我想年复一年的班主任工作，势必会变成可怕的劳役。因而，必须试着为自己的教育行为注入理性和艺术的力量，让“难问题巧解决”。

**案例(一)**

由于学校小卖店的成立，孩子们下课都去那里“光顾”。有一天张××委屈地说：“老师，我的一元钱丢了。”一元钱，对于孩子来说，那可是他一天的花销啊！我对他说：“你别急，这钱老师一定会帮你找到的。”听后，他便满怀希望地等待。一元钱是小事，孩子的行为习惯是大事啊！为此，我对一元钱进行了“侦破”。

下课时，我故意找了几个学生了解情况。上课了，我平静地说：“×××同学，请你来一下!”孩子慢吞吞地走出教室，我问他：“知道老师叫你干什么吗?”他立刻争辩说：“老师，钱不是我偷的!”一下子我全明白了。我接下来说：“老师知道你是个好孩子，不会偷拿别人钱的，你捡到了钱，应该交给失主啊!”他说：“老师，我错了，钱让我花了，明天我还他行吗?”“老师相信你一定能还他，以后再捡到钱要想着还给失主啊!”

一个“偷”和一个“捡”字，只要教师换个说法，既能让孩子认识到自己的错误，又保护了孩子的自尊心，我们何乐而不为呢?

**案例(二)**

由于小食品的出现，班级纸屑随处可见，尽管有垃圾桶的制约，可是垃圾还是不停地出来“透气”。中午我来到班级，看到垃圾桶旁边全是垃圾，怒火顿时涌上全身，我看了看孩子，刚想歇斯底里地大喊，转念一想：别说孩子，就是我们成年人吃到兴奋时也有可能将垃圾扔在垃圾桶外的。

对了，中午刚好看了球赛，我心生一计：“孩子们，你们喜欢球星姚明吗?”他们异口同声地说“喜欢!”“你喜欢他什么啊?”“得分多!”“个子高!”“投球准!”“就是啊，姚明的球技很高，投球很准，如果让他往垃圾桶扔垃圾，会百发百中的，你们说对吗?”孩子不假思索地说“对!”“比比看你们就差多了，垃圾都扔到了桶外。”“老师，我们不用投也不用扔，我们放到垃圾桶里不是也像姚明一样准了吗?”我鼓掌以示赞同。没有批评的话语，却使学生明白了道理，这比声色俱厉的效果好上百倍。

**案例(三)**

当前在校学生大多是独生子女，个个都是“小君主”“小皇帝”。在家里娇生惯养，来到学校家长总担心孩子受了委屈。每一位家长都认为自己的孩子即使算不上出类拔萃，至少也是独一无二，很不错的一个。因此作为教师就一定要多发现他们孩子身上的可爱之处，在与家长谈话时，要让家长体会到班主任老师对他们孩子的喜爱、关注及祈盼。我觉得这样家长更容易接受，更乐于接受。

例如：我接手不久的这个班中有一位女学生，她叫杜××，这位个性极强，别人不能摸她的东西，不懂得谦让、关心……而且有偷东西的坏习惯。总之，班里的同学对她“恨之入骨”。上学期，同学经常与她发生“小摩擦”。她的父亲也经常来学校为女儿“鸣不平”，有时甚至对学生“拳脚相加”。这样反而更增添了同学对她女儿的厌恶，也使家长之间产生了冲突。

我当时也非常的生气，心想：还真有这样的“护犊子”家长。但思前想后：要想真正解决问题，还得以真挚换真挚。哪怕是学生和家长做得不对或不妥的地方，也要面带真挚的微笑，眼中流露出真诚的目光，委婉而有策略地指出。

转天，我提前和这位家长取得了联系，然后驱车前往家访。开始我就面带微笑，丝毫没有批评他女儿的话语，也没有埋怨他来班里替女儿“鸣不平”的举动。而是极力挖掘了他女儿的某些优点大加赞扬．并指出本人刚刚接班不久，希望家长对自己的工作给予支持。对学校、对我、对任课教师有什么想法和意见请及时提出，我们会虚心接受。这位家长对我们的谈话非常满意，并说出几次去班里为女儿出气时的想法。时机来了，我委婉地指出这样做的弊端会影响孩子在班里的威信。也请家长放心，只要配合我的工作我会为您的孩子创设一切条件的。

听了我的一席话，家长十分感动。他表示一定要配合好老师的工作。于是，我又找到了她，与之心交心地交流。令她没有想到的是我并没有批评她。我问她：“你想不想别的同学喜欢你，拥护你。”“想”，她不假思索地说。“那老师帮助你来实现，好吗？但你要为班级和同学们多做一些好事，让同学们尽快改变对你的印象……”下午，我又找到班干部谈话，引导他们能接纳杜××，谦让她一些，多给她些鼓励与帮助……

时间一天天地过去，她也一天一天地在进步，学校开展献花活动，她一人从家里带来了五盆花，谁有困难，她都会无私地伸出援助之手…… 她真的进步了！

总之，工作的每一天都会遇到这样那样的问题，我希望我能掌控好批评这把双刃剑，难问题，巧解决，快乐地教，快乐地学，做一名快乐的班主任，培养一群快乐的孩子，奏响教育进行曲中一段快乐的乐章。

## 3.4 班队活动

### 3.4.1 班队活动

班队活动，是指一个班或者一个少先队中队在教育者的组织和领导下，为实现教育方针和培养目标，完成学校的教育工作计划，组织班集体全体成员参加的一系列活动。可见，这里讲的班队活动，是班级活动和少先队活动的总称，因为小学是班级和少先队合体的。班队活动是学校教育的重要组成部分，主要有晨会、主题班会、少先队队会、科技活动、文体活动、节假日纪念活动等形式。

班队活动对促进小学生的健康成长有非常重要的意义。首先，班队活动可以提高小学生的认知能力，开阔儿童的视野，发展学生的思维品质，培养实践能力和创新精神。其次，班级活动有助于培养儿童良好的道德品质，培养儿童良好的个性，发展儿童的集体荣誉感和社会责任感，在身心愉悦中培养好的精神与情感。此外，班队活动还能增加儿童对社会、历史、文化等方面的了解，有助于巩固和深化课堂教学内容，促进课堂教学与社会生活的联系。

班队活动的设计与实施大致要经历以下四个步骤，每个步骤都应遵循基本的要求。①选题，即确定活动主题，选题要接近学生生活，要符合教育的意义，并具有时代性，关注时代的热点问题，要具有可行性，便于实际操作；②制定活动计划，即做好活动规划，设计要有整体性，主要包括活动目的意义、时间、地点、主要内容、基本程序和负责人与组织机构；③活动的实施，这是班队活动的最重要环节，实施过程中要坚持主体性原则，发挥学生的主观能动性和活动积极性，让他们主动参与活动，同时还要发挥多样性原则，以形式丰富、精彩的内容吸引儿童的参与；④活动总结，这也是活动不可缺少的组成部分，通过总结反思，积累活动经验，深化活动意义。

### 3.4.2 晨会活动

晨会是班级在晨会时间（主要是早上）开展的教育性活动。晨会具有两个明显特点：①简短，晨会的时间一般为10分钟，活动内容不大，形式比较单一；②及时，晨会每一天进行，迅速传递教育信息，及时解决问题。这两个特点决定了晨会一般内容为：解决前一天遗留的问题，安排布置当天的学习任务，提出学习生活的要求，及时针对近几天班级中出现的普遍性问题进行针对性的教育。

下面，我们通过一个实际例子，来了解晨会的内容和特点，读者也可以通过这个例子，根据教学中发生的具体问题，有针对性地组织学生活动，促进学生健康地成长。

早晨，老师走进教室，看见一把躺在墙角的扫帚，这应该是前一天值日生打扫完教室后没有及时放进工具箱，遗弃在墙角的。这是班级生活中常见的小事，并没有引起学生的注意。这位教师针对这个事情，巧妙地设计了晨会内容“扫帚的自述”，及时进行启发性的谈话，引导学生进行换位思考，想象扫帚被遗忘的悲惨遭遇，体验扫帚的难受心情，唤起了学生的主人翁责任感、集体意识和爱护公物的意识①。

教师组织晨会活动一般有三种形式：①组织学生参加全校性的晨会活动，比如升旗仪式，收听学校广播；②按照学校安排的栏目组织晨会活动，比如道德栏目，心理健康栏目；③完全自主地组织晨会活动，比如班级新闻发布会，一分钟演讲，一周评述等。第三类晨会教师的发挥空间比较大，因此教师要依据班级教育的目标和工作计划，结合班级特点，联系学生实际，安排活动内容，进行有价值、有实效的晨会活动。

### 3.4.3 班会活动

班会是学校集体活动中最主要的组织活动之一。班会一般分为定期或不定期班会，在班主任领导和指导下，以班级为单位，围绕一个或几个主题对全班同学开展教育的活动。班会是班主任或班委会对班级进行有效管理、指导和教育的重要途径和形式。在班会上，每个同学都可以先发表自己的意见，参与集体管理，研究解决班级中的各种问题。

班会的开展内容没有一定的限制，丰富多彩的班会主题既可以是专门为解决班级目

① 王一红：《扫帚的自述》，选自李学农：《班级管理》，高等教育出版社，2004。

前存在的某个问题而召开，也可以就某项教育展开，如热爱祖国、热爱集体、团结互助、文明礼貌、助人为乐、学习心得交流、环境保护、遵纪守法等。活动形式也多种多样，不同的班会主题，开展形式和具体程序也会有所差异。班会主要有班级例会和主题班会两种形式。

班级例会即定期班会，是指每周、每月、每学期、每学年中较固定已形成惯例的班会，内容往往也比较固定。班级例会具有三个特点：①常规性，基本上每周一次，针对班级学生的学习情况，及时总结和通报情况，进行表扬与批评，对学生进行常规教育；②事务性，主要处理班级日常事务，比如布置一周工作，制定阶段工作学习计划；③民主性，采用民主集中制的原则，在学生之间进行商议和讨论的基础上，做出有价值的决定。

主题班会是班级成员围绕一个主题，开展班级教育活动。主题班会具有主题鲜明和形式多样两个特点。也就是说，每次主题班会要围绕一个明确的教育主题，重点突出，内容集中，教育的目标明确，针对性强。此外，主题班会主要由班主任和班干部主持，常常采用谈话、讨论、游戏、竞赛、表演(包括唱歌、舞蹈、朗诵)等儿童喜闻乐见的形式。因此，主题班会富有时代气息和儿童情趣，深受小学生的喜爱，同时符合儿童活动教育的规律，有明显的教育效果。

主题班会的实施，需要注意以下几点：主题要鲜明，一般一次班会一个主题；班会主题要贴近学习和生活，学生能够有话可说；班会主题尽量选择具有人文情怀的话题；班会最好让学生预先充分准备；班会形式要活泼多样，避免重复；班会要调动每个学生的发言积极性，对于学生的不正确见解，要纠正方式；班会时间不宜过长，以一节课左右为宜。

班会的常见主题：爱国主义教育；自信与自卑、快乐与伤心；集体主义教育，认识自我；科学与生活，走进大自然；攀比吃穿好不好，对父母说句心里话；保护环境，处理垃圾的方法；什么是自尊，互助；尊敬师长，钱该怎么花；助人为乐；健康的含义；远离毒品；诚信与作弊；朋友与义气，日常行为规范；孝敬父母，幸福是什么；文明礼仪，交通安全；师生互动，尊敬师长，关爱同学，孝敬父母。

### 3.4.4 少先队中队活动

少先队中队活动是儿童学习共产主义的大课堂，是以少先队中队为基本单位，在辅导员的指导下，由少先队员学当主人，自己组织开展中队活动。少先队组织是儿童学习共产主义的学校，少先队活动是这个学校的课堂，是少先队教育的重要途径。

同班级活动相比，少先队中队活动具有两个明显特点：①组织性，活动由少先队中队组织进行，活动要配合少先队中队特有的组织形式，要有少先队中队会仪式；②自主性，少先队是一个相对独立的社会组织，队员活动需要辅导员的指导，但队员可以自由地进行有主题的活动。

少先队在重大的节日组织集会，或者举行大、中队活动，都应该举行队会仪式。举行队会仪式能够给队员一种庄严的感觉，使他们增强荣誉感和责任感，是向队员进行组织教育的一种有效的形式。大、中队在举行队会仪式前，要先集合列队，整理队伍。中队活动，先由小队长向本小队队员发出“立正”口令，然后跑步到中队长面前，敬礼，报告："报告中队长，第××小队原有××人，实到××人，报告完毕。"中队长回答："接受你的报告！"小队长回原位，全小队稍息。各小队报告完毕后，由中队长向中队辅导员报告，报告程序同小队长报告程序大体相同。大队活动，由各中队长依次向大队长报告，再由大队长向大队辅导员报告。接着活动开始，一般程序如下：①全体立正；②出旗(鼓号齐奏，全体队员敬礼)；③唱队歌；④队长讲话，宣布活动开始；⑤进行活动；⑥辅导员讲话；⑦呼号；⑧退旗。

开展丰富多彩、生动活泼，具有教育性和知识性的少先队活动，是少先队团结教育少年儿童的主要途径和方式。没有活动，少先队就会形同虚设。少先队的活动主要有以下几方面：

(1)思想政治教育活动。学习革命历史，访问革命老人，参观革命纪念地、革命博物馆，以继承老一辈的光荣革命传统。开展"学雷锋、树新风"、"五讲四美三热爱"、"为希望工程献爱心"等活动，培养他们的良好道德品质。

(2)爱科学、学科学、用科学活动。可以向他们讲述古今中外学者、科学家刻苦学习的故事，为他们树立学习的好榜样；有计划地向他们介绍科学书籍，激发他们的求知欲；组织科学普及活动和科技活动，组织他们和科学家、作家、先进技术革新者以及自学成才的专家会面，组织"知识就是力量"、"建设需要知识"、"书是少先队员的朋友"、"小小发明家"等主题队会，培养他们珍惜时间，努力学习，向又红又专的方向前进。

(3)体育、游戏活动。少年儿童的特点是好动。少先队组织他们进行体操、跑步、旅行、军事游戏、跳舞等丰富多彩的体育、游戏和文化娱乐活动，活跃课外生活，以增强他们的体质，振奋他们的精神。还可以组织音乐、美术小组，以发展他们的爱好，陶冶他们的情操。

(4)假期活动。内容丰富、安排得当的假期活动，不仅能使队员得到积极的休息，而且能使他们受到深刻的教育。如组织夏令营、营火晚会、儿童乐园、参观访问以及各种比赛活动等，使儿童开阔眼界，增长知识，发展身心，受到教育。指导队员安排好假期生活，按时复习功课，完成预期作业，适当参加社会政治活动和公益劳动。农村的队员还可适当参加力所能及的农业劳动。

此外，在少先队活动中，还有一些为少年儿童所喜爱、富有教育意义而年年定期开展的活动。如清明节祭扫革命烈士墓；新年、春节慰问军烈属和解放军；革命节日、革命领袖、英雄人物纪念日举行纪念活动；"六一"儿童节庆祝活动等，都有很大教育作用。

**拓展阅读："理想与前途"主题班会**

一、班会目的：

通过多种形式，在热烈的气氛中，同学们开怀畅谈自己的理想，憧憬未来，同时下定决心要为自己理想的实现而努力奋斗；并且把自己的理想与祖国的前途和命运结合起来，为中华民族的伟大复兴而努力！

二、班会形式：

小品、演讲、讨论、游戏、演唱等。

三、班会过程：

播放歌曲《水手》，班会主题开始，班长钱××、宣传委员许××同学主持；

主持人(男)：伴随着这首激动人心的《水手》，拉开了我们“理想与前途”主题班会的序幕。

主持人(女)：理想是个诱人的字眼。

主持人(男)：理想是灯塔，指引人生前进的方向，照亮人生前进的路程。

主持人(女)：一个没有理想的人，就像鸟儿没有翅膀，就像打桩的没有设备。

主持人(男)：没有理想，就没有坚定的方向，没有坚定的方向，就没有生活。

主持人(女)：罗勃朗宁曾说过：人类的伟大不在于他们在做什么，而在于他们想做什么。

主持人(男)：福尔摩斯也说：世界上最重要的事，不在于我们在何处，而在于我们朝什么方向走。

主持人(女)：上面所讲的“想做什么”、“朝什么方向走”指的就是我们头上的一颗指路明星——理想。那么，什么是理想，你的理想是什么？(同学们讨论)

主持人(男)：下面请同学们说说自己的理想，好吗？(同学们畅所欲言，有的说长大后要成为科学家，有的说要成为美容师，有的要成为教师……)

主持人(女)：当一个人达到自己的理想的时候，我们可以说他是一个成功的人，那么你对成功是怎么样看的呢？

同学1：我觉得要像邓小平爷爷那样做时代的伟人才是成功的人；

同学2：我认为努力去实现自己的理想的人就是成功的人；

同学3：我觉得凡是能在自己平凡的工作岗位上做出贡献的人都可以算是成功的人；

同学4：我觉得一个能在逆境中站起来，勇于向困难宣战的人便是一个成功的人；

……

主持人(男)：同学们说得很好，下面我们请黄××同学们谈谈“成功的人”。

黄××同学发言(略)。

主持人(女)：对，只要我们从小便树立远大的理想，并为之不断地努力，我们的理想就一定能实现！

主持人(男)：下面我们来看看，二十年后的我们是怎么样的吧。

小品《二十年后的我》(表演者：张×、朱×、高×、郭××等同学)：二十年后的一群中学生实现了自己的梦想，二十年后回来探望自己的老师，并诉说自己二十年前的理想和成长的经历。

主持人(女)：啊，真叫人热血沸腾，羡慕不已。

主持人(男)：但是世事变幻不定，二十年后的事更是难以揣测。

主持人(女)：哎，你是想说“把握今天”吧。

主持人(男)：是啊，今天的收获才是最重要的，明天的收获有赖于今天的播种和辛勤的耕耘。

主持人(女)：那，怎么样才能在今天为实现自己的理想而努力奋斗呢？

主持人(男)：我想我们的同学心中早就有答案了，请同学们说说好吗？

同学1：珍惜每一分每一秒的时间，不让自己有后悔的一刻。

同学2：树立远大的理想，并为之不断地努力。

同学3：要有吃苦耐劳的精神，不被困难所吓倒。

……

主持人(女)：是啊，我们必须从今天做起，为自己理想的实现而努力。

主持人(男)：不仅要这样，我们还要把自己的理想和前途与祖国的命运和前途结合起来。现在，我国正在进行西部大开发，这可以说是全国人民的一个共同理想，我们更应该从我做起，为中华民族的伟大复兴而贡献自己的青春与才华。

主持人(女)：据我所知，我班吴××、周××同学就是这样的人才呢！

主持人(男)：不错，请欣赏他们的小品《垃圾大王》。

小品《垃圾大王》大致内容：讲一位平凡的小学生在读书时代便被同学们瞧不起，但由于他不怕别人的取笑，不怕困难，大学毕业以后，他大胆地从事处理垃圾的工作，后来发展到搞垃圾回收，成立了“创世纪公司”，成了一位出色的企业家。小品通过幽默有趣的表演说明了一个人只要有远大的理想，并执著追求，有创新意识，就一定能实现自己的理想。

主持人(女)：真是有趣极了，你们知道小品说明了一个怎样的道理吗？

(同学们答：略)

主持人(男)：主题班会进行到这里，让我们来玩个游戏轻松一下。

主持人(女)：对，我们在上课前听到《水手》这首歌，看谁把其中重复多遍的歌词记了下来。

甲同学：他说风雨中，这点痛算什么，擦干泪不要问为什么。

主持人(男)：对，下面请同学们说一说“风雨”和“痛”是指什么。

甲同学：我认为“风雨”是指崎岖的人生道路，“痛”是指挫折和失败。

乙同学：我觉得“痛”还可以指逆境、困难。

主持人(女)：是的，歌词告诉我们，学习、生活中我们都会碰到挫折、失败或困难，但我们必须勇往直前，不畏艰难险阻，才能实现自己的理想。

主持人(女)：收获的季节是欢乐的，但它必须以付出汗水为前提，我想每个人的奋斗过程都会有一个激励自己前进的座右铭。

主持人(男)：是啊，18岁的刘欧已是北京大学化学与分子工程系的一名学生，15岁的他已成为首批进入国家重点实验室的中学生，他一直以“机遇对于每个人都是均等的，而成功者往往善于抓住机遇”来自勉，这是他获得成功的重要因素之一。那么，在座的同学们，你们的座右铭是什么呢？

主持人(女)：请同学们踊跃回答。

同学们自由回答。

主持人(男)：同学们的发言是认真的，是对理想追求的一种执著，我相信，同学们有了时时激励自己的座右铭，理想是一定可以实现的。

主持人(女)：接下来我们来玩一个有趣的游戏。

主持人(男)：好啊，什么游戏？

主持人(女)：我们轮着来每人说出一句对理想实现充满信心的简短的话，比如，我一定行等，说不好的同学要出来为大家唱一唱我们本次班会的主题歌《水手》，好不好？

主持人(男)：我举双手赞成。

(同学们轮流说)。

主持人(女)：我很开心！同学们对理想的实现都充满了信心。下面让我们来欣赏诗歌朗诵《请举起杯中的美酒》(由周××和宋××同学表演，诗词略)。

主持人(男)：诗歌是美好的，悦耳动听的，时间是有限的。

主持人(女)：天下没有不散的筵席。

主持人(男)：班会无限好，只是近尾声。

主持人(女)：我想，大家通过这次班会，定会树立远大理想，创世纪辉煌，为自己的人生书写一首不朽的诗篇。

主持人(男)：现在有请我们的班主任作总结，掌声欢迎。

四、班主任总结：

首先很感谢吴××、叶××为这次主题班会的准备付出了辛勤的劳动！本次班会同学们都表现得很积极、主动，能大胆地畅谈自己的理想，树立自己的信心，看你们自信的表情，听你们充满豪情的语言，我相信，你们的理想一定能实现。是的，理想是还没有实现的东西，是对未来的美好憧憬和希望，这要求我们好好把握今天，努力学习，打下坚实的知识基础，才能拥有美好的明天。我希望同学们不但要有近期理想、职业理想，而且要有崇高远大的理想，将自己的理想与祖国的繁荣、社会的进步结合起来，唯有这样，我们的事业才是辉煌的，不朽的。

但是，理想的实现前提是把握人生。把握人生，不是一天两天，也不是一年两年，它需要一个人用一生的时间，需要几十年如一日的耐力、恒心与毅力。更多的时候，把握人生的关键是要培养自己的习惯，坚持自己的原则。而“顽强的毅力可以征服世界上任何一座高峰”，恒心与毅力，在征服的过程中必不可少。

命运靠自己主宰，人生由自己把握。臧克家说过：青年是宝藏，青年是黄金；宝藏要挖掘，黄金要熔炼。而人生最好的淘金者和冶金人便是你自己。把握人生，让自己的年轻发挥极致！

最后，在《走进新时代》歌声中，主持人宣布班会课结束。

## 拓展阅读：“国富民强变化大”主题队会①

活动背景：今年是我国改革开放30周年。为了更好地宣传改革开放三十年以来取得的巨大成就，让少年儿童也能感受这一历史进程，就有了“国富民强变化大”这一中队主题活动的确立。通过组织少先队员们利用寒假，开展社会调查活动，希望新时代的主人，从衣、食、住、行等不同侧面体验改革开放给我国带来的发展变化。

活动思路：这是“国强民富变化大 ”系列活动的第二阶段。第一阶段是“大家齐动员”，这一节课在大家齐动员的基础上提出“信息共分享”，将第一阶段活动中的收获、生成的教育资源在课上进行交流，达到资源共享、生生教育、共同成长的目的，并在实践中得

① 设计者：詹一玲，钟志玲(深沪镇华峰小学)。

以延伸，提出下个课题。

活动目的：

1. 通过自主实践活动，让队员认识到1978年至今光阴已逝30年。在历史时间中它虽短暂，但祖国却发生了翻天覆地的变化，我们的生活也变得丰富、多姿、绚丽。在这三十年里，中国社会发生了巨大的变化，百姓的衣、食、住、行也发生了深刻的变化，同时让队员明白作为祖国未来的建设者，要立志成才，长大成为祖国建设的栋梁。

2. 各小队用自己准备的汇报形式歌颂改革开放的好气象，表达“红领巾心向党”的决心。

3. 培养队员搜集、整理信息的能力和团结协作、交流表达能力。

活动准备：

1. 组成4个雏鹰小队，分别深入家庭、单位、社区进行走访、调查，切身感受身边的变化、家乡的变化、祖国的变化，并拿出自己的课题报告。

2. 小队自主排练汇报节目，准备歌曲、小品、时装秀、快板等。

3. 召开中队干部会议，议定队会程序。

活动过程：

1. 唱校歌进场；

2. 整队、汇报人数；

3. 出旗；

4. 唱队歌；

5. 中队长宣布活动开始；

中队长：手拉手中队“国富民强变化大”主题队会活动现在开始。

6. 具体活动：

歌唱家乡篇

中队长：亲爱的少先队员们，在庆祝改革开放30周年来临之际，我们花儿中队考察了祖国的新貌。祖国妈妈走过了一段光辉的历程，特别是近几年的发展建设，中国焕发了青春，处处展现出新气象、新风采！请听——

甲、乙主持人对诵：

(合)祖国变得更加俊美了：

(甲)一幢幢高楼拔地而起，

(乙)一条条新路纵横城市，

(甲)一座座立交桥横跨要道，

(乙)一片片欢歌笑语遍布中国。

(甲)祖国变了！

(合)祖国变了!!

(甲)哎！你们看谁来了？

在音乐声中，“唐老鸭”戴着头饰上场。

(一)唐老鸭出场，知识抢答，争爱国知识章

唐老鸭：Hello！大家好，我——唐老鸭刚从美国迪斯尼公司来到你们的家乡晋江。

30多年前，我曾来过这儿，那时，晋江可是个普通的城市，低矮的房屋、狭窄的街道，这回我故地重游，听说今天手拉手中队举行“国富民强变化大”活动，我就赶来，想通过你们的活动，进一步了解伟大的中国。欢迎我吗？

全体学生：欢迎！

唐老鸭：谢谢，我唐老鸭想先来考考队员们对自己的国家了解多少，行吗？

主持人甲：队员们，唐老鸭可要来考我们了。我们将进行一轮抢答，由唐老鸭和辅导员当考官，哪一组的队员明白问题的答案，请举手抢答，正确者，可获一枚爱国知识章。你们准备好了吗？

全体队员回答：准备好了！

问题：

(1) 中华人民共和国哪一年成立？(1949年)

(2)“神舟”五号、“神舟”六号升空，祖国把谁送上了太空？(杨利伟、费俊龙、聂海胜)

(3) 十七大什么时候召开的？(2007年10月)

(4)第29届北京奥运会的口号是(　　)。(A. 高水平、有特色　B. 绿色北京、绿色奥运　C. 同一个世界，同一个梦想)

(答对者，辅导员颁发一枚爱国知识章)

主持人乙：亲爱的唐老鸭，我们的队员表现怎么样？回答怎么样？

唐老鸭：Very Good！队员了解的知识可真多，个个都是祖国的好孩子！

主持人甲：谢谢你唐老鸭，今天你可真算来对地方了，队员们争着用各种方法夸改革开放30周年取得的好成绩呢，想一起去看看吗？(唐老鸭作点头状)

唐老鸭：我早已迫不及待了，这样吧，我们来比比哪个小组表现最棒。我和辅导员当评委。

辅导员：好呀，在活动的最后，我们评出最佳创意奖一名和最佳表演奖一名，怎么样？

(二)各小组讨论队名及创编队口号，并展示

主持人乙：我有一个建议，四个小队由小队长先组织队员讨论设计一个队名，并创编一句队口号，怎么样？开始吧！(四个小队分散商议后，坐好)

(四个小队分别用不同的形式展示自己的队名及口号，声音应响亮)

辅导员：从队员响亮的回答和不凡的气势中，可以感受到每一队都有必胜的决心，奖项会花落谁家呢，我们拭目以待。

(三)四个小队用各种方法夸改革开放30周年取得的好成绩

1)第一小队做课题报告——小队合唱《听妈妈讲那过去的事情》、展示改革开放三十年来变化的图片

主持人乙：歌雅小队你们准备为大家带来什么呢？

(1)小组唱《听妈妈讲那过去的事情》。

(2)展示改革开放三十年来变化的图片。

30年前的图片(电脑呈现：分成河、路、人家、劳动等几组)。

30年里的发展(收集的报纸资料、新图片、城市图片、家庭室内装修、家乡的路、小车、学生拍摄的新照片)。

歌雅小队的队长总结：党的第十七次全国代表大会胜利召开。十七大已结束，但十七大的余热还在蔓延。全社会都在积极响应十七大的号召，认真地学习十七大的精神。我们的生活越来越美好！我们小队汇报结束，谢谢大家！

主持人甲：我们感谢歌雅小队为大家带来的精彩表现，党的利民政策带来了社会面貌的巨大变化。近几年来，我们的家正悄悄地发生着变化，我想采访一下我们的队员，你自己家的衣、食、住、行、用五方面发生了变化吗？(主持人、唐老鸭下场采访队员和辅导员)

主持人甲：我们实实在在感受到了党和国家对教育的重视、对人民的关心。唐老鸭，你有什么感想呢？

主持人乙：是呀，我们要感谢祖国，感谢改革带来的巨大变化呀。

2)第二小队现身说法——小品“我是小导游”

主持人甲：(简介晋江过去)我们的晋江这块土地也发生了巨大的变化，就连外国朋友也为之惊叹呢，下面我们掌声有请第三小队。

表演内容：几位外国客人来中国参观，踏上晋江的土地，觉得非常惊叹，眼里是惊奇，是欣喜。这时一群戴红领巾的小学生用英语向他们问好，送上鲜花。

主持人甲：腾飞小队的小品精彩吗？

主持人乙：2008年的奥运会在中国的北京举行，我们作为东道主，为了更好地迎接外国朋友，外语成为了每一个中国人必备的交际语言。学好外语我们就从现在开始。

主持人甲：晋江有科技馆、博物馆、SM广场，这些都是晋江飞速发展的标志，我为我是一名晋江人而感到骄傲！

主持人乙：我建议让我们一起高喊：晋江，我为你骄傲！

主持人甲：多么响亮的声音呀，晋江在队员的高呼中，一定会越来越辉煌！

3)第三小队做课题报告——时装秀

主持人甲：改革开放的春天，给中国注入了新鲜的气息，人们的衣、食、住、行发生了巨大的变化。

时装先锋小队队长汇报节目时装秀“今昔物语”。

主持人甲：特别的时装秀，一定很有趣，掌声有请！

辅导员小结：怎么样，精彩吧，时装先锋小队的“今昔物语”，向大家展示了人们生活的一大飞跃，历史的长河奔流不息，改革开放的春天带领我们走向更新更美的明天。

(唐老鸭当记者采访家长)

唐老鸭走下场：这位家长你好，你觉得改革开放以来，中国还有哪些变化？

4)第四小队——观看“嫦娥”一号探月的录像并谈感受、表演快板诗“喜讯装满车”

(1)观看“嫦娥”一号探月的录像。

(2)学生说观后感。

辅导员小结：队员们可以从今天开始努力学习科学文化知识，长大就能用更多的科学技术，来造福中国人民。

(3)喜多多小队表演快板诗“喜讯装满车”。

附：快板“喜讯装满车”

金秋时节艳阳天，竹板一打笑开颜。

今天不把别的表，说一说改革开放三十年。

十七大，喜讯传，举国上下笑开颜。

笑开颜，歌颂党，丰功伟绩讲一讲：

国民经济大发展，京藏铁路通雪山。

卫星噌噌飞上天，科技发达尽顶端。

农民工，挣钱难，上当受骗泪涟涟。

国务院，好领导，为咱撑腰发文件。

农村缺医又少药，百姓看病实在难。

党中央，同情咱，合作医疗解难关。

农民种地别嫌累，国家免了农业税。

农业税，取消完，超越历史几千年。

学生念书多费钱，农村念书更为难。

党中央，关心到，学费杂费全免掉。

孤寡老人特困户，国家低保全照顾。

看看地，看看天，共产党的领导不一般。

改革开放三十年，全国人民喜心怀。

你颂党，我颂党，全国人民心向党。

你赞歌，我赞歌，喜讯频传装满车。

伟大的祖国喜讯装满车！

主持人甲：同学们，喜多多小队表现得好吗？是啊，党的政策处处考虑人民的利益，喜讯频频传来。望过去，我们扬眉吐气。

主持人乙：看今朝，我们意气风发。

合：面对改革开放30周年的今天，我们倍感自豪！

唐老鸭：太妙了！太妙了！中国的新貌真是看也看不尽、说也说不完啊。我今天来对地方了。队员们，你们今天的节目都很精彩，刚才我和辅导员讨论过了，还是让辅导员来宣布比赛结果吧。

辅导员宣布比赛结果，并颁发证书及爱国知识章。

唐老鸭：我回美国后，一定请我的好朋友米老鼠也来开开眼界，看看美丽的中国。手拉手中队的队员们，Bye bye!

全体队员：再见唐老鸭，欢迎你再来！

展望未来篇

甲、乙主持人对诵：

(甲)　啊！今天的中国，

(乙)　看——似一幅画，

(甲)　听——像一首歌，

(合)　令人神往，令人心醉！

(甲)祖国的面貌日日新，

(乙)祖国的将来更迷人，

(合)祖国的将来靠谁来建设？(全体队员：靠我们！)

(甲)对！在我们这一代的手中，

(乙)祖国的明天一定会更美好！

主持人甲：我们已做好充分准备，听。我们在队旗下的雄壮誓言。

(全体学生起立在队旗下宣誓)

(主持人甲)我们在队旗下宣誓：(全体学生)让我成为一名了不起的中国人！让我全心全力为祖国服务！

主持人甲：我们是祖国未来的建设者，祖国未来新貌由我们来描绘。为了让明天的生活更加美好，我们该做些什么？(主持人用采访的形式提问题)

主持人甲：同学们说得真好！是啊，理想并不是两个空洞的字眼，它需要我们用实际行动来体现。

主持人乙：我们坚信，只要努力，就一定能够获得成功。

主持人甲：当五星红旗冉冉升起，祖国的嘱托又在耳畔响起，我们祝愿祖国越来越辉煌！

(四)全体队员合唱《少年少年祖国春天》

辅导员：队员们，我建议最后用《少年少年祖国春天》来表达你们共同的心声，好吗？——全体起立！

主持人甲：有句话说得好：有志人立长志，无志人常立志。

(五)中队辅导员讲话及活动的巩固和延伸

辅导员讲话：队员们，我们立下志愿就要去努力、去奋斗。让我们都去做个了不起的中国人吧！今天的活动很成功，我高兴地看到在你们身上所展示的创造精神和协作能力。改革开放30周年来，人们的生活水平逐渐提高，中国发生了翻天覆地的变化。我们要感谢党，感谢祖国。队员们，“国富民强变化大”这一主题，我们从“大家齐动员”阶段，到今日的“信息共分享”，队员们收获了许多。下一阶段，我们将开展什么样的活动呢，谁来提提建议？

辅导员：未来就从这儿开始，我们生在中国，长在祖国的大地上，相信有了大家的努力，未来的中国一定会更加美好！

(举办一次“国富民强变化大”展览，包括图片和照片或“我看改革开放三十周年”征文比赛、朗诵比赛)

(六)呼号

(七)退旗

(八)宣布队会结束

# 3.5 课外活动

## 3.5.1 课外活动的含义

课外活动，是指学校在课堂教学任务以外有目的、有计划、有组织地对学生进行的多种多样的教育活动。它是学生课余生活的良好组织形式，用以补充课堂教学，实现教育方针要求的一种教育活动。课外活动的任务在于根据自身的特点组织和指导学生的课余生活，积极促进学生全面发展，培养学生的独创性和个性。

课外活动与课堂教学虽然都是实现教育目的的重要途径，但由于课外活动在活动内容、组织形式、活动方式等上又不同于课堂教学，因此，课外活动具备了它自身的特点：自主性、灵活性、开放性、实践性、趣味性。

**1. 自主性**

课外活动是在课堂教学以外进行的活动，组织者根据教育教学的实际需要，可随时随地地经常组织形式多种多样、内容丰富多彩的活动。课外活动有时是学校或校外教育机关统一组织的活动，还有很多时候是在学校或校外教育机关的指导下，受教育者根据自己的兴趣、爱好、特长以及实际的需要，自愿地组织、选择和参加的活动。

**2. 灵活性**

课外活动的开展，可以根据学校的实际情况和受教育者的身心发展状况等来确定。活动规模的大小、活动时间的长短、活动内容的选择等都可以灵活掌握，没有固定模式，生动活泼，灵活多样。

**3. 开放性**

进行课外活动可以根据本地区、本学校的实际情况，或受教育者的不同愿望，开展内容丰富多彩的活动。活动内容可由学校或校外教育机关根据实际需要自行决定，内容可深可浅，可多可少，还可以不断变动，具有很强的伸缩性。

**4. 实践性**

课外活动与课堂教学相比，具有很强的实践性。课堂教学中，受教育者可以获得知识，培养思想品德，提高审美能力等。在课外活动中，受教育者有直接动手的机会，在其亲自参与、组织、设计的各项实践中，获得了实际知识，提高了思想品德和身体素质，各方面的能力都在实践活动中获得了发展。

**5. 趣味性**

根据小学儿童的心理特点和生活需要，课外活动的形式生动活泼，内容生动有趣，形式灵活多样，能有效地吸引儿童积极地参与课外活动，让儿童在活动中学习，在实践中学习。这样，不仅能发挥受教育者的积极性和主动性，而且能使受教育者的才能、个性得到充分发展，有利于受教育者的优良个性品质的培养。

## 3.5.2 课外活动的意义

课外活动具有区别于课堂教学的自身所具有的特点，在整个教育活动中，它的影响是广泛而深刻的。作为教育途径中一条十分重要的途径，它在人的身心发展中有着重要的意义和作用。

课外活动不仅能巩固和扩大课堂上所学到的间接知识，而且能不断地获得新的知识。受教育者可以把在课堂上获得的知识运用于实际，从而加深对知识的理解，进行实际操作，并能不断地发现新的知识，掌握新的技能。内容丰富多彩、形式多种多样的课外活动，还可以激发受教育者的学习动机，推动受教育者不断地去探求知识，刻苦地学习，并且能够培养和发展受教育者的创造才能以及手脑并用的能力。

课外活动可以培养教育者的良好的思想品德，丰富和活跃受教育者的精神生活。受教育者参加一些社会主义物质文明和精神文明的建设活动，可以得到多方面的锻炼，更加有利于自身的发展。社会主义的教育就是要培养全面发展的劳动者，在课外活动中，通过进行多种形式的政治教育、革命传统教育活动，提高受教育者的思想政治觉悟，培养受教育者热爱祖国、热爱人民的情感；参加社会公益劳动，争做好人好事，可以提高受教育者的良好道德品质。

课外活动可以发展受教育者的体力、审美能力、劳动能力。通过课外体育活动，可以发展受教育者的体力。受教育者通过创造美、鉴赏美、感受美等活动，可以发展其审美能力。通过参加有益的公益劳动等，可以发展受教育者的劳动能力，并掌握基本的生产技能。受教育者多方面能力的发展，使他们能愉快地生活，健康地成长，成为合格的社会主义建设者。

课外活动还可以使教育者能从中及早地发现人才，促进人才的早期培养。课外活动内容丰富，形式多样。受教育者个人的志趣、爱好、特长以及各种才能都可以在活动中得到充分的发挥和表现。因此，教育者可以从中发现在某一方面有特殊才能的人，并及时培养和训练，防止人才的埋没。

课外活动有利于受教育者个性的形成和培养。课外活动是受教育者个性得以充分施展的最好途径。通过课外活动，不仅使受教育者的业余时间得以利用，而且使他们获得了知识，发展了能力，并且防止了他们从事不利于身心健康发展的活动，使其愉快而有意义地度过课余生活，同时，还是锻炼他们独立自主生活能力的一个极好机会。

课外活动可以训练被教育者社会交往能力。受教育者生活在一个关系丰富而复杂的社会环境里，每一个人都应该学会如何去认识他人，评价他人，都应该学会与人交往。社会交往能力的学习与训练，能为受教育者在未来的工作、家庭、社会生活中，接触各种人，应付各种环境做好准备，为受教育者走向社会、适应社会和认识社会打好基础。

课外活动也是培养良好公民的一种手段。课外活动应从开始就培养受教育者做一名良好的社会公民。培养他们热爱祖国遵纪守法，热情赞助公共事业，爱护名誉，诚实，公正等品质。在对其进行公民训练时，受教育者还可以从中获得许多公民的道德知识以及良好公民的知识等。

总的来讲，课外活动不仅能充实学生的生活，扩大学生活动领域，密切学生间的联系，还能激发学生的兴趣爱好，发展学生的特长，培养学生的开拓精神和创造才能。因此，课外活动是儿童成长的一种重要辅助形式，是学校和社会教育的一个组成部分。

### 3.5.3 课外活动的组织

作为小学教师，如何组织课外活动呢？

首先，教师要指导学生去参加各种形式的课外活动，课外活动要内容丰富、形式多样，具有科学性、知识性和趣味性，提高学生学习积极性、主动性和创造性，提高课外生活的多样性和质量性。

其次，坚持社会主义方向性，要求课外活动紧密结合社会主义建设实际，结合现实生活，通过活动使学生体验到自己的学习与社会主义建设事业的联系，从而激发政治热情，提高思想觉悟，树立为祖国现代化建设而顽强进取的远大理想。

最后，课外活动还充分发挥学生的积极主动性和创造精神，如可以有计划地组织一些竞赛性的活动，可以组织学生去参观旅行，多安排学生在课外听一些通俗易懂的报告和讲座，也可以组织学生参加社会公益的活动，帮助老人、军烈属料理家务，宣传交通安全，维持公共秩序，参加植树造林、绿化美化环境等。

小学生课外活动的内容，按性质一般可分为以下几种。

**1. 学科活动**

学科小组活动与课堂教学联系紧密，它以课堂讲授的知识为基础，但不是课堂教学的重复，也不局限于教学大纲范围之内。活动的内容主要是各学科的知识性作业和对某一学科领域中的某些专题进行比较深入地讨论和研究，如阅读有关的书籍和资料，调查、实验、听专题报告、组织协会等。学科活动能加深学生对知识的理解，扩大学生的知识面，发展学生的智力和培养学生的各种能力。

**2. 科技活动**

这是学习现代科学技术知识、进行各种科技实践性作业的活动。如学习无线电，制作科技小模型，气象观测，采集标本，动物小观察，小饲养，小种植实验，良种培育，教具制作，以及举办科技知识讲座和科学家故事会，科技表演，竞赛等。科技活动的宗旨在于使学生掌握一定的科学知识，获取科技信息，掌握一定的技能技巧，培养学生科学态度和创造精神以及初步的科学研究能力。形成爱科学、学科学、用科学的良好风气。

**3. 社会实践活动**

社会实践活动是让学生走出学校接触社会，了解科学技术的发展，了解社会生活、经济建设的实际的教育活动。如组织学生进行社会调查、参观、考察、访问、社会服务（社会公益活动），以及远足、游览等。近几年来，中学生社会实践活动日益被提到了十分重要的位置，这是课外活动的新进展，应该引起高度的重视。

**4. 文学艺术活动**

文学艺术活动以发展学生对文学艺术的兴趣爱好、培养审美情趣、发展文艺方面的才能为主要目的。如对小说、诗歌、音乐、舞蹈、戏剧、绘画、雕刻、书法、刺绣、摄影、花卉、盆景等，进行欣赏、评论、演练或创作。

**5. 文娱、体育活动**

这是最广泛的群众性活动，如文艺会演，歌咏比赛，看电影，组织球赛、棋赛等。这些活动可使学生身心愉快，增加生活的乐趣，增进体质，并尽可能满足文体爱好者的需要，及早发现和培养文体专业人才。

**6. 劳动技术活动**

这种活动是根据劳动技术教育的需要而进行的课外劳动实践，主要包括劳动技术训练、农业、园艺等科学实验、公益劳动等。如电器维修、电工、植物栽培等方面的技术性、技巧性训练；结合劳动课确定一些小型的科学实验项目(如科学饲养、作物品种高产对比、无土种植等)，建立试验田、实验角、实验园，开展各种力所能及的科学实验活动；组织学生参加社会公益劳动，如校园绿化、整理图书桌椅、帮助军烈属等。

## 拓展阅读：亲近大自然

【活动主题】亲近大自然——手拉手课外实践活动方案

【活动意图】

小学生正处于生长发育阶段，他们精力充沛，活泼好动，富于幻想，对周围的一切事物感兴趣。为了弥补课堂教学的局限性，我们开展积极的课外活动，来满足学生的好奇心和求知欲。大自然不仅是人类赖以生存和发展不可缺少的物质环境，也是丰富人类精神世界的重要源泉。带孩子走进大自然，可以学习知识、培养能力，拓宽孩子的眼界，让他们保持一颗纯真的童心，获得一双发现美、创造美的眼睛。

【活动目标】

(一)情感、态度、价值观

①通过一天的活动，帮助学生体验农家生活，获得亲身参与实践活动的积极体验和丰富经验；②感受大自然的丰富美感、博大胸襟、顽强生命，培养学生对自然、对家乡、对祖国的热爱之情；③认识到自然、社会、自我之间的内在联系，发展对自然、对社会、对自我的责任感；④激发探究自然的好奇心和求知欲；⑤ 培养吃苦耐劳的顽强意志，以及良好的心理素质；⑥在活动中激发和培养学生的环保意识。

(二)技术和能力

①让学生有一双发现美的眼睛，学习用相机拍下美好的瞬间，培养学生的观察能力；② 通过设计鹅舍、队标、队旗，制作南瓜灯等活动，提高学生的创造能力；③学习种庄稼，包馄饨，制作南瓜饼，野炊等劳动，增强学生的动手实践能力；④养成合作、分享、积极进取、乐于展现自我等良好的个性品质；⑤增强自我保护意识。

(三)知识

①了解棉种场的地理风貌，感受鱼米之乡的美丽富饶；②懂得庄稼播种、生长和收割的有关知识；③懂得野炊的方法和注意点。

【活动准备】

(1)胜利小学三、四年级学生参加。

(2)邀请电视台工作人员随队采访、拍摄活动镜头。学校小记者、小摄像师也参加活动。

(3)每班聘请 2 名家长志愿者和 1 名阿姨，聘请一名校医随队。

(4)每班分成 4 个小组，选好组长，聘请辅导老师(辅导老师由班主任、中队辅导员或家长志愿者担任)，设计好组标，打印并贴好小组标志。

(5)各班出 1 个文艺节目，1 个小型游戏。

(6)各学科老师根据活动安排，设计相关学科的一些综合实践问题，开展相关板块的活动。

(7)活动前准备制作队旗的布料、及时贴或彩笔、竹竿。

(8)联系好校车的接送工作。

【注意事项】

①学生统一穿校服，佩戴好红领巾，并每人带一件较厚的毛衣晚上御寒；②班主任教育好学生活动中的一些注意事项，活动前培训随队老师和家长志愿者加强责任心，确保活动的质量和安全；③活动期间听从组委会的安排，一切行动听指挥，学生有事向随队老师请假，不得单独行动。

【活动过程】

(一)升旗仪式(时间安排：8：00—8：15)

(1)小校长致辞

(2)队员代表发言

(二)找朋友(时间安排：8：15—8：50)

(1)两校各自将学生分成16组，每组8人左右。

(2)分别将各组学生自己设计的小队标志，贴于每个学生后背(整个活动中各组都要以各自的标记寻找辅导老师、活动区域、活动内容等)。

(3)播放《找朋友》歌曲，新东小学生与棉校学生随机分别围成两个大圆，共同做找朋友的游戏，直到最后按照队标各自找到所有队员。

(4)各辅导老师身上贴好各自负责的小组标志，带好用于制作队旗的材料。在指定的区域等待队员。当各队队长找齐各自组员以后，按由矮到高的顺序排好队伍，寻找与自己队员佩戴相同标志的辅导员。各队在指定区域为自己小组设计队名、队旗、口号以及队歌。

(5)队名、队旗、口号、队歌设计完成后，由队长介绍自己小队的队名、队旗，小组同学齐喊口号、唱队歌。

(三)农趣(时间安排：9：00—11：00)

(1)观看水稻的机器化收割(时间安排：9：00—9：30)。以小组为单位全校集中整队出发，带队老师具体负责各队纪律和安全。

(2)拾稻穗(时间安排：9：30—10：30)。以小组为单位，准备好存放稻穗的工具。

(3)回校(时间安排：10：30—11：00)，各队员带好捡拾到的稻穗分组集合回校。学校各教室前已张贴好各队标志，队员按标志进教室休息5分钟。

(4)手工脱粒(时间安排：11：00—11：30)，回校后以小组为单位手工脱粒，记录一些数据，为“农田里的数学”作准备。

(四)午饭(时间安排：11：30—12：00)

由学校提供快餐，以小组为单位领取，要求各组组长负责安排队员领取，分发。纪律要求：守秩序、讲卫生、不浪费。

(五)我为小鹅建家园(时间安排12：30—13：00)

(1)当日活动前，各队员分别设计一个鹅舍的图稿，评出十佳创意奖。

(2)当日活动内容：由一个小组负责用板皮搭建鹅舍(12：30—16：30)，其余小组同学分组列队于河边插竹竿，用于对鹅的围养，同学之间的距离在两米左右。

(六)栽种乐(时间安排13：00—14：30)

小学生负责带种子和工具，以小组为单位种植菠菜、荠菜。

(七)自己动手饭儿香(时间安排14：30—17：30)

(1)分组进行野炊。学校负责准备好材料，并放置在指定地点。各小组队员寻找各自标记，分工合作，进行快乐的野炊。

(2)邀请其他小组同学分享亲手制作的食物：馄饨、南瓜饼、芋艿、豆荚、玉米等。

(3)野炊结束，师生共同做好场地的清洁整理工作，教育学生保护环境。

(八)活动手册

根据学校和本次活动的相关要求，让学生认真完成内容涉及各学科的相关活动手册，并进行自我总结，在行动中反思成长。

# 第 4 章　学科知识

学科知识(在小学阶段，学科主要指语文、数学、英语等具体科目)由学科知识和运用能力两部分构成，前者包括小学有关学科、学科课程标准、学科知识整合的基础知识，后者包括能够运用这些知识开展学科教学活动。

学科知识的具体内容由以下几个方面构成：①了解小学有关学科的基础知识、基本理论和学科发展的重大事件；②了解小学有关学科课程标准的主要内容和特点；③掌握小学有关学科课程标准的内容领域所涵盖的核心知识及其关联；④能够针对小学生综合学习的要求，适当整合小学有关学科内容，开展学科教学活动。

## 4.1　学科基础知识与理论

### 4.1.1　语文基础知识与理论

**1. 语文的本质与价值**

语言文字是人类最重要的交际工具和信息载体，是人类文化的重要组成部分。语言文字的运用，包括生活、工作和学习中的听说读写活动以及文学活动，存在于人类生活的各个领域。当今世界，经济全球化趋势日渐增强，现代科学和信息技术迅猛发展，新的交流媒介不断出现，给社会语言生活带来巨大变化，对中华民族优秀传统文化的继承，对语言文字运用的规范带来新的挑战。

语文课程致力于培养学生的语言文字运用能力，提升学生的综合素养，为学好其他课程打下基础；为学生形成正确的世界观、人生观、价值观，形成良好个性和健全人格打下基础；为学生的全面发展和终身发展打下基础。语文课程对继承和弘扬中华民族优秀文化传统和革命传统，增强民族文化认同感，增强民族文化认同感，增强民族凝聚力和创造力，具有不可替代的优势。

**2. 语文课程的性质**

语文课程是一门学习语言文字运用的综合性、实践性课程。义务教育阶段的语文课程，应使学生初步学会运用祖国语言文字进行交流沟通，吸收古今中外优秀文化，提高思想文化修养，促进自身精神成长。工具性与人文性的统一，是语文课程的基本特点。

**3. 语文教学理论**

1)充分发挥师生双方在教学中的主动性和创造性

学生是语文学习的主体，教师是学习活动的组织者和引导者。语文教学应在师生平等对话的过程中进行。

语文教学应激发学生的学习兴趣，培养学生自主学习的意识和习惯，引导学生掌握语文学习的方法，为学生创设有利于自主、合作、探究学习的环境。应尊重学生的个体差异，鼓励学生选择适合自己的学习方式。

教师应确立适应社会发展和学生需求的语文教育观念，合理利用课程资源，灵活运用多种教学策略和现代教育技术，努力探索网络环境下新的教学方式；精心设计和组织教学活动，重视启发式、讨论式教学，启迪学生智慧，提高语文教学质量。

2)教学中努力体现语文的实践性和综合性

教师应努力改进课堂教学，整体考虑知识与能力、过程与方法、情感态度与价值观的综合，注重听说读写之间的有机联系，加强教学内容的整合，统筹安排教学活动，促进学生语文素养的整体提高。

重视学生读书、写作、口语交际、搜集处理信息等语文实践，提倡多读多写，改变机械、粗糙、繁琐的作业方式，让学生在语文实践中学习语文，学会学习。善于通过专题学习等方式，沟通课堂内外，沟通听说读写，增加学生语文实践的机会。

3)重视情感、态度、价值观的正确导向

培养学生正确的思想观念、科学的思维方式、高尚的道德情操、健康的审美情趣和积极的人生态度，是与帮助他们掌握学习方法、提高语文能力的过程融为一体的，不应该当作外在的附加任务。应该根据语文学科的特点，注重熏陶感染，潜移默化，把这些内容渗透于日常的教学过程之中。

4)重视培养学生的创新精神和实践能力

语文教学要注重语言的积累、感悟和运用，注重基本技能训练，让学生打好扎实的语文基础。尤其要注重激发学生的好奇心、求知欲，发展学生的思维，培养想象力，开发创造潜能，提高学生发现、分析和解决问题的能力，提高语文综合应用能力。

5)具体建议

学生生理、心理以及语言能力的发展具有阶段性特征，不同内容的教学也有各自的规律，应该根据不同学段学生的特点和不同的教学内容，采取合适的教学策略。

(1)关于识字、写字与汉语拼音教学。

识字、写字是阅读和写作的基础，是第一学段的教学重点，也是贯穿整个义务教育阶段的重要教学内容。

低年级阶段学生“会认”与“会写”的字量要求有所不同。在教学过程中要“多认少写”，要求学生会认的字不一定同时要求会写。

识字教学要注意儿童特点，将学生熟识的语言因素作为主要材料，结合学生的生活经验，引导他们利用各种机会主动识字，力求识用结合。

要运用多种识字教学方法和形象直观的教学手段，创设丰富多彩的教学情境，提高识字教学效率。

按照规范要求认真写好汉字是教学的基本要求，练字的过程也是学生性情、态度、审美趣味养成的过程。每个学段都要指导学生写好汉字。要求学生写字姿势正确，指导学生掌握基本的书写技能，养成良好的书写习惯，提高书写质量。

汉语拼音教学要尽可能有趣味性，宜多采用活动和游戏的形式，应与学说普通话、识字教学相结合，注意汉语拼音在现实语言生活中的运用。

(2)关于阅读教学。

阅读是运用语言文字获取信息、认识世界、发展思维、获得审美体验的重要途径。阅读教学是学生、教师、教科书编者、文本之间对话的过程。

阅读是学生的个性化行为。阅读教学应引导学生钻研文本，在主动积极的思维和情感活动中，加深理解和体验，有所感悟和思考，受到情感熏陶，获得思想启迪，享受审美乐趣。要珍视学生独特的感受、体验和理解。

阅读教学应注重培养学生感受、理解、欣赏和评价的能力。在理解课文的基础上，提倡多角度、有创意的阅读，利用阅读期待、阅读反思和批判等环节，拓展思维空间，提高阅读质量。

有感情地朗读，要让学生在朗读中通过品味语言，体会作者及作品中的情感态度，学习用恰当的语气语调朗读，表现自己对作者及其作品情感态度的理解。

应加强对阅读方法的指导，让学生逐步学会精读、略读和浏览。有些诗文应要求学生诵读，以利于丰富积累、增强体验，培养语感。

(3)关于写作教学。

写作是运用语言文字进行表达和交流的重要方式，是认识世界、认识自我、创造性表述的过程。写作能力是语文素养的综合体现。写作教学应贴近学生实际，让学生易于动笔，乐于表达，应引导学生关注现实，热爱生活，积极向上，表达真情实感。

关于"写作"的目标，第一学段定位于"写话"，第二学段开始"习作"，这是为了降低学生写作起始阶段的难度，重在培养学生的写作兴趣和自信心。

在写作教学中，应注重培养学生观察、思考、表达和创造的能力。要求学生说真话、实话、心里话，不说假话、空话、套话，并且抵制抄袭行为。

为学生的自主写作提供有利条件和广阔空间，减少对学生写作的束缚，鼓励自由表达和有创意的表达。鼓励写想象中的事物，加强练笔指导，改进作文命题方式，提倡学生自主选题。

写作教学应抓住取材、构思、起草、加工等环节，指导学生在写作实践中学会写作。重视引导学生在自我修改和相互修改的过程中提高写作能力。

要重视写作教学与阅读教学、口语交际教学之间的联系，善于将读与写、说与写有机结合，相互促进。要关注作文的书写质量，要使学生把作文的书写也当作练字的过程。

(4)关于口语交际教学。

口语交际是听与说双方的互动过程。教学活动主要应在具体的交际情境中进行，不宜采用大量讲授口语交际原则、要领的方式。应努力选择贴近生活的话题，采用灵活的形式组织教学。

重视在语文课堂教学中培养口语交际的能力，鼓励学生在各科教学活动以及日常生活中锻炼口语交际能力。

(5)关于综合性学习。

综合性学习应贴近现实生活。联系生活中的实际问题开展学习活动，在实现语文学习目标的同时，提高对自然、社会现象与问题的认识，追求积极、健康、和谐的生活方式，增强抵御风险和侵害的意识，增强在与自然、社会和他人互动中的应对能力。

综合性学习应突出学生的自主性，重视学生主动积极地参与精神，主要由学生自行设计和组织活动，特别注重探索和研究的过程，要加强教师在各环节中的指导作用。

综合性学习应强调合作精神，注意培养学生策划、组织、协调和实施的能力。

综合性学习的设计应开放、多元，提倡与其他课程相结合，开展跨领域学习。跨学科学习，也应以提高学生语文素养为目的。

(6)关于语法修辞知识。

语法修辞知识涉及语音、文字、词汇、语法、修辞、文体、文学等丰富的知识内容。在教学中应根据语文运用的实际需要，从所遇到的具体语言实例出发进行指导和点拨。指导与点拨的目的是为了帮助学生更好地识字、写字、阅读与表达，形成一定的语言应用能力和良好的语感，而不在于对知识系统的记忆。因此，要避免脱离实际运用，围绕相关知识的概念、定义进行“系统、完整”的讲授与操练。

### 4.1.2　数学基础知识与理论

**1. 数学的本质与价值**

数学是研究数量关系和空间形式的科学。数学与人类发展和社会进步息息相关，随着现代信息技术的飞速发展，数学更加广泛应用于社会生产和日常生活的各个方面。数学作为对于客观现象抽象概括而逐渐形成的科学语言与工具，不仅是自然科学和技术科学的基础，而且在人文科学与社会科学中发挥着越来越大的作用。特别是20世纪中叶以来，数学与计算机技术地结合在许多方面直接为社会创造价值，推动着社会生产力的发展。

数学是人类文化的重要组成部分，数学素养是现代社会每一个公民应该具备的基本素养。作为促进学生全面发展教育的重要组成部分，数学教育既要使学生掌握现代生活和学习中所需要的数学知识与技能，更要发挥数学在培养人的理性思维和创新能力方面的不可替代的作用。

**2. 数学课程的性质**

义务教育阶段的数学课程是培养公民素质的基础课程，具有基础性、普及性和发展性。数学课程能使学生掌握必备的基础知识和基本技能；培养学生的抽象思维和推理能力；培养学生的创新意识和实践能力；促进学生在情感、态度与价值观等方面的发展。义务教育的数学课程能为学生未来生活、工作和学习奠定重要的基础。

**3. 数学教学理论**

教学活动是师生积极参与、交往互动、共同发展的过程。

数学教学应根据具体的教学内容，注意使学生在获得间接经验的同时也能够有机会获得直接经验，即从学生实际出发，创设有助于学生自主学习的问题情境，引导学生通过实践、思考、探索、交流等，获得数学的基础知识、基本技能、基本思想、基本活动经验，促使学生主动地、富有个性地学习，不断提高发现问题和提出问题的能力、分析问题和解决问题的能力。

在数学教学活动中，教师要把基本理念转化为自己的教学行为，处理好教师讲授与学生自主学习的关系，注重启发学生积极思考；发扬教学民主，当好学生数学活动的组织者、引导者、合作者；激发学生的学习潜能，鼓励学生大胆创新与实践；创造性地使用教材，积极开发、利用各种教学资源，为学生提供丰富多彩的学习素材；关注学生的个体差异，有效地实施有差异的教学，使每个学生都得到充分的发展；合理地运用现代信息技术，有条件的地区，要尽可能合理、有效地使用计算机和有关软件，提高教学效益。

1)数学教学活动要注重课程目标的整体实现

为使每个学生都受到良好的数学教育，数学教学不仅要使学生获得数学的知识技能，而且要把知识技能、数学思考、问题解决、情感态度四个方面目标有机结合，整体实现课程目标。

无论是设计、实施课堂教学方案，还是组织各类教学活动，不仅要重视学生获得知识技能，而且要激发学生的学习兴趣，通过独立思考或者合作交流感悟数学的基本思想，引导学生在参与数学活动的过程中积累基本经验，帮助学生形成认真勤奋、独立思考、合作交流、反思质疑等良好的学习习惯。

2)重视学生在学习活动中的主体地位

有效的数学教学活动是教师教与学生学的统一，应体现“以人为本”的理念，促进学生的全面发展。

(1)学生是数学学习的主体，在积极参与学习活动的过程中不断得到发展。

学生获得知识，必须建立在自己思考的基础上，可以通过接受学习的方式，也可以通过自主探索等方式；学生应用知识并逐步形成技能，离不开自己的实践；学生在获得知识技能的过程中，只有亲身参与教师精心设计的教学活动，才能在数学思考、问题解决和情感态度方面得到发展。

(2)教师应成为学生学习活动的组织者、引导者、合作者，为学生的发展提供良好的环境和条件。

教师的“组织”作用主要体现在两个方面：第一，教师应当准确把握教学内容的数学实质和学生的实际情况，确定合理的教学目标，设计一个好的教学方案；第二，在教学活动中，教师要选择适当的教学方式，因势利导、适时调控、努力营造师生互动、生生互动、生动活泼的课堂氛围，形成有效的学习活动。

教师的“引导”作用主要体现在：通过恰当的问题，或者准确、清晰、富有启发性的讲授，引导学生积极思考、求知求真，激发学生的好奇心；通过恰当的归纳和示范，使学生理解知识、掌握技能、积累经验、感悟思想；能关注学生的差异，用不同层次的问题或教学手段，引导每一个学生都能积极参与学习活动，提高教学活动的针对性和有效性。

教师与学生的“合作”主要体现在：教师以平等、尊重的态度鼓励学生积极参与教学活动，启发学生共同探索，与学生一起感受成功和挫折、分享发现和成果。

(3)处理好学生主体地位和教师主导作用的关系。

好的教学活动，应是学生主体地位和教师主导作用的和谐统一。一方面，学生主体地位的真正落实，依赖于教师主导作用的有效发挥；另一方面，有效发挥教师主导作用的标志，是学生能够真正成为学习的主体，得到全面的发展。

实行启发式教学有助于落实学生的主体地位和发挥教师的主导作用。教师富有启发性的讲授；创设情境、设计问题；引导学生自主探索、合作交流；组织学生操作实验、观察现象、提出猜想、推理论证等，都能有效地启发学生的思考，使学生成为学习的主体，逐步学会学习。

3)注重学生对基础知识、基本技能的理解和掌握

(1)数学知识的教学，应注重学生对所学知识的理解，体会数学知识之间的关联。

学生掌握数学知识，应以理解为基础，并在知识的应用中不断巩固和深化。为了帮助学生真正理解数学知识，教师应注重数学知识与学生生活经验的联系、与学生学科知识的联系，组织学生开展实验、操作、尝试等活动，引导学生进行观察、分析，抽象概括，运用知识进行判断。教师还应揭示知识的数学实质及其体现的数学思想，帮助学生理清相关知识之间的区别和联系等。

数学知识的教学，要注重知识的“生长点”与“延伸点”，把每堂课教学的知识置于整体知识的体系中，注重知识的结构和体系，处理好局部知识与整体知识的关系，引导学生感受数学的整体性，体会对于某些数学知识可以从不同的角度加以分析、从不同的层次进行理解。

(2)在基本技能的教学中，不仅要使学生掌握技能操作的程序和步骤，还要使学生理解程序和步骤的道理。例如，对于整数乘法计算，学生不仅要掌握如何进行计算，而且要知道相应的算理。

基本技能的形成，需要一定量的训练，但要适度，不能依赖机械地重复操作，要注重训练的实效性。教师应把握技能形成的阶段性，根据内容的要求和学生的实际，分层次地落实。

4)感悟数学思想，积累数学活动经验

数学思想蕴含在数学知识形成、发展和应用的过程中，是数学知识和方法在更高层次上的抽象与概括，如抽象、分类、归纳、演绎、模型等。

例如，在研究数学问题中，常常需要通过分类讨论解决问题，分类的过程就是对事物共性的抽象过程。教学活动中，要使学生逐步体会为什么要分类，如何分类，如何确定分类的标准，在分类的过程中如何认识对象的性质，如何区别不同对象的不同性质。通过多次反复的思考和长时间的积累，使学生逐步感悟分类是一种重要的思想。学会分类，可以有助于学习新的数学知识，有助于分析和解决新的数学问题。

数学活动经验的积累是提高学生数学素养的重要标志。帮助学生积累数学活动经验是数学教学的重要目标，是学生不断经历、体验各种数学活动过程的结果。数学活动经验需要在“做”的过程和“思考”的过程中积淀，是在数学学习活动过程中逐步积累的。

教学中注重结合具体的学习内容，设计有效的数学探究活动，使学生经历数学的发生发展过程，是学生积累数学活动经验的重要途径。例如，在统计教学中，设计有效的统计活动，使学生经历完整的统计过程，包括收集数据、整理数据、展示数据、从数据中提取信息，并利用这些信息说明问题。学生在这样的过程中，不断积累统计活动经验，加深理解统计思想与方法。

“综合与实践”是积累数学活动经验的重要载体。在经历具体的“综合与实践”问题的过程中，引导学生体验如何发现问题，如何选择适合自己完成的问题，如何把实际问题变成数学问题，如何设计解决问题的方案，如何选择合作的伙伴，如何有效地呈现实践

的成果，让别人体会自己成果的价值。通过这样的教学活动，学生会逐步积累运用数学解决问题的经验。

5)关注学生情感态度的发展

根据课程目标，广大教师要把落实情感态度的目标作为己任，努力把情感态度目标有机地融合在数学教学过程之中。设计教学方案、进行课堂教学活动时，应当经常考虑如下问题：

如何引导学生积极参与教学过程？如何组织学生探索，鼓励学生创新？如何引导学生感受数学的价值？如何使他们愿意学，喜欢学，对数学感兴趣？如何让学生体验成功的喜悦，从而增强自信心？如何引导学生善于与同伴合作交流，既能理解、尊重他人的意见，又能独立思考、大胆质疑？如何让学生做自己能做的事，并对自己做的事情负责？如何帮助学生锻炼克服困难的意志？如何培养学生良好的学习习惯？

在教育教学活动中，教师要尊重学生，以强烈的责任心，严谨的治学态度，健全的人格感染和影响学生；要不断提高自身的数学素养，善于挖掘教学内容的教育价值；要在教学实践中善于用标准的理念分析各种现象，恰当地进行养成教育。

6)合理把握“综合与实践”的实施

“综合与实践”的实施是以问题为载体、以学生自主参与为主的学习活动。它有别于学习具体知识的探索活动，更有别于课堂上教师的直接讲授。它是教师通过问题引领、学生全程参与、实践过程相对完整的学习活动。

积累数学活动经验、培养学生应用意识和创新意识是数学课程的重要目标，应贯穿整个数学课程之中。重在实践是指在活动中，注重学生自主参与、全过程参与，重视学生积极动脑、动手、动口。重在综合是指在活动中，注重数学与生活实际、数学与其他学科、数学内部知识的联系和综合应用。

教师在教学设计和实施时应特别关注的几个环节是：问题的选择，问题的展开过程，学生参与的方式，学生的合作交流，活动过程和结果的展示与评价等。

要使学生能充分、自主地参与“综合与实践”活动，选择恰当的问题是关键。这些问题既可来自教材，也可由教师、学生开发。提倡教师研制、开发、生成出更多适合本地学生特点的、有利于实现“综合与实践”课程目标的好问题。

7)教学中应当注意的几个关系

(1)“预设”与“生成”的关系。

教学方案是教师对教学过程的“预设”，教学方案的形成依赖于教师对教材的理解、钻研和再创造。理解和钻研教材，应以本标准为依据，把握好教材的编写意图和教学内容的教育价值；对教材的再创造，集中表现在：能根据所教班级学生的实际情况，选择贴切的教学素材和教学流程，准确地体现基本理念和内容标准规定的要求。

实施教学方案，是把“预设”转化为实际的教学活动。在这个过程中，师生双方的互动往往会“生成”一些新的教学资源，这就需要教师能够及时把握，因势利导，适时调整预案，使教学活动收到更好的效果。

(2)面向全体学生与关注学生个体差异的关系。

教学活动应努力使全体学生达到课程目标的基本要求，同时要关注学生的个体差异，促进每个学生在原有基础上的发展。

对于学习有困难的学生，教师要给予及时的关注与帮助，鼓励他们主动参与数学学习活动，并尝试用自己的方式解决问题、发表自己的看法，要及时地肯定他们的点滴进步，耐心地引导他们分析产生困难或错误的原因，并鼓励他们自己去改正，从而增强学习数学的兴趣和信心。对于学有余力并对数学有兴趣的学生，教师要为他们提供足够的材料和思维空间，指导他们阅读，发展他们的数学才能。

在教学活动中，要鼓励与提倡解决问题策略的多样化，恰当评价学生在解决问题过程中所表现出的不同水平；问题情境的设计、教学过程的展开、练习的安排等要尽可能地让所有学生都能主动参与，提出各自解决问题的策略，并引导学生通过与他人的交流选择合适的策略，丰富数学活动的经验，提高思维水平。

(3)合情推理与演绎推理的关系。

推理贯穿于数学教学的始终，推理能力的形成和提高需要一个长期的、循序渐进的过程。义务教育阶段要注重学生思考的条理性，不要过分强调推理的形式。

推理包括合情推理和演绎推理。教师在教学过程中，应该设计适当的学习活动，引导学生通过观察、尝试、估算、归纳、类比、画图等活动发现一些规律，猜测某些结论，发展合情推理能力；通过实例使学生逐步意识到，结论的正确性需要演绎推理的确认，可以根据学生的年龄特征提出不同程度的要求。

### 4.1.3 英语基础知识与理论

**1. 英语课程的性质**

义务教育阶段的英语课程具有工具性和人文性双重性质。

就工具性而言，英语课程承担着培养学生基本英语素养和发展学生思维能力的任务，即学生通过英语课程掌握基本的英语语言知识，发展基本的英语听、说、读、写技能，初步形成用英语与他人交流的能力，进一步促进思维能力的发展，为今后继续学习英语和用英语学习其他相关科学文化知识奠定基础。

就人文性而言，英语课程承担着提高学生综合人文素养的任务，即学生通过英语课程能够开阔视野，丰富生活经历，形成跨文化意识，增强爱国主义精神，发展创新能力，形成良好的品格和正确的人生观与价值观。工具性和人文性统一的英语课程有利于为学生的终身发展奠定基础。

**2. 英语教学理论**

义务教育阶段的英语课程力求面向全体学生，为学生发展综合语言运用能力打好基础，同时，促进学生整体人文素养的提高。教师应在教学中综合考虑语言技能、语言知识、情感态度、学习策略和文化意识五个方面的课程目标，根据学生的发展状况，整体规划各个阶段的教学任务，有效整合课程资源，优化课堂教学，培养学生的自主学习能力，为学生的可持续发展奠定基础。

*1)面向全体学生，为每个学生学习英语奠定基础*

在教学中，教师应当坚持以学生为本，面向全体学生，关注个体差异，优化课堂教学，提高教学效率，为学生继续学习奠定基础。

(1)教师应充分了解所有学生的现有英语水平和发展需求，选择适当的教学方式和方法，把握学习难度，调动所有学生的积极性，使他们保持学习英语的信心，体验学习英语的乐趣，获得学习英语的成功感受，并使他们在各个阶段的学习中不断进步。

(2)教师应充分了解学生不同的学习经历、学习水平和学习风格，尊重学生的个体特点，充分发掘学生的不同潜能，与学生建立真诚、理解和信任的关系，因材施教，鼓励创新，为学生提供更加广阔的思维空间和自主发展空间。

(3)教师应合理安排教学内容和步骤，组织多种形式的课堂互动，鼓励学生通过观察、模仿、体验、探究、展示等方式学习和运用英语，尽可能多地为他们创造语言实践机会，引导他们学会自主学习和合作学习。教师要努力营造和谐的课堂气氛，对学生在学习过程中产生的语言错误采取宽容的态度，并选择合适的时机和恰当的方法妥善处理。

(4)教师应根据学生的实际情况，确立有利于逐步提高学生的基本语言素养和基本外语学习能力的教学目标。教师尤其需要注意培养学生浓厚的学习兴趣、积极的学习态度、良好的学习习惯和创造性运用语言的意识。

2)注重语言实意，培养学生的语言运用能力

本标准以学能用英语做事情一的描述方式设定各级目标要求，旨在强调培养学生的综合语言运用能力。各种语言知识的呈现和学习都应从语言使用的角度出发，为提升学生用英语做事情的能力服务。教师要通过创设接近实际生活的各种语境，采用循序渐进的语言实践活动，以及各种强调过程与结果并重的教学途径和方法，如任务型语言教学途径等，培养学生用英语做事情的能力。

在学生的语言学习和实践活动中，教师的作用十分重要。教师应注意处理好知识学习与能力发展的关系、语言操练与语言运用的关系以及常规教学与考试的关系，使教学活动更加有效。

(1)活动要有明确的交流目的、真实的交流意义和具体的操作要求，并为学生提供展示学习成果的机会，使学生能够在个体和合作的实践活动中发展语言与思维能力，并能在展示活动中感受成功。

(2)活动的内容和形式要贴近学生的生话实际，符合学生的认知水平和生活经验；要尽可能接近现实生活中语言使用的实际情况，使学生能够理解和掌握目标语言项目的真实意义和用法。

(3)活动应包括学习语言知识和发展语言技能的过程，使学生在语言实践活动中，通过接触、理解、操练、运用语言等环节，逐步实现语言知识的内化；应有助于学生学会用英语做事情，特别是用英语获取、处理和传递信息，表达简单的个人观点和感受，从而提升实际语言运用的能力。

(4)活动不仅限于课堂，还可延伸到课堂之外。活动应有利于英语学科与其他学科的相互沟通与联系，以促进学生的认知能力、思维能力、审美情趣、想象力和创造力等素质的综合发展。

3)加强学习策略指导，培养学生自主学习能力

在义务教育阶段，学生逐步形成有效的学习策略对于提高学习效果十分重要。发展有效的学习策略是英语课程的重要目标之一。

(1)结合学生母语学习的经验和认知发展需求，针对英、美两种语言的特点和异同，

重点培养学生运用学习策略的能力；认知和模仿英语发音的特点；掌握有效记忆和使用英语词汇的方法；理解英语句型的结构和语言功能；初步运用听说读写四项语言技能获取、处理和传递所需信息；在具体语境下开展有效交流；主动反思和调控自己的学习策略等。小学生的英语学习应特别强调培养对英语的认知能力和良好的语言学习习惯。

(2)根据学生的认知特点和学习风格，整体安排学习策略的发展目标，有计划、有步骤地指导学生发展具体的学习策略，把学生培养成为自主的学习者。在教学中，教师要结合课堂教学的具体内容，采用直接讲解、间接渗透、学生相互交流等方式，向学生介绍和示范不同的英语学习策略，创设有利于学生使用各种学习策略的语言实践活动，使学生充分认识到有效运用学习策略对提高学习效率有积极作用。教师要帮助学生不断尝试各种学习策略，指导学生自我监控使用策略的情况和效果，并根据需要及时调整，以提高他们的自主学习能力，促进学生逐步形成符合个人学习风格和需要并能有效提高学习效率的英语学习策略。

4)培养学生的跨文化交际意识，发展跨文化交际能力

语言与文化是密切相关的。英语教学应有利于学生理解外国文化，加深对祖国文化的理解，进而拓展文化视野，形成跨文化交际意识和初步的跨文化交际的能力。

(1)教师应当结合教学内容，引导学生关注语言和语用中的文化因素，了解中外文化的异同，逐步增强学生对不同文化的理解力，为开展跨文化交际做准备。

(2)教师应根据学生的语言水平、认知能力和生活经验，创设尽可能真实的跨文化交际情境，让学生在体验跨文化交际的过程中，逐步形成跨文化交际能力。

5)合理利用各种教学资源，提高学生的学习效率

现代教育技术和教学资源为英语教学提供了多种媒体的手段、多种类型的平台和多方位的空间。教师要根据教学目标、学习内容、学校条件和学生实际情况，积极学习并在课堂教学中合理利用现有的教学资源和现代教育技术，同时也要充分发挥传统的教学手段和教学资源的作用，使各种教育技术和手段都能科学、合理、恰当、简约地为提高学生英语学习效果服务。

(1)根据实际教学条件，创造性地利用黑板、白板、卡片、简笔画、教学挂图、模型、实物等传统媒体，同时积极利用音像、多媒体以及网络等现代教学资源，丰富教学内容和形式，提供有利于学生观察、模仿、尝试、体验真实语言的语境，使英语学习更好地体现真实性和交际性特征。

(2)利用广播电视、英语报刊、图书馆等多种资源，提供充足的条件，拓展学生自主学习的渠道和空间。师资条件相对薄弱的地区和学校应当充分利用远程教育资源，有效推进英语教学。

(3)对于小学低年级的学生，教师更应注意使用丰富多样的教学资源，使教学内容、形式与过程更为直观、生动、形象，以适应儿童的认知特点。

(4)充分利用自身的生活经历与经验以及学生的学习经验和实例，丰富教学内容。教师在运用多媒体手段时，要注意目的性、恰当性、合理性。多媒体的使用不能替代师生课堂上真实的语言交流、思维碰撞、情感互动和人际交往活动。

6)组织生动活泼的课外活动，拓展学生的学习渠道

英语课外活动是学生英语学习的重要组成部分，能为学生的语言实践和自主学习提

供更大的平台。课外活动要有助于激发和提升学生学习英语的兴趣、丰富语境、开阔视野、增长知识、发展智力和塑造性格。

(1)教师应根据学生的年龄特点和需求，结合当地经济文化发展实际，有计划、有组织、有创造性地开展内容丰富、形式多样、因地制宜的课外活动，如朗诵、唱歌、讲故事、演短剧，以及英语角、英语墙报、校园或班级刊物等，还可以举办英语演讲会、英语演出、英语主题班会以及英语作品展示会等，甚至可以参与社区英语活动。有条件的学校还可以参与有组织的国际学生交流活动。

(2)英语课外活动要着重调动学生参与的积极性。要注意鼓励、动员、吸引学习困难的学生参与课外活动，为他们设计适合的活动形式和内容，使他们能够乐于参与，并通过亲身体验和实践产生学习兴趣和动力并获得成功。在活动中要给予他们耐心的指导，注意保护他们的自尊心和热情，尊重他们的参与方式. 并注意因势利导。教师要充分利用社会资源使课外活动具有新鲜感和活力。小学课外活动的内容尤其要突出童趣。

(3)教师要充分发挥学生的自主性，尊重他们的策划和选择并给予恰当的引导和辅导，要关注活动的过程，关注学生在活动中的表现，做好活动的顾问和服务工作，为他们的发展提供指导和支持。

## 4.2 学科课程标准概要

### 4.2.1 语文课程标准

#### 1. 语文课程的基本理念

1)全面提高学生的语文素养

九年义务教育阶段的语文课程，必须面向全体学生，使学生获得基本的语文素养。

语文课程应激发和培育学生热爱祖国语文的思想感情，引导学生丰富语言积累，培养语感，发展思维，初步掌握学习语文的基本方法，养成良好的学习习惯，具有适应实际生活需要的识字写字能力、阅读能力、写作能力、口语交际能力，正确运用祖国语言文字。语文课程还应通过优秀文化的熏陶感染，促进学生和谐发展，使他们提高思想道德修养和审美情趣，逐步形成良好的个性和健全的人格。

2)正确把握语文教育的特点

语文课程丰富的人文内涵对学生精神世界的影响是广泛而深刻的，学生对语文材料的感受和理解又往往是多元的。因此，应该重视语文课程对学生思想情感所起的熏陶感染作用，注意课程内容的价值取向，要继承和发扬中华优秀文化传统和革命传统，体现社会主义核心价值体系的引领作用，突出中国特色社会主义共同理想，弘扬以爱国主义为核心的民族精神和以改革创新为核心的时代精神，树立社会主义荣辱观，培养良好思想道德风尚，同时也要尊重学生在语文学习过程中的独特体验。

语文课程是实践性课程，应着重培养学生的语文实践能力，而培养这种能力的主要途径也应是语文实践。语文课程是学生学习运用祖国语言文字的课程，学习资源和实践机会无处不在，无时不有。因而，应该让学生多读多写，日积月累，在大量的语文实践中体会、把握运用语文的规律。

语文课程应特别关注汉语言文字的特点对学生识字写字、阅读、写作、口语交际和思维发展等方面的影响，在教学中尤其要重视培养良好的语感和整体把握的能力。

3)积极倡导自主、合作、探究的学习方式

学生是学习的主体。语文课程必须根据学生身心发展和语文学习的特点，爱护学生的好奇心、求知欲，鼓励自主阅读、自由表达，充分激发他们的问题意识和进取精神，关注个体差异和不同的学习需求，积极倡导自主、合作、探究的学习方式。教学内容的确定，教学方法的选择，评价方式的设计，都应有助于这种学习方式的形成。

语文学习应注重听说读写的相互联系，注重语文与生活的结合，注重知识与能力、过程与方法、情感态度与价值观的整体发展。综合性学习既符合语文教育的传统，又具有现代社会的学习特征，有利于学生在感兴趣的自主活动中全面提高语文素养，有利于培养学生主动探究、团结合作、勇于创新的精神，应该积极提倡。

4)努力建设开放而有活力的语文课程

语文课程的建设应继承我国语文教育的优良传统，注重读书、积累和感悟，注重整体把握和熏陶感染；同时应密切关注现代社会发展的需要。拓宽语文学习和运用的领域，注重跨学科的学习和现代科技手段的运用，使学生在不同内容和方法的相互交叉、渗透和整合中开阔视野，提高学习效率，初步养成现代社会所需要的语文素养。

语文课程应该是开放而富有创新活力的。要尽可能满足不同地区、不同学校、不同学生的需求，确立适应时代需要的课程目标，开发与之相适应的课程资源，形成相对稳定而又灵活的实施机制，不断地自我调节、更新发展。

**2. 语文课程的总体目标**

课程目标从知识与能力、过程与方法、情感态度与价值观三个方面设计。三者相互渗透，融为一体。目标的设计着眼于语文素养的整体提高。

(1)在语文学习过程中，培养爱国主义、集体主义、社会主义思想道德和健康的审美情趣，发展个性，培养创新精神和合作精神，逐步形成积极的人生态度和正确的世界观、价值观。

(2)认识中华文化的丰厚博大，汲取民族文化智慧。关心当代文化生活，尊重多样文化，吸收人类优秀文化的营养，提高文化品位。

(3)培育热爱祖国语言文字的情感，增强学习语文的自信心，养成良好的语文学习习惯，初步掌握学习语文的基本方法。

(4)在发展语言能力的同时，发展思维能力，学习科学的思想方法，逐步养成实事求是、崇尚真知的科学态度。

(5)能主动进行探究性学习，激发想象力和创造潜能，在实践中学习和运用语文。

(6)学会汉语拼音。能说普通话。认识3500个左右常用汉字。能正确工整地书写汉字，并有一定的速度。

(7)具有独立阅读的能力，学会运用多种阅读方法。有较为丰富的积累和良好的语感，注重情感体验，发展感受和理解的能力。能阅读日常的书报杂志，能初步鉴赏文学作品，丰富自己的精神世界。能借助工具书阅读浅易文言文。

(8)能具体明确、文从字顺地表达自己的见闻、体验和想法。能根据需要，运用常见的表达方式写作，发展书面语言运用能力。

(9)具有日常口语交际的基本能力，学会倾听、表达与交流，初步学会运用口头语言文明地进行人际沟通和社会交往。

(10)学会使用常用的语文工具书。初步具备搜集和处理信息的能力，积极尝试运用新技术和多种媒体学习语文。

**3. 学段目标与内容**

**第一学段(1～2 年级)**

1)识字与写字

(1)喜欢学习汉字，有主动识字、写字的愿望。

(2)认识常用汉字 1600 个左右，其中 800 个左右会写。

(3)掌握汉字的基本笔画和常用的偏旁部首，能按笔顺规则用硬笔写字，注意框架结构。初步感受汉字的形体美。

(4)努力养成良好的写字习惯，写字姿势正确，书写规范、端正、整洁。

(5)学会汉语拼音。能读准声母、韵母、声调和整体认读音节。能准确地拼读音节，正确书写声母、韵母和音节。认识大写字母，熟记《汉语拼音字母表》。

(6)学习独立识字。能借助汉语拼音认读汉字，学会用音序检字法和部首检字法查字典。

2)阅读

(1)喜欢阅读，感受阅读的乐趣。养成爱护图书的习惯。

(2)学习用普通话正确、流利、有感情地朗读课文，学习默读。

(3)结合上下文和生活实际了解课文中词句的意思，在阅读中积累词语。借助读物中的图画阅读。

(4)阅读浅近的童话、寓言、故事，向往美好的情境，关心自然和生命，对感兴趣的人物和事件有自己的感受和想法，并乐于与人交流。

(5)诵读儿歌、儿童诗和浅近的古诗，展开想象，获得初步的情感体验，感受语言的优美。

(6)认识课文中出现的常用标点符号。在阅读中体会句号、问号、感叹号所表达的不同语气。

(7)积累自己喜欢的成语和格言警句。背诵优秀诗文 50 篇(段)。课外阅读总量不少于 5 万字。

3)写话

(1)对写话有兴趣，留心周围事物，写自己想说的话，写想象中的事物。

(2)在写话中乐于运用阅读和生活中学到的词语。

(3)根据表达的需要，学习使用逗号、句号、问号、感叹号。

4)口语交际

(1)学说普通话，逐步养成讲普通话的习惯。

(2)能认真听别人讲话，努力了解讲话的主要内容。

(3)听故事、看音像作品，能复述大意和自己感兴趣的情节。

(4)能较完整地讲述小故事，能简要讲述自己感兴趣的见闻。

(5)与别人交谈，态度自然大方，有礼貌。

(6)有表达的自信心。积极参加讨论，敢于发表自己的意见。

5)综合性学习

(1)对周围事物有好奇心，能就感兴趣的内容提出问题，结合课内外阅读共同讨论。

(2)结合语文学习，观察大自然，用口头或图文等方式表达自己的观察所得。

(3)热心参加校园、社区活动。结合活动，用口头或图文等方式表达自己的见闻和想法。

**第二学段(3～4年级)**

1)识字与写字

(1)对学习汉字有浓厚的兴趣，养成主动识字的习惯。

(2)累计认识常用汉字2500个左右，其中1600个左右会写。

(3)有初步的独立识字能力。会运用音序检字法和部首检字法查字典、词典。

(4)能使用硬笔熟练地书写正楷字，做到规范、端正、整洁。用毛笔临摹正楷字帖。

(5)写字姿势正确，有良好的书写习惯。

2)阅读

(1)用普通话正确、流利、有感情地朗读课文。

(2)初步学会默读，做到不出声，不指读。学习略读，粗知文章大意。

(3)能联系上下文，理解词句的意思，体会课文中关键词句表达情意的作用。能借助字典、词典和生活积累，理解生词的意义。

(4)能初步把握文章的主要内容，体会文章表达的思想感情。能对课文中不理解的地方提出疑问。

(5)能复述叙事性作品的大意，初步感受作品中生动的形象和优美的语言，关心作品中人物的命运和喜怒哀乐，与他人交流自己的阅读感受。

(6)诵读优秀诗文，注意在诵读过程中体验情感，展开想象，领悟诗文大意。

(7)在理解语句的过程中，体会句号与逗号的不同用法，了解冒号、引号的一般用法。

(8)积累课文中的优美词语、精彩句段，以及在课外阅读和生活中获得的语言材料。背诵优秀诗文50篇(段)。

(9)养成读书、看报的习惯，收藏图书资料，乐于与同学交流。课外阅读总量不少于40万字。

3)习作

(1)乐于书面表达，增强习作的自信心，愿意与他人分享习作的快乐。

(2)观察周围世界，能不拘形式地写下自己的见闻、感受和想象，注意把自己觉得新奇有趣或印象最深、最受感动的内容写清楚。

(3)能用简短的书信、便条进行交流。

(4)尝试在习作中运用自己平时积累的语言材料，特别是有新鲜感的词句。

(5)学习修改习作中有明显错误的词句。根据表达的需要，正确使用冒号、引号等标点符号。

(6)课内习作每学年16次左右。

4)口语交际

(1)能用普通话交谈。学会认真倾听，就不理解的地方向人请教，就不同的意见与人商讨。

(2)听人说话能把握主要内容，并能简要转述。

(3)能清楚明白地讲述见闻，说出自己的感受和想法。讲述故事力求具体生动。

5)综合性学习

(1)能提出学习和生活中的问题，有目的地搜集资料，共同讨论。

(2)结合语文学习，观察大自然，观察社会，用书面或口头方式表达自己的观察所得。

(3)能在教师的指导下组织有趣味的语文活动，在活动中学习语文，学会合作。

(4)在家庭生活、学校生活中，尝试运用语文知识和能力解决简单问题。

**第三学段(5～6年级)**

1)识字与写字

(1)有较强的独立识字能力。累计认识常用汉字3000个左右，其中2500个左右会写。

(2)硬笔书写楷书，行款整齐，力求美观，有一定的速度。

(3)能用毛笔书写楷书，在书写中体会汉字的优美。

(4)写字姿势正确，有良好的书写习惯。

2)阅读

(1)能用普通话正确、流利、有感情地朗读课文。

(2)默读有一定的速度，默读一般读物每分钟不少于300字。学习浏览，扩大知识面，根据需要搜集信息。

(3)能联系上下文和自己的积累，推想课文中有关词句的意思，辨别词语的感情色彩，体会其表达效果。

(4)在阅读中了解文章的表达顺序，体会作者的思想感情，初步领悟文章的基本表达方法。在交流和讨论中，敢于提出看法，作出自己的判断。

(5)阅读叙事性作品，了解事件梗概，能简单描述自己印象最深的场景、人物、细节，说出自己的喜爱、憎恶、崇敬、向往、同情等感受。阅读诗歌，大体把握诗意，想象诗歌描述的情境，体会作品的情感。受到优秀作品的感染和激励，向往和追求美好的理想。阅读说明性文章，能抓住要点，了解文章的基本说明方法。阅读简单的非连续性文本，能从图文等组合材料中找出有价值的信息。

(6)在理解课文的过程中，体会顿号与逗号、分号与句号的不同用法。

(7)诵读优秀诗文，注意通过语调、韵律、节奏等体味作品的内容和情感。背诵优秀诗文60篇(段)。

(8)扩展阅读面。课外阅读总量不少于100万字。

3)习作

(1)懂得写作是为了自我表达和与人交流。

(2)养成留心观察周围事物的习惯，有意识地丰富自己的见闻，珍视个人的独特感受，积累习作素材。

(3)能写简单的记实作文和想象作文，内容具体，感情真实。能根据内容表达的需要，分段表述。学写读书笔记，学写常见应用文。

(4)修改自己的习作，并主动与他人交换修改，做到语句通顺，行款正确，书写规范、整洁。根据表达需要，正确使用常用的标点符号。

(5)习作要有一定速度。课内习作每学年 16 次左右。

4)口语交际

(1)与人交流能尊重和理解对方。

(2)乐于参与讨论，敢于发表自己的意见。

(3)听人说话认真、耐心，能抓住要点，并能简要转述。

(4)表达有条理，语气、语调适当。

(5)能根据对象和场合，稍作准备，作简单的发言。

(6)注意语言美，抵制不文明的语言。

5)综合性学习

(1)为解决与学习和生活相关的问题，利用图书馆、网络等信息渠道获取资料，尝试写简单的研究报告。

(2)策划简单的校园活动和社会活动，对所策划的主题进行讨论和分析，学写活动计划和活动总结。

(3)对自己身边的、大家共同关注的问题，或电视、电影中的故事和形象，组织讨论、专题演讲，学习辨别是非、善恶、美丑。

(4)初步了解查找资料、运用资料的基本方法。

### 4.2.2 数学课程标准

**1. 课程的基本理念**

(1)数学课程应致力于实现义务教育阶段的培养目标，要面向全体学生，适应学生个性发展的需要，使得人人都能获得良好的数学教育，不同的人在数学上得到不同的发展。

(2)课程内容要反映社会的需要、数学的特点，要符合学生的认知规律。它不仅包括数学的结果，也包括数学结果的形成过程和蕴含的数学思想方法。课程内容的选择要贴近学生的实际，有利于学生体验与理解、思考与探索。课程内容的组织要重视过程，处理好过程与结果的关系；要重视直观，处理好直观与抽象的关系；要重视直接经验，处理好直接经验与间接经验的关系。课程内容的呈现应注意层次性和多样性。

(3)教学活动是师生积极参与、交往互动、共同发展的过程。有效的教学活动是学生学与教师教的统一，学生是学习的主体，教师是学习的组织者、引导者与合作者。

数学教学活动应激发学生兴趣，调动学生积极性，引发学生的数学思考，鼓励学生的创造性思维；要注重培养学生良好的数学学习习惯，使学生掌握恰当的数学学习方法。

学生学习应当是一个生动活泼的、主动的和富有个性的过程。除接受学习外，动手实践、自主探索与合作交流同样是学习数学的重要方式。学生应当有足够的时间和空间经历观察、实验、猜测、计算、推理、验证等活动过程。

教师教学应该以学生的认知发展水平和已有的经验为基础，面向全体学生，注重启发式和因材施教。教师要发挥主导作用，处理好讲授与学生自主学习的关系，引导学生独立思考、主动探索、合作交流，使学生理解和掌握基本的数学知识与技能、数学思想和方法，获得基本的数学活动经验。

(4)学习评价的主要目的是为了全面了解学生数学学习的过程和结果，激励学生学习和改进教师教学。应建立目标多元、方法多样的评价体系。评价既要关注学生学习的结果，也要重视学习的过程；既要关注学生数学学习的水平，也要重视学生在数学活动中所表现出来的情感与态度，帮助学生认识自我、建立信心。

(5)数学课程的设计与实施应根据实际情况合理地运用现代信息技术，要注意信息技术与课程内容的整合，注重实效。要充分考虑信息技术对数学学习内容和方式的影响，开发并向学生提供丰富的学习资源，把现代信息技术作为学生学习数学和解决问题的有力工具，有效地改进教与学的方式，使学生乐意并有可能投入到现实的、探索性的数学活动中去。

**2. 课程的总体目标**

通过义务教育阶段的数学学习，学生能：

(1)获得适应社会生活和进一步发展所必需的数学的基础知识、基本技能、基本思想、基本活动经验。

(2)体会数学知识之间、数学与其他学科之间、数学与生活之间的联系，运用数学的思维方式进行思考，增强发现和提出问题的能力、分析和解决问题的能力。

(3)了解数学的价值，提高学习数学的兴趣，增强学好数学的信心，养成良好的学习习惯，具有初步的创新意识和实事求是的科学态度。

总体目标从以下四个方面具体阐述：

知识与技能：经历数与代数的抽象、运算与建模等过程，掌握数与代数的基础知识和基本技能；经历图形的抽象、分类、性质探讨、运动、位置确定等过程，掌握图形与几何的基础知识和基本技能；经历在实际问题中收集和处理数据、利用数据分析问题、获取信息的过程，掌握统计与概率的基础知识和基本技能；参与综合实践活动，积累综合运用数学知识、技能和方法等解决简单问题的数学活动经验。

数学思考：建立数感、符号意识和空间观念，初步形成几何直观和运算能力，发展形象思维与抽象思维；体会统计方法的意义，发展数据分析观念，感受随机现象；在参与观察、实验、猜想、证明、综合实践等数学活动中，发展合情推理和演绎推理能力，清晰地表达自己的想法；学会独立思考，体会数学的基本思想和思维方式。

问题解决：初步学会从数学的角度发现问题和提出问题，综合运用数学知识解决简单的实际问题，增强应用意识，提高实践能力；获得分析问题和解决问题的一些基本方法，体验解决问题方法的多样性，发展创新意识；学会与他人合作交流；初步形成评价与反思的意识。

情感态度：积极参与数学活动，对数学有好奇心和求知欲；在数学学习过程中，体验获得成功的乐趣，锻炼克服困难的意志，建立自信心；体会数学的特点，了解数学的价值；养成认真勤奋、独立思考、合作交流、反思质疑等学习习惯，形成实事求是的科学态度。

**3. 分段内容**

**第一学段(1～3年级)**

1)数与代数

(一)数的认识。

(1)在现实情境中理解万以内数的意义，能认、读、写万以内的数，能用数表示物体的个数或事物的顺序和位置。

(2)能说出各数位的名称，理解各数位上的数字表示的意义；知道用算盘可以表示多位数。

(3)理解符号＜、＝、＞的含义，能用符号和词语描述万以内数的大小。

(4)在生活情境中感受大数的意义，并能进行估计。

(5)能结合具体情境初步认识小数和分数，能读、写小数和分数。

(6)能结合具体情境比较两个一位小数的大小，能比较两个同分母分数的大小。

(7)能运用数表示日常生活中的一些事物，并能进行交流。

(二)数的运算。

(1)结合具体情境，体会整数四则运算的意义。

(2)能熟练地口算20以内的加减法和表内乘除法，能口算百以内的加减法和一位数乘除两位数。

(3)能计算三位数的加减法，一位数乘三位数、两位数乘两位数的乘法，三位数除以一位数的除法。

(4)认识小括号，能进行简单的整数四则混合运算(两步)。

(5)会进行同分母分数(分母小于10)的加减运算以及一位小数的加减运算。

(6)能结合具体情境进行估算，并会解释估算的过程。

(7)经历与他人交流各自算法的过程。

(8)能运用数及数的运算解决生活中的简单问题，并能对结果的实际意义作出解释。

(三)常见的量。

(1)在现实情境中，认识元、角、分，并了解它们之间的关系。

(2)能认识钟表，了解24时计时法；结合自己的生活经验，体验时间的长短(参见例8)。

(3)认识年、月、日，了解它们之间的关系。

(4)在现实情境中，感受并认识克、千克、吨，能进行简单的单位换算。

(5)能结合生活实际，解决与常见的量有关的简单问题。

(四)探索规律。

探索简单的变化规律。

2)图形与几何

(一)图形的认识。

(1)能通过实物和模型辨认长方体、正方体、圆柱和球等几何体。

(2)能根据具体事物、照片或直观图辨认从不同角度观察到的简单物体。

(3)能辨认长方形、正方形、三角形、平行四边形、圆等简单图形。

(4)通过观察、操作，初步认识长方形、正方形的特征。

(5)会用长方形、正方形、三角形、平行四边形或圆拼图。

(6)结合生活情境认识角，了解直角、锐角和钝角。

(7)能对简单几何体和图形进行分类。

(二)测量。

(1)结合生活实际，经历用不同方式测量物体长度的过程，体会建立统一度量单位的重要性。

(2)在实践活动中，体会并认识长度单位千米、米、厘米，知道分米、毫米，能进行简单的单位换算，能恰当地选择长度单位。

(3)能估测一些物体的长度，并进行测量。

(4)结合实例认识周长，并能测量简单图形的周长，探索并掌握长方形、正方形的周长公式。

(5)结合实例认识面积，体会并认识面积单位平方厘米、平方分米、平方米，能进行简单的单位换算。

(6)探索并掌握长方形、正方形的面积公式，会估计给定简单图形的面积。

(三)图形的运动。

(1)结合实例，感受平移、旋转、轴对称现象。

(2)能辨认简单图形平移后的图形。

(3)通过观察、操作，初步认识轴对称图形。

(四)图形与位置。

(1)会用上、下、左、右、前、后描述物体的相对位置。

(2)给定东、南、西、北四个方向中的一个方向，能辨认其余三个方向，知道东北、西北、东南、西南四个方向，会用这些词语描绘物体所在的方向。

3)统计与概率

(1)能根据给定的标准或者自己选定的标准，对事物或数据进行分类，感受分类与分类标准的关系。

(2)经历简单的数据收集和整理过程，了解调查、测量等收集数据的简单方法，并能用自己的方式(文字、图画、表格等)呈现整理数据的结果。

(3)通过对数据的简单分析，体会运用数据进行表达与交流的作用，感受数据蕴含信息。

4)综合与实践

(1)通过实践活动，感受数学在日常生活中的作用，体验能够运用所学的知识和方法解决简单问题，获得初步的数学活动经验。

(2)在实践活动中，了解要解决的问题和解决问题的办法。

(3)经历实践操作的过程，进一步理解所学的内容。

**第二学段(4～6年级)**

1)数与代数

(一)数的认识。

(1)在具体情境中，认识万以上的数，了解十进制计数法，会用万、亿为单位表示大数。

(2)结合现实情境感受大数的意义，并能进行估计。

(3)会运用数描述事物的某些特征，进一步体会数在日常生活中的作用。

(4)知道2，3，5的倍数的特征，了解公倍数和最小公倍数；在1～100的自然数中，能找出10以内自然数的所有倍数，能找出10以内两个自然数的公倍数和最小公倍数。

(5)了解公约数和最大公约数；在1～100的自然数中，能找出一个自然数的所有约数，能找出两个自然数的公约数和最大公约数。

(6)了解自然数、整数、奇数、偶数、质(素)数和合数。

(7)结合具体情境，理解小数和分数的意义，理解百分数的意义；会进行小数、分数和百分数的转化(不包括将循环小数化为分数)。

(8)能比较小数的大小和分数的大小。

(9)在熟悉的生活情境中，了解负数的意义，会用负数表示日常生活中的一些量。

(二)数的运算。

(1)能计算三位数乘两位数的乘法，三位数除以两位数的除法。

(2)认识中括号，能进行简单的整数四则混合运算(以两步为主，不超过三步)。

(3)探索并了解运算律(加法的交换律和结合律、乘法的交换律和结合律、乘法对加法的分配律)，会应用运算律进行一些简便运算。

(4)在具体运算和解决简单实际问题的过程中，体会加与减、乘与除的互逆关系。

(5)能分别进行简单的小数、分数(不含带分数)加、减、乘、除运算及混合运算(以两步为主，不超过三步)。

(6)能解决小数、分数和百分数的简单实际问题。

(7)在具体情境中，了解常见的数量关系：总价＝单价×数量、路程＝速度×时间，并能解决简单的实际问题。

(8)经历与他人交流各自算法的过程，并能表达自己的想法。

(9)在解决问题的过程中，能选择合适的方法进行估算。

(10)能借助计算器进行运算，解决简单的实际问题，探索简单的规律。

(三)式与方程。

(1)在具体情境中能用字母表示数。

(2)结合简单的实际情境，了解等量关系，并能用字母表示。

(3)能用方程表示简单情境中的等量关系(如$3x+2=5$，$2x-x=3$)，了解方程的作用。

(4)了解等式的性质，能用等式的性质解简单的方程。

(四)正比例、反比例。

(1)在实际情境中理解比及按比例分配的含义，并能解决简单的问题。

(2)通过具体情境，认识成正比例的量和成反比例的量。

(3)会根据给出的有正比例关系的数据在方格纸上画图，并会根据其中一个量的值估计另一个量的值。

(4)能找出生活中成正比例和成反比例关系量的实例，并进行交流。

(五)探索规律。

探索给定情境中隐含的规律或变化趋势。

2)图形与几何

第一，图形的认识。

(1)结合实例了解线段、射线和直线。

(2)体会两点间所有连线中线段最短，知道两点间的距离。

(3)知道平角与周角，了解周角、平角、钝角、直角、锐角之间的大小关系。

(4)结合生活情境了解平面上两条直线的平行和相交(包括垂直)关系。

(5)通过观察、操作，认识平行四边形、梯形和圆，知道扇形，会用圆规画圆。

(6)认识三角形，通过观察、操作，了解三角形两边之和大于第三边、三角形内角和是 180°。

(7)认识等腰三角形、等边三角形、直角三角形、锐角三角形、钝角三角形。

(8)能辨认从不同方向(前面、侧面、上面)看到的物体的形状图。

(9)通过观察、操作，认识长方体、正方体、圆柱和圆锥，认识长方体、正方体和圆柱的展开图。

第二，测量。

(1)能用量角器量指定角的度数，能画指定度数的角，会用三角尺画 30°，45°，60°，90°角。

(2)探索并掌握三角形、平行四边形和梯形的面积公式，并能解决简单的实际问题。

(3)知道面积单位：平方千米、公顷。

(4)通过操作，了解圆的周长与直径的比为定值，掌握圆的周长公式；探索并掌握圆的面积公式，并能解决简单的实际问题。

(5)会用方格纸估计不规则图形的面积。

(6)通过实例了解体积(包括容积)的意义及度量单位(立方米、立方分米、立方厘米、升、毫升)，能进行单位之间的换算，感受 1 立方米、1 立方厘米以及 1 升、1 毫升的实际意义。

(7)结合具体情境，探索并掌握长方体、正方体、圆柱的体积和表面积以及圆锥体积的计算方法，并能解决简单的实际问题。

(8)体验某些实物(如土豆等)体积的测量方法。

第三，图形的运动。

(1)通过观察、操作等活动，进一步认识轴对称图形及其对称轴，能在方格纸上画出轴对称图形的对称轴；能在方格纸上补全一个简单的轴对称图形。

(2)通过观察、操作等，在方格纸上认识图形的平移与旋转，能在方格纸上按水平或垂直方向将简单图形平移，会在方格纸上将简单图形旋转 90°。

(3)能利用方格纸按一定比例将简单图形放大或缩小。

(4)能从平移、旋转和轴对称的角度欣赏生活中的图案，并运用它们在方格纸上设计简单的图案。

第四，图形与位置。

(1)了解比例尺；在具体情境中，会按给定的比例进行图上距离与实际距离的换算。

(2)能根据物体相对于参照点的方向和距离确定其位置。

(3)会描述简单的路线图。

(4)在具体情境中，能在方格纸上用数对(限于正整数)表示位置，知道数对与方格纸上点的对应。

3)统计与概率

第一，简单数据统计过程。

(1)经历简单的收集、整理、描述和分析数据的过程(可使用计算器)。

(2)会根据实际问题设计简单的调查表，能选择适当的方法(如调查、试验、测量)收集数据。

(3)认识条形统计图、扇形统计图、折线统计图；能用条形统计图、折线统计图直观、有效地表示数据。

(4)体会平均数的作用，能计算平均数，能用自己的语言解释其实际意义。

(5)能从报纸杂志、电视等媒体中，有意识地获得一些数据信息，并能读懂简单的统计图表。

(6)能解释统计结果，根据结果作出简单的判断和预测，并能进行交流。

第二，随机现象发生的可能性。

(1)结合具体情境，了解简单的随机现象；能列出简单的随机现象中所有可能发生的结果。

(2)通过试验、游戏等活动，感受随机现象结果发生的可能性是有大小的，能对一些简单的随机现象发生的可能性大小作出定性描述，并能进行交流。

4)综合与实践

(1)经历有目的、有设计、有步骤、有合作的实践活动。

(2)结合实际情境，体验发现和提出问题、分析和解决问题的过程。

(3)在给定目标下，感受针对具体问题提出设计思路、制定简单的方案解决问题的过程。

(4)通过应用和反思，进一步理解所用的知识和方法，了解所学知识之间的联系，获得数学活动经验。

### 4.2.3 英语课程标准

**1. 课程的基本理念**

1)注重素质教育，体现语言学习对学生发展的价值

义务教育阶段英语课程的主要目的是为学生发展综合语言运用能力打基础，为他们继续学习英语和未来发展创造有利条件。语言既是交流的工具，也是思维的工具。学习一门外语能够促进人的心智发展，有助于学生认识世界的多样性，在体验中外文化的异

同中形成跨文化意识，增进国际理解，弘扬爱国主义精神，形成社会责任感和创新意识，提高人文素养。

2)面向全体学生，关注语言学习者的不同特点和个体差异

义务教育是全民教育的重要组成部分。义务教育阶段的英语课程应面向全体学生，体现以学生为主体的思想，在教学目标、教学内容、教学过程、教学评价和教学资源的利用与开发等方面都应考虑全体学生的发展需求。英语课程应成为学生在教师的指导下构建知识、发展技能、拓展视野、活跃思维、展现个性的过程。由于学生在年龄、性格、认知方式、生活环境等方面存在差异，他们具有不同的学习需求和学习特点。只有最大限度地满足个体需求，才有可能获得最大化的整体教学效益。

3)整体设计目标，充分考虑语言学习的渐进性和持续性

英语学习具有明显的渐进性和持续性特点。语言学习持续时间长，而且需要逐渐积累。基础教育阶段英语课程的目标设为九个级别，旨在体现小学、初中和高中各学段课程的有机衔接和各学段学生英语语言能力循序渐进的发展特点，保证英语课程的整体性、渐进性和持续性。英语课程应按照学生的语言水平及相应的等级要求组织教学和评价活动。

4)强调学习过程，重视语言学习的实践性和应用性

现代外语教育注重语言学习的过程，强调语言学习的实践性，主张学生在语境中接触、体验和理解真实语言，并在此基础上学习和运用语言。英语课程提倡采用既强调语言学习过程又有利于提高学生学习成效的语言教学途径和方法，尽可能多地为学生创造在真实语境中运用语言的机会。鼓励学生在教师的指导下，通过体验、实践、参与、探究和合作等方式，发现语言规律，逐步掌握语言知识和技能，不断调整情感态度，形成有效的学习策略，发展自主学习能力。

5)优化评价方式，着重评价学生的语言综合运用能力

英语课程评价体系要有利于促进学生语言综合运用能力的发展，要通过采用多元优化的评价方式，评价学生综合语言运用能力的发展水平，并通过评价激发学生的学习兴趣，促进学生的自主学习能力、思维能力、跨文化意识和健康人格的发展。

6)丰富课程资源，拓展英语学习渠道

语言学习需要大量的输入。丰富多样的课程资源对英语学习尤其重要。英语课程应根据教和学的需求，提供贴近学生、贴近生活、贴近时代的英语学习资源。创造性地开发和利用现实生活中鲜活的英语学习资源，积极利用音像、广播、电视、书报杂志、网络信息等，拓展学生学习和运用英语的渠道。

**2. 课程的总体目标**

义务教育阶段英语课程的总目标是：通过英语学习使学生形成初步的综合语言运用能力，促进心智发展，提高综合人文素养。综合语言运用能力的形成建立在语言技能、语言知识、情感态度、学习策略和文化意识等方面整体发展的基础之上。语言技能和语言知识是综合语言运用能力的基础；文化意识有利于正确地理解语言和得体地使用语言；有效的学习策略有利于提高学习效率和发展自主学习能力；积极的情感态度有利于促进主动学习和持续发展。这五个方面相辅相成，共同促进学生综合语言运用能力的形成与

发展。

以语言技能、语言知识、情感态度、学习策略和文化意识五个方面共同构成的英语课程总目标，既体现了英语学习的工具性，也体现了其人文性；既有利于学生发展语言运用能力，又有利于学生发展思维能力，从而全面提高学生的综合人文素养(课程目标结构如图所示)。

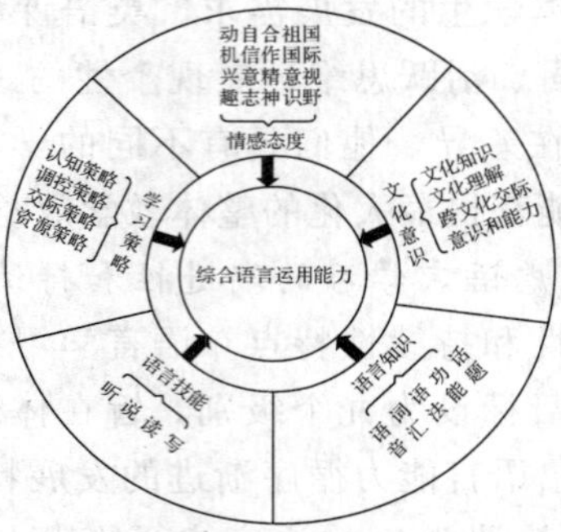


课程目标结构图

### 3. 分段标准

1)语言技能

语言技能是语言运用能力的重要组成部分，主要包括听、说、读、写等方面的技能以及这些技能的综合运用。听和读是理解的技能，说和写是表达的技能。学生应通过大量的专项和综合性语言实践活动，形成综合语言运用能力，为真实语言交际打基础。因此，听、说、读、写既是学习的内容，又是学习的手段。语言技能标准以学生在某个级别“能做什么”为主要内容，这不仅有利于调动学生的学习积极性，促进学生语言运用能力的提高，也有利于科学、合理地评价学生的学习结果。

一级听做标准：能根据听判的词句识别或指认图片或实物；能听懂课堂简短的指令并做出相应的反应；能根据指令做事情，如指图片、涂颜色、画图做动作等；能在图片和动作的提示下听懂简单的小故事并作出适当的反应。

一级说唱标准：能根据录音模仿说话；能相互致以简单的问候；能相互交流简单的个人信息，如姓名、年龄等；能表达简单的情感和感觉，如喜欢和不喜欢；能根据表演猜测意思、说出词语；能学唱英语儿童歌曲和歌谣 15 首左右；能根据图、文说出单词或短句。

一级玩演标准：能在教师的指导下用英语做游戏并在游戏中进行简单的交际；能做简单的角色表演。

一级读写标准：能看图识词；能在指认物体的前提下认读所学词语；能在图片的帮助下读懂简单的小故事；能正确书写字母和单词；能模仿范例写词句。

一级视听标准：能看懂语言简单的英语动画片或程度相当的英语教学节目，课堂视听时间每学年不少于 10 小时(平均每周 20～25 分钟)。

二级听做标准：能借助图片、图像、手势听懂简单的话语或录音材料；能听懂简单的配图小故事；能听懂课堂活动中简单的提问；能听懂常用指令和要求并做出适当的反应。

二级说唱标准：能在口头表达中做到发音清楚，语调基本达意；能就所熟悉的个人和家庭情况进行简短对话；能运用一些最常用的日常用语(如问候、告别、致谢、道歉等)；能就日常生活话题作简短叙述；能在教师的帮助和图片的提示下描述或讲述简单的小故事。

二级阅读标准：能认读所学词语；能根据拼读的规律，读出简单的单词；能读懂教材中简短的要求或指令；能看懂贺卡等所表达的简单信息；能借助图片读懂简单的故事或小短文，并养成按意阅读的习惯；能正确朗读所学故事或短文。

二级写作标准：能正确地使用大小写字母和常用的标点符号；能写出简单的问候语和祝福语；能根据图片、词语或例句的提示，写出简短的语句。

二级玩演视听标准：能按要求用简单的英语做游戏；能在教师的帮助下表演小故事或小短剧；能学唱简单的英语歌曲和歌谣 30 首左右(含一级要求)；能看懂程度相当的英语动画片和英语教学节目课堂视听时间每学年不少于 10 小时(平均每周 20～25 分钟)。

2)语言知识

学生在义务教育阶段应该学习和掌握的英语语言基础知识包括语音、词汇、语法以及用于表达常见话题和功能的语言形式等。语言知识是语言运用能力的重要组成部分，是发展语言技能的重要基础。

二级语音标准：正确读出 26 个英文字母；了解简单的拼读规律；了解单词有重音，句子有重读；了解英语语音包括连读、节奏、停顿、语调等现象。

二级词汇标准：知道单词是由字母构成的；知道要根据单词的音、义、形来学习词汇；学习有关本级话题范围的 600～700 个单词和 50 个左右的习惯用语，并能初步运用 400 个左右的单词表达二级规定的相应话题。

二级语法标准：在具体语境中理解以下语法项目的意义和用法(名词的单复数形式和名词所有格，人称代词和形容词性物主代词，一般现在时，现在进行时，一般过去时和一般将来时，表示时间、地点和位置的常用介词，简单句的基本形式)；在实际运用中体会以上语法项目的表意功能。

二级功能标准：理解和运用有关下列功能的语言表达形式：问候、介绍、告别、请求、致谢、邀请、道歉、情感、喜好、建议、祝愿等。

二级话题标准：理解和运用有关下列话题的语言表达形式：个人情况、家庭与朋友、身体与健康、学校与日常生活文体活动、节假日、饮食、服装、季节与天气、颜色、动物等。

3)情感态度

情感态度指兴趣、动机、自信、意志和合作精神等影响学生学习过程和学习效果的相关因素以及在学习过程中逐渐形成的祖国意识和国际视野。

二级情感态度标准：能体会到英语学习的乐趣；敢于开口，表达中不怕出错误；乐于感知并积极尝试使用英语；积极参与各种课堂学习活动；在小组活动中能与其他同学积极配合和合作；遇到困难时能大胆求助，乐于接触外国文化，增强祖国意识。

# 4.3 课程标准的核心与关联

## 4.3.1 语文课程的核心与关联

**1. 优秀诗文的背诵和理解**

1 江南(江南可采莲)，2 长歌行(青青园中葵)，3 敕勒歌(敕勒川)，4 咏鹅(鹅鹅鹅)，5 风(解落三秋叶)，6 咏柳(碧玉妆成一树高)，7 回乡偶书(少小离家老大回)，8 凉州词(黄河远上白云间)，9 登鹳雀楼(白日依山尽)，10 春晓(春眠不觉晓)。

11 凉州词(葡萄美酒夜光杯)，12 出塞(秦时明月汉时关)，13 芙蓉楼送辛渐(寒雨连江夜入吴)，14 鹿砦(空山不见人)，15 送元二使安西(渭城朝雨浥轻尘)，16 九月九日忆山东兄弟(独在异乡为异客)，17 静夜思(床前明月光)，18 古朗月行(小时不识月)，19 望庐山瀑布(日照香炉生紫烟)，20 赠汪伦(李白乘舟将欲行)。

21 黄鹤楼送孟浩然之广陵(故人西辞黄鹤楼)，22 早发白帝城(朝辞白帝彩云间)，23 望天门山(天门中断楚江开)，24 别董大(千里黄云白日曛)，25 绝句(两个黄鹂鸣翠柳)，26 春夜喜雨(好雨知时节)，27 绝句(迟日江山丽)，28 江畔独步寻花(黄师塔前江水东)，29 枫桥夜泊(月落乌啼霜满天)，30 滁州西涧(独怜幽草涧边生)。

31 游子吟(慈母手中线)，32 早春呈水部张十八员外(天街小雨润如酥)，33 渔歌子(西塞山前白鹭飞)，34 塞下曲(月黑雁飞高)，35 望洞庭(湖光秋月两相和)，36 浪淘沙(九曲黄河万里沙)，37 赋得古原草送别(离离原上草)，38 池上(小娃撑小艇)，39 忆江南(江南好)，40 小儿垂钓(蓬头稚子学垂纶)。

41 悯农(锄禾日当午)，42 悯农(春种一粒粟)，43 江雪(千山鸟飞绝)，44 寻隐者不遇(松下问童子)，45 山行(远上寒山石径斜)，46 清明(清明时节雨纷纷)，47 江南春(千里莺啼绿映红)，48 蜂(不论平地与山尖)，49 江上渔者(江上往来人)。

50 元日(爆竹声中一岁除)，51 泊船瓜洲(京口瓜洲一水间)，52 书湖阴先生壁(茅檐长扫净无苔)，53 六月二十七日望湖楼醉书(黑云翻墨未遮山)，54 饮湖上初晴后雨(水光潋滟晴方好)，55 惠崇春江晓景(竹外桃花三两枝)，56 题西林壁(横看成岭侧成峰)，57 夏日绝句(生当作人杰)，58 三衢道中(梅子黄时日日晴)，59 示儿(死去元知万事空)，60 秋夜将晓出篱门迎凉有感(三万里河东入海)。

61 四时田园杂兴(昼出耘田夜绩麻)，62 四时田园杂兴(梅子金黄杏子肥)，63 小池(泉眼无声惜细流)，64 晓出净慈寺送林子方(毕竟西湖六月中)，65 春日(胜日寻芳泗水滨)，66 观书有感(半亩方塘一鉴开)，67 题临安邸(山外青山楼外楼)，68 游园不值(应怜屐齿印苍苔)，69 乡村四月(绿遍山原白满川)，70 墨梅(我家洗砚池头树)；71 石灰吟(千锤万凿出深山)，72 竹石(咬定青山不放松)，73 所见(牧童骑黄牛)，74 村居(草长莺飞二月天)，75 己亥杂诗(九州生气恃风雷)。

以上为基础篇目，下面为拓展篇目。

关雎(关关雎鸠)，蒹葭(蒹葭苍苍)，十五从军征(十五从军征)，观沧海(东临碣石)，饮酒(结庐在人境)，木兰辞(唧唧复唧唧)，送杜少府之任蜀州(城阙辅三秦)，登幽州台歌

(前不见古人)，次北固山下(客路青山外)，使至塞上(单车欲问边)，闻王昌龄左迁龙标遥有此寄(杨花落尽子规啼)，行路难(金樽清酒斗十千)。

黄鹤楼(昔人已乘黄鹤去)，望岳(岱宗夫如何)，春望(国破山河在)，茅屋为秋风所破歌(八月秋高风怒号)，白雪歌送武判官归京(北风卷地白草折)，酬乐天扬州初逢席上见赠(巴山楚水凄凉地)，卖炭翁(卖炭翁)，钱塘湖春行(孤山寺北贾亭西)，雁门太守行(黑云压城城欲摧)，赤壁(折戟沉沙铁未销)，泊秦淮(烟笼寒水月笼沙)，夜雨寄北(君问归期未有期)，无题(相见时难别亦难)，相见欢(无言独上西楼)，渔家傲(塞下秋来风景异)，浣溪沙(一曲新词酒一杯)。

登飞来峰(飞来峰上千寻塔)，江城子(老夫聊发少年狂)，水调歌头(明月几时有)，渔家傲(天接云涛连晓雾)，游山西村(莫笑农家腊酒浑)，南乡子(何处望神州)，破阵子(醉里挑灯看剑)，过零丁洋(辛苦遭逢起一经)，天净沙·秋思(枯藤老树昏鸦)，山坡羊·潼关怀古(峰峦如聚)，己亥杂诗(浩荡离愁白日斜)，满江红(小住京华)，《论语》12章(学而时习之；吾日三省吾身；吾十有五而志于学；温故而知新；学而不思则罔；贤哉回也；知之者不如好之者；不义而富且贵；三人行；子在川上曰；三军可夺帅也；博学而笃志)。

曹刿论战，《孟子》三则(鱼我所欲也；富贵不能淫；天将降大任于斯人也)，《庄子》一则(北冥有鱼……亦若是则已矣。)，《礼记》一则(虽有佳肴)，《列子》一则(伯牙善鼓琴……吾于何逃声哉?)，邹忌讽齐王纳谏，出师表，桃花源记，与谢中书书，三峡，杂说(四)，陋室铭，小石潭记，岳阳楼记，醉翁亭记，爱莲说，记承天寺夜游，送东阳马生序(余幼时即嗜学……况才之过于余者乎?)，湖心亭看雪，河中石兽。

**2. 课外读物**

童话，如安徒生童话、格林童话、叶圣陶《稻草人》、张天翼《宝葫芦的秘密》等。

寓言，如中国古今寓言、《伊索寓言》等。

故事，如成语故事、神话故事、中外历史故事、各民族民间故事等。

诗歌散文作品，如鲁迅《朝花夕拾》、冰心《繁星·春水》、《艾青诗选》、《革命烈士诗抄》、中外童谣、儿童诗歌等。

长篇文学名著，如吴承恩《西游记》、施耐庵《水浒传》、老舍《骆驼祥子》、罗广斌、杨益言《红岩》、笛福《鲁滨孙漂流记》、斯威夫特《格列佛游记》、夏洛蒂·勃朗特《简·爱》、高尔基《童年》、奥斯特洛夫斯基《钢铁是怎样炼成的》等。

科普科幻作品，如儒勒·凡尔纳的系列科幻小说，各类历史、文化读物及传记，以及介绍自然科学与社会科学常识的普及性读物等，可由语文教师和各有关学科教师商议推荐。

**3. 语法修辞知识要点**

词的分类：名词、动词、形容词、数词、量词、代词、副词、介词、连词、助词、语气词、叹词。

短语的结构：并列式、偏正式、主谓式、动宾式、补充式。

单句的成分：主语、谓语、宾语、定语、状语、补语。

复句的类型：并列、递进、选择、转折、因果、假设、条件。

常见修辞格：比喻、拟人、夸张、排比、对偶、反复、设问、反问。

### 4.3.2 数学课程的核心与关联

**1. 课程的核心内容**

数学课程安排了四个部分的内容："数与代数""图形与几何""统计与概率""综合与实践"。

"数与代数"的主要内容有：数的认识，数的表示，数的大小，数的运算，数量的估计；字母表示数，代数式及其运算；方程、方程组、不等式、函数等。

"图形与几何"的主要内容有：空间和平面基本图形的认识，图形的性质、分类和度量；图形的平移、旋转、轴对称、相似和投影；平面图形基本性质的证明；运用坐标描述图形的位置和运动。

"统计与概率"的主要内容有：收集、整理和描述数据，包括简单抽样、整理调查数据、绘制统计图表等；处理数据，包括计算平均数、中位数、众数、极差、方差等；从数据中提取信息并进行简单的推断；简单随机事件及其发生的概率。

"综合与实践"是一类以问题为载体、以学生自主参与为主的学习活动。在学习活动中，学生将综合运用"数与代数""图形与几何""统计与概率"等知识和方法解决问题。"综合与实践"的教学活动应当保证每学期至少一次，可以在课堂上完成，也可以课内外相结合。

在数学课程中，应当注重发展学生的数感、符号意识、空间观念、几何直观、数据分析观念、运算能力、推理能力和模型思想。为了适应时代发展对人才培养的需要，数学课程还要特别注重发展学生的应用意识和创新意识。

数感主要是指关于数与数量、数量关系、运算结果估计等方面的感悟。建立数感有助于学生理解现实生活中数的意义，理解或表述具体情境中的数量关系。

符号意识主要是指能够理解并且运用符号表示数、数量关系和变化规律；知道使用符号可以进行运算和推理，得到的结论具有一般性。建立符号意识有助于学生理解符号的使用是数学表达和进行数学思考的重要形式。

空间观念主要是指根据物体特征抽象出几何图形，根据几何图形想象出所描述的实际物体；想象出物体的方位和相互之间的位置关系；描述图形的运动和变化；依据语言的描述画出图形等。

几何直观主要是指利用图形描述和分析问题。借助几何直观可以把复杂的数学问题变得简明、形象，有助于探索解决问题的思路，预测结果。几何直观可以帮助学生直观地理解数学，在整个数学学习过程中都发挥着重要作用。

数据分析观念包括：了解在现实生活中有许多问题应当先做调查研究，收集数据，通过分析做出判断，体会数据中蕴含的信息；了解对于同样的数据可以有多种分析的方法，需要根据问题的背景选择合适的方法；通过数据分析体验随机性，一方面对于同样的事情每次收集到的数据可能不同；另一方面只要有足够的数据就可能从中发现规律。

运算能力主要是指能够根据法则和运算律正确地进行运算的能力。培养运算能力有助于学生理解运算的算理，寻求合理简洁的运算途径解决问题。

推理能力的发展应贯穿在整个数学学习过程中。推理是数学的基本思维方式，也是人们学习和生活中经常使用的思维方式。推理一般包括合情推理和演绎推理，合情推理是从已有的事实出发，凭借经验和直觉，通过归纳和类比等推断某些结果；演绎推理是从已有的事实(包括定义、公理、定理等)和确定的规则(包括运算的定义、法则、顺序等)出发，按照逻辑推理的法则证明和计算。在解决问题的过程中，合情推理用于探索思路，发现结论；演绎推理用于证明结论。

模型思想的建立是学生体会和理解数学与外部世界联系的基本途径。建立和求解模型的过程包括：从现实生活或具体情境中抽象出数学问题，用数学符号建立方程、不等式、函数等表示数学问题中的数量关系和变化规律，求出结果、并讨论结果的意义。这些内容的学习有助于学生初步形成模型思想，提高学习数学的兴趣和应用意识。

应用意识有两个方面的含义，一方面有意识利用数学的概念、原理和方法解释现实世界中的现象，解决现实世界中的问题；另一方面，认识到现实生活中蕴含着大量与数量和图形有关的问题，这些问题可以抽象成数学问题，用数学的方法予以解决。在整个数学教育的过程中都应该培养学生的应用意识，综合实践活动是培养应用意识很好的载体。

创新意识的培养是现代数学教育的基本任务，应体现在数学教与学的过程之中。学生自己发现和提出问题是创新的基础；独立思考、学会思考是创新的核心；归纳概括得到猜想和规律，并加以验证，是创新的重要方法。创新意识的培养应该从义务教育阶段做起，贯穿数学教育的始终。

**2. 内容的关联性**

例 1　用算盘上的算珠表示三位数。

例 2　将数 50，98，38，10，51 排序，用“＞”或“＜”表示。用大得多、大一些、小一些、小得多等语言进一步描述它们之间的关系。

例 3　每条小船限乘 4 人，18 人至少需要租几条船？你认为怎样分配才合适？

例 4　在下列横线上填上合适的数字、字母或图形，并说明理由。

1，　1，　2；1，　1，　2；______，______，______；

A，　A，　B；A，　A，　B；______，______，______；

□，□，⊟；□，□，⊟；______，______，______；

例 5　桌上放着一个茶壶，四位同学从各自的方向进行观察。

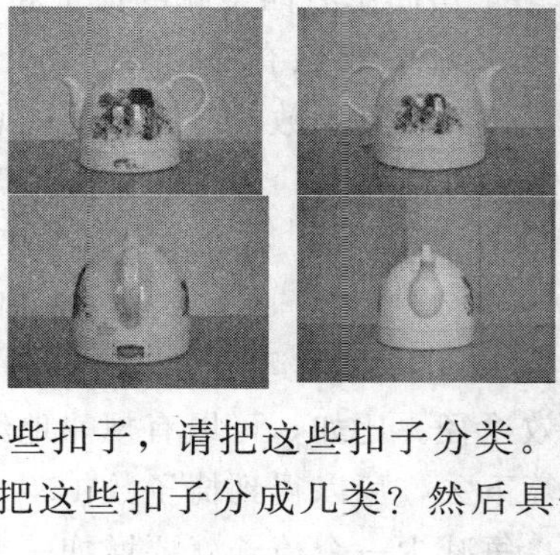

例 6　图形分类。如图所示，桌上散落着一些扣子，请把这些扣子分类。想一想：应当如何确定分类的标准？根据分类的标准可以把这些扣子分成几类？然后具体操作，并用文字、图画或表格等方式把结果记录下来。

例 7　说明 1/4，0.25 和 25%的含义。

例 8　9.9×6.9 比 70 小吗？$\frac{1}{2}+\frac{4}{7}$比 1 大吗？

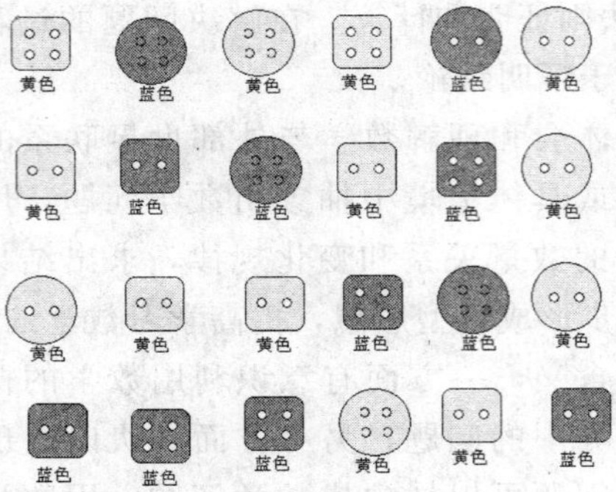


例 9　利用计算器计算 15×15，25×25，…，95×95，并探索规律，并利用公示证明这个规律。

[说明]目的是运用计算器进行计算，从中发现一些有趣的规律。学生可以通过观察结果与乘数的关系，发现规律。例如 15×15=225=1×2×100+25，25×25=625=2×3×100+25，35×35=1225=3×4×100+25，等等。这个规律在实际运算中也是有用的。

例 10　彩带每米售价 3.2 元，购买 2 米，3 米，…，10 米彩带分别需要多少钱？在方格纸上把与数对(长度，价钱)相对应的点描出，并且回答下列问题：

(1)所描的点是否在一条直线上？

(2)估计一下买 1.5 米的彩带大约要花多少元？

(3)小刚买的彩带长度是小红的 3 倍，他所花的钱是小红的几倍？

[说明]希望学生感受成正比例关系的一组数对所对应的点在一条直线上，并且能够借助图形进行数据的估计。教学中引导学生在描点之前，先建立下面的表格，有利于直观地理解正比例关系，并为描点作准备。

| 长度/米 | 0 | 1 | 2 | 3 | 4 | 5 | 6 | 7 | … |
|---|---|---|---|---|---|---|---|---|---|
| 价钱/元 | 0 | 3.2 | 6.4 | 9.6 | 12.8 | 16 | 19.2 | 22.4 | … |

例 11　一个房间里有四条腿的椅子和三条腿的凳子共 16 个，如果椅子腿数和凳子腿数加起来共有 60 个，那么有几个椅子和几个凳子？

| 椅子数 | 凳子数 | 腿的总数 |
|---|---|---|
| 16 | 0 | 4×16=64 |
| 15 | 1 | 4×15+3×1=63 |
| 14 | 2 | 4×14+3×2=62 |

[说明] 可以引导学生运用尝试的办法探索规律，得出结果，使学生感受这是数学探索的一种有效途径。比如，可以有规律地给出下面的计算过程：

继续计算下去，可以得到椅子数 12，凳子数 4 时，腿数恰好为 60。通过上表可以启发学生思考：每减少一个椅子就要增加一个凳子，腿的总数就要减少 4－3=1。腿的总数为60时，需要减少的椅子数是64－60＝4，于是椅子数是16－4＝12，凳子数是0＋4＝4。最后验证一下：12×4＋3×4＝60，是正确的。当然，也可以从凳子数的变化思考：每减少一个凳子就要增加一个椅子，腿的总数就要增加4－3＝1。

对于学有余力的学生，教师可以鼓励他们进一步用字母代替椅子数与凳子数，得到计算腿的总数的模型。

例12　图10中每个小方格为1个平方单位，试估计曲线所围部分的面积。

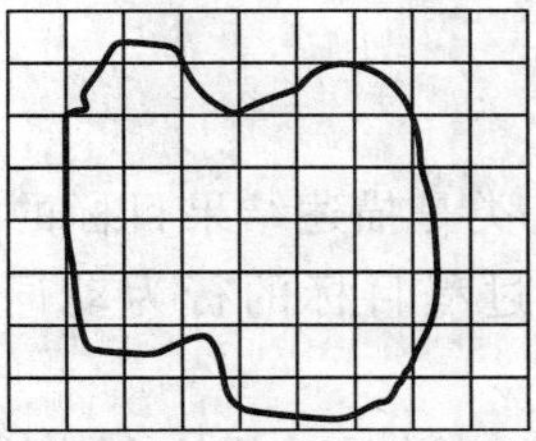

［说明］要帮助学生养成事先做好规划的习惯，可以根据要估计的精确程度来确定估计方案，例如，粗略估计的方案可以为小方格里有图形就记为1，无图形就记为0，然后相加求和；精细估计的方案可以为小方格的图形，大于一半的记为1，小于一半的记为0，然后相加求和；也可以分得更细。让学生通过记录、计算、比较等，体会估计的意义和方法。

例13　空间想象与分类计数。将边长分别为3和4的正方体的表面刷上红色的漆，再将它分割成边长为1的小正方体。探求满足下面条件的小正方体的数量规律。

(1)一面、两面、三面有红颜色的小正方体各有多少个？

(2)将正方体的边长改为5，表面刷上红色的漆，再将它分割成边长为1的小正方体，一面、两面、三面有红颜色的小正方体各有多少个？

(3)将正方体的边长改为6，结果如何？

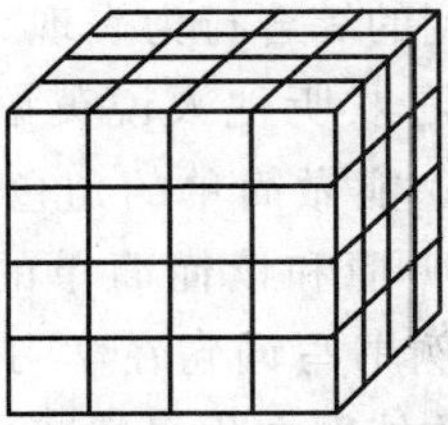

(4)分析上面三个问题的求解过程，你能发现什么规律？

例14　某书定价8元。如果一次购买10本以上，超过10本部分打八折。分析并表示购书数量与付款金额之间的函数关系。

例15　证明：两直线平行，则同位角相等；三角形的内角和为180°。

例16　直观阐述基本事实：两组对应边及其夹角分别相等的两个三角形全等。

例17　探索并了解：过圆外一点所画的圆的两条切线的长相等。

例18　直觉的误导。有一张8 cm×8 cm的正方形的纸片，面积是64 $cm^2$。把这张纸片按图(1)所示剪开，把剪出的4个小块按图(2)所示重新拼合，这样就得到了一个长为13cm，宽为5cm的长方形，面积是65 $cm^2$。这是可能的吗？

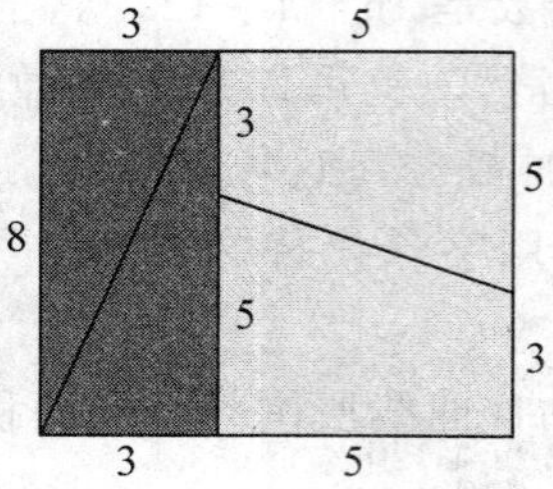


(1)

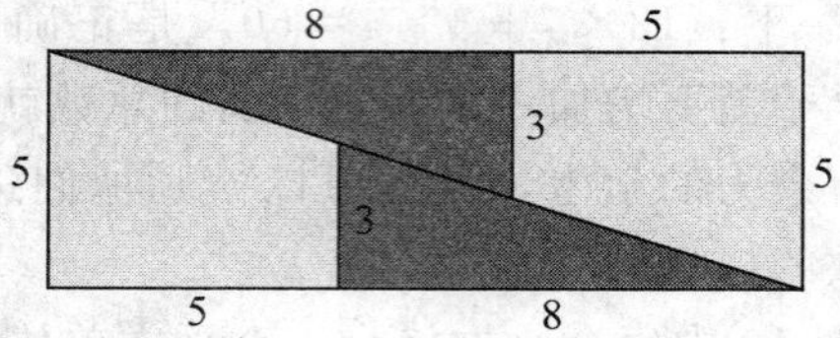


(2)

**3. 课程中的行为动词**

本标准中有两类行为动词，一类是描述结果目标的行为动词，包括“了解、理解、掌握、运用”等术语。另一类是描述过程目标的行为动词，包括“经历、体验、探索”等术语。这些行为动词的基本含义如下。

了解：从具体实例中知道或举例说明对象的有关特征；根据对象的特征，从具体情境中辨认或者举例说明对象。

理解：描述对象的特征和由来，阐述此对象与相关对象之间的区别和联系。

掌握：在理解的基础上，把对象用于新的情境。

运用：综合使用已掌握的对象，选择或创造适当的方法解决问题。

经历：在特定的数学活动中，获得一些感性认识。

体验：参与特定的数学活动，主动认识或验证对象的特征，获得一些经验。

探索：独立或与他人合作参与特定的数学活动，理解或提出问题，寻求解决问题的思路，发现对象的特征及其与相关对象的区别和联系，获得一定的理性认识。

## 4.3.3 英语课程的核心与关联

义务教育阶段英语课程各个级别的目标是指学生在语言技能、语言知识、情感态度、学习策略和文化意识五个方面应达到的综合行为表现。

一级目标：对英语有好奇心，喜欢听他人说英语；能根据教师的简单指令做动作、做游戏、做事情(如涂颜色、连线)；能做简单的角色表演。能唱简单的英文歌曲，说简单的英语歌谣；能在图片的帮助下听懂和读懂简单的小故事；能交流简单的个人信息，表达简单的感觉和情感；能模仿范例书写词句在学习中乐于模仿，敢于表达，对英语具有一定的感知能力；对学习中接触的外国文化习俗感兴趣。

二级目标：对继续学习英语有兴趣；能用简单的英语互致问候，变换有关个人、家庭和朋友的简单信息，并能就日常生活话题作简短叙述；能在图片的帮助下听懂、读懂并讲述简单的故事，能在教师的帮助下表演小故事或小短剧，演唱简单的英语歌曲和歌谣。能根据图片、词语或语句的提示，写出简短的描述；在学习中乐于参与、积极合作、主动请教，初步形成对英语的感知能力和良好的学习习惯；乐于了解外国文化和习俗。

三级目标：对英语学习表现出积极性和初步的自信心；能听懂有关熟悉话题的语段和简短的故事；能与教师或同学就熟悉的话题(如学校、家庭生活)变换信息；能读懂小故事及其他文体的简单书面材料；能用短语或句子描述系列图片，缩写简单的故事；能根据提示简要描述一件事情，参与简单的角色表演等活动能尝试使用适当的学习方法，克服学习中遇到的困难；能有意识判断语言交际中存在文化差异。

四级目标：有明确的学习需要和目标，对英语学习表现出较强的自信心；能在所设日常交际情境中听懂对话和小故事；能用简单的语言描述自己或他人的经历，能表达简单的观点；能读懂常见文体的小短文和相应水平的英文报刊文章：能合作起草和修改简短的叙述、说明、指令、规则等；能尝试使用不同的教育资源，从口头和书面材料中提取信息、扩展知识、解决简单的问题并描述结果；能在学习中相互帮助，克服困难；能合理计划和安排学习任务，积极探索适合自己的学习方法。

五级目标：有较明确的英语学习动机、积极主动的学习态度和自信心；能听懂有关熟悉话题的陈述并参与讨论；能就日常生活的相关话题与他人变换信息并表述自己的意见；能读懂相应水平的读物和报纸、杂志，克服生词障碍，理解大意能根据阅读目的运用适当的阅读策略；能根据提示独立起草和修改小作文；能与他人合作，解决问题并报告结果，共同完成学习任务；能对自己的学习进行评价，总结学习方法；能利用多种教育资源进行学习进一步增强对文化差异的理解与认识。

# 第5章 教学设计

教学设计包括小学各学科教学设计的知识和能力两个部分。其中，教学设计的知识是指，小学生学习需求分析、学习内容选择、小学教案设计、小学综合教学和综合实践活动的基础知识，基本能力是指能够运用这些知识完成指定教学内容的教学设计。

本章的内容包括以下七个方面：①了解小学教学设计的基本原则、依据和步骤；②了解小学综合教学和综合实践活动的基本知识；③了解小学生在不同学习领域的基本认知特点；④了解信息技术与小学教学整合的基本途径和方式；⑤理解已有的生活经验、知识和能力、学习经验对新的学习内容的影响；⑥掌握小学教案设计的基本内容、步骤和要求；⑦能够依据小学生学习规律、小学相关学科教学标准，结合教材特点，合理地确定教学目标、重点和难点，完成指定内容的教案设计。

## 5.1 小学教学设计概要

### 5.1.1 小学教学设计的含义

教学设计是根据教学对象和教学目标，确定合适的教学起点与终点，将教学诸要素有序、优化地安排，形成教学方案的过程。它是一门运用系统方法科学解决教学问题的学问，它以教学效果最优化为目的，以解决教学问题为宗旨。

教学设计具有以下功能：①有利于课堂教学工作的科学化，可以大面积地提高教学效率和效果，提高教育教学的投资效益，这正是教学设计的宗旨；② 有利于课堂教学效率和效果的提高，使教学活动在人员、时间、设备使用等方面取得最佳效益，减轻了学习者过重的学习负担，使学习者乐学、会学、主动地学；③有利于教学理论和教学实践的结合，教学设计起到了沟通教学理论与教学实践的作用，一方面，通过课堂教学设计，可以把已有的教学理论和研究成果运用于课堂实际教学中，指导课堂教学工作的进行；另一方面，也可以把教师的课堂教学经验升华为教学科学，充实和完善教学理论；④有利于教师的成长和发展，课堂教学设计则为教师的成长和发展提供了一条有效途径，教师通过教学设计不但可以迅速掌握教学的基本原理和方法，而且在实践中不断熟练和提高，最终成为一名教学专家。

教学设计具有以下特征；第一，教学设计是把教学原理转化为教学材料和教学活动的计划，要遵循教学过程的基本规律，选择教学目标，以解决教什么的问题；第二，教学设计是实现教学目标的计划性和决策性活动；第三，教学设计是以系统方法为指导，教学设计把教学各要素看成一个系统，分析教学问题和需求，确立解决的程序纲要，使教学效果最优化；第四，教学设计是提高学习者获得知识、技能的效率和兴趣的技术过程，是教育技术的组成部分，它的功能在于运用系统方法设计教学过程，使之成为一种具有操作性的程序。

### 5.1.2　小学教学设计的依据

要做好教学设计，需要考虑的因素很多，归纳起来，主要集中在三个方面：学生的生活经验；学生的学习经验；学生已有的知识与能力。

学生的生活经验，影响着学生对学习中新名词和概念的理解。因为同一个名词，在具体学科中和在实际生活中有的存在比较大的区别，这样生活经验就可能阻碍儿童学习和掌握新的名词。比如，数学中的平行是指永不相交的直线，但在生活中存在平行现象，但会相交的，或者不直的。当然，当生活中的语词和学习的语词含义基本一致时，生活经验就有利于学生学习，这时，教师就可以借助学生的生活经验引导学生学习新的内容。

学生的学习经验，影响着学生学习的方法和情感体验，特别是发现和提出问题的方式，以及分析和解决问题的策略。比如，有的学生喜欢独立探究学习，教师的讲授就需要把握时机，在学生探究不出结果时给予适当提示和引导；而有的学生喜欢接受式学习，如果教师留出大量时间让学生探究，可能就没有什么教学效果，面对这种情况，教师就需要把要讲授的内容组织好，富有条理地传授给学生。有的学生能感受到学习的喜悦感，就会主动进行学习；而有的学生对学习没有什么兴趣，教师就需要采用有效的教学方式，培养学生的学习兴趣，有了兴趣，学生才会乐于学习，才会有真正的效果。

已有的知识与能力，是学生学习新知识的生长点，是新知识的固着点。而且，有效的学习应该建立新旧知识之间的实质性的联系，如果没有这种联系。新知识是零散的被学生所记忆，时间长了就被遗忘了，这样的学习是低效的。在教育界，有一句非常经典的名言，那就是：如果把全部教育心理学的语言浓缩成一句话，那就是学生已经知道了什么。可见已有知识对学生学习新知识是非常重要的，特别是在数学和科学中，要是没有一定的知识做基础，有的内容根本就没法学会。

### 5.1.3　小学教学设计的原则

**1. 系统性原则**

教学设计是一项系统工程，它是由教学目标和教学对象的分析、教学内容和方法的选择以及教学评估等子系统所组成，各子系统既相对独立，又相互依存、相互制约，组成一个有机的整体。在诸子系统中，各子系统的功能并不等价，其中教学目标起指导其他子系统的作用。同时，教学设计应立足于整体，每个子系统应协调于整个教学系统中，做到整体与部分辩证地统一，系统的分析与系统的综合有机地结合，最终达到教学系统的整体优化。

**2. 程序性原则**

教学设计是一项系统工程，诸子系统的排列组合具有程序性特点，即诸子系统有序地成等级结构排列，且前一子系统制约、影响着后一子系统，而后一子系统依存并制约着前一子系统。根据教学设计的程序性特点，教学设计中应体现出其程序的规定性及联系性，确保教学设计的科学性。

**3. 可行性原则**

教学设计要成为现实，必须具备两个可行性条件。一是符合主客观条件。主观条件应考虑学生的年龄特点、已有知识基础和师资水平。客观条件应考虑教学设备、地区差异等因素。二是具有操作性。教学设计应能指导具体的实践。

**4. 反馈性原则**

教学成效考评只能以教学过程前后的变化以及对学生作业的科学测量为依据。测评教学效果的目的是为了获取反馈信息，以修正、完善原有的教学设计。

### 5.1.4 小学教学设计的步骤

完整的课堂教学设计需要解决好四个基本问题：现在在哪里；要去哪里；如何去那里；是否到达那里了。这是一个完整的课堂教学设计的四个环节，更是四个相互联系、相互制约的逻辑序列，而且每一序列又由许多要素构成。

**1. 现在在哪里(起点)**

这一环节是教学设计的一个逻辑基点，是进行课堂教学设计的预备阶段和基础。需要做好两方面的工作。首先是对学生的分析，先要分析其学习的需要，目的是发现学生在学习中存在的问题，然后分析产生问题的主要原因并确定在课堂教学设计时解决该问题的方法和途径。其次是教师应该充分注意每个学生在参加学习时所具有的一般特点和起点能力，应根据学习者的起点能力进行实际的课堂教学设计。

**2. 要去哪里(目标)**

这一环节是在上一环节基础上自然生发起来的一个教学方向，实际上是课堂教学目标的设计。课堂教学目标的设计是课堂教学设计的关键，就是对课堂教学活动预期所要达到的结果的规划。现代课堂教学设计的目标是一个多维目标的结合体，包括学科知识目标、能力目标、过程与方法目标、情感态度与价值观目标等。

**3. 如何去那里(途径方法)**

这一环节是课堂教学设计的核心，主要包括以下几个方面的内容：①课堂教学内容的设计，即对根据教学目标选定的教学内容进行恰当的安排，使之既合乎学科知识本身内在的逻辑序列，又合乎学生认识发展的顺序，从而把教材的知识结构和学生的认知结构很好地结合起来；②课堂教学组织形式的设计，即课堂教学是采取合作式、探究式、讲授式还是活动式或其他组织形式；③课堂教学方法和媒体的选用设计；④课堂教学环境的设计，即考虑如何为学生创造一个良好的课堂教学环境；⑤课堂教学管理设计，即如何应对和控制课堂上的突发事件，如课堂上学生的问题行为等。

**4. 是否到达那里了(评价)**

这一环节是课堂教学设计的保障，即对课堂教学的评价设计。主要目的是了解课堂教学目标是否达到，并为课堂教学设计的修正和完善提供依据。

在这一步骤的指引下，可以根据不同需要和侧重点，详细确定教学设计的内容。比如，北京市中小学教师教学基本功的教学设计就包含以下六个方面的内容：①教学指导思想与理论依据，主要从教育的、学科教学的角度进行论述；②教学背景分析，主要从学科知识与思想、课程与教材的教学内容、学生学习的困难等方面进行论述；③教学目标和重难点，主要指三维目标的确定，而教学重点是指学科的重要内容，难点则是儿童学习遇到的最大困难；④教学过程，指课堂教学具体每个环节如何操作，达到什么目标，并针对具体问题，教师如何启发，儿童会出现哪些反应，如何应对等，还包括例题和练习题的设计；⑤教学评价设计，即如何判断学生达到了学习要求，如何对学生的学习结果进行评价；⑥教学设计反思，反思本教学设计与以往教学设计有不同，本教学设计的创新点在何处等。

## 拓展阅读：日月明的教学设计

【设计理念】

本课设计是围绕“有趣的汉字”这一主题开展实践活动的，目的是进一步扩展学生对会意字的认识，通过读词语了解四个字的意思，激发学生对祖国文字的喜爱之情。

【教学目标】

(1)在熟读课文中认识汉字，并引导孩子发现构字规律，认识“笔尖、鲜花”等 8 个词语。

(2)正确朗读课文，初步感受汉字的构字规律。

(3)通过小组合作学习，调动团队合作的意识，提高识字效率。

(4)通过不同形式的朗读，理解、感悟汉字，掌握朗读技巧。

(5)让学生感悟汉字的构字规律，培养主动学习汉字的浓厚兴趣，激发学生热爱祖国汉字文化的热情。

教学的重点难点：帮助学生了解一些会意字的构字特点，培养学生初步的认字能力。

【课前准备】

教师准备：生字卡，构成本课生字的部件卡，有关识字的课件。

【教学流程与设计意图】

1. 导入新课、激发兴趣

你们还记得《阳光》这篇课文吗，太阳光芒四射，洒遍了大地，所以日的意思是——(学生回答)，月呢？日和月合在一起就组成了一个新字——明。

2. 形象揭题，趣味识“明”和“鲜”

1)趣味识“明”

(1)师：小朋友，我们已经认识了很多汉字，能自己读书，看报，还能自己写句子，真是了不起。今天老师还要带你们到汉字王国里认识一些有趣的朋友。来，我们先来认识几个老朋友(课件出示太阳)这是老朋友“日”，(课件出示月亮)这是老朋友“月”？(课件出示日出)你看到了什么？(太阳越升越高，放射出万道金光，照亮了大地)(课件出示月升)谁再来说？

教师小结：太阳叫日，月亮叫月。日和月都给大地带来了光明，它们组成了一个新的字(课件出示——明)开火车声音。

(2)你知道明是什么意思吗？

现在，太阳想和月亮手拉手做朋友，成了一个新的字“明”。

这个字读什么？(正音，齐读)你们以前有没有见过“明”，你能不能用“明”组词？

2)趣味识“鲜”

(1)过渡语：月亮太阳手拉手成了好朋友，有两个小动物看了也很羡慕，也想成为好朋友，瞧！他们来了(出示鱼羊的图片)。

(2)这个字念什么？(正音，齐读)

(3)读的真不错，谁能来猜猜它的意思？并且要告诉老师你的理由(结合会意字的构字规律去猜鲜的意思)。

(4)我明白它的意思了，鱼肉的味道很鲜，羊肉的味道也很鲜美，有鱼肉又有羊肉，味道就更鲜了。鱼生活在水里，羊生活在陆地上，水中的鱼和地上的羊成了好朋友，这好似真新鲜。

3)小结会意字的构字规律

(1)齐读：日月明，鱼羊鲜。

(2)会意字：像明、鲜这样一看我们就能猜出来它是什么意思的字，我们就叫它们“会意字”(齐读)。

(3)会意字的构字规律：会意字是由两个意义相关的字组成的。你会发现明是由日月，鲜是由鱼羊构成的。

3. 根据会意字的构字规律，学习课文

课件出示只有生字的课文。

(1) 过渡语：这节课我们就要学习许多会意字！

(2) 你们看这就是我们今天学习的课文，只有生字的课文，你们认识它们吗？

(3) 老师要向小朋友们道歉，因为老师把课文里的一些字丢掉了，你们能帮老师找回来吗？

(4) 根据会意字的特点找字：谁来说说你是用什么方法找回来的？比如明、鲜，我把前面的字去掉你能猜出来吗？试试看？

(5) 猜课文(根据会意字的构字规律猜课文)

尊重学生的学习体验，学生爱猜哪个字就猜哪个字，理解字义。

4. 变化形式、朗读课文

(1)赶紧打开书，翻到“日月明”这一课，拿好书，看着书，听我读(配乐师范读)。

(2) 你们想读吗？把书摆好，用右手指着字，跟我读。

(3) 读得可真仔细！还想读吗？请拿好书，看着课文，再跟我读。

(4) 读得很有精神！自己轻声也来试试看，遇到不会读的生字请拼音宝宝帮忙。

(5) 会读了吗？咱们分大组对读。

(6) 男女生也来比比看！男生先开始。老师给你们读课题。

(7) 大家一起读。

(8) 读得可真棒！开火车会读吗？开双轨火车。正音：鲜、尖(拼一拼，注意读准变调)休、灭(拼一拼)森、从(开火车读准平舌音)众(读准翘舌音)。

(9) 还有哪一大组再来试试？

(10) 听着你们读得这么起劲，我也想读，咱们合作读，好吗？拿好书，老师读日月——，真聪明，就这么读。

(11) 好玩吗？同桌小朋友也这样来玩一玩。

(12) 去掉拼音会读吗？真的会读？那咱们就来试试看！合上书，放桌角，看大屏幕！哪一桌小朋友来读？还有人自告奋勇吗？

(13) 这么多人都想读啊！那怎么办呢？一起来读好不好？

(14)小朋友就是能干！不用看拼音都会读了！再加大难度还会吗？(大屏幕隐去前面两个字，生字变红)现在还会读吗？你是怎么读出来的？

(15)不按顺序会读吗？我指到哪，你就读，会吗？指名读(会读的小朋友都来试试)。

**5. 交流：多种方法识记生字**

(1)过渡语：会读了，你会认吗？你用什么方法去识记的？

(2)识记的方法：加一加，减一减，根据字的结构去记(左右结构　上下结构　品字形)会意字的构字规律。

**6. 多种方法，巩固生字**

过渡语：今天的生字你们会认了吗？真的会认了吗？我来考考你们。

(1)我们来玩个游戏好吗？猜一猜是什么游戏。看看图，猜猜是什么字，并告诉大家你是怎么猜出来的(课件演示)。

灭：这一横就像灭火的树枝；

尘：尘土飞扬；

男：男人在田里出力；

休：人要变成“亻”靠在树下休息；

林：捺要变成“㇏”。

(2)会看图猜字了，那看字你能来想象画面吗？

(出示：尖，自由选择来说)

(3)游戏认字：跟人(从)。

(4)看图猜字会了，看字想画面也会了，再出个难题考考大家好吗？

猜字谜：上看一棵树，下看两棵树，仔细看一看，还有许多树。这是什么字？拿出卡片，师引导学生说。

(5) 你能给“众”也编个字谜吗？

(6) 把生字放在词语里，你还会认吗？(用词说话)

**7. 拓展**

出示：笔、歪、问、闪、忠、品、晶。

过渡语：小朋友真厉害，会读会认了，我现在要找找我们班里有没有小作家，看谁能学着今天的课文也来创编小韵文。

作业：和爸爸妈妈一起去找找会意字，自己也去编编小韵文，齐读自己创编的小韵文。

| 日月明 |
| --- |
| 日月明，鱼羊鲜，<br>竹毛笔，不正歪。<br>三口品，三日晶。 |

**8. 小结：我收获，我快乐**

今天的课堂我们认识了不少的生字朋友，读了朗朗上口的小韵文，自己也创编了小韵文，有思考才会有收获，有收获才会有快乐。

板书设计见右图(根据学生回答随机板书)。

注：我们中国的文字有很多象形字、会意字，在这些字的教学中就可以参考日月明的教学方法，理解字词意思再组合起来记忆。

## 5.2 分领域的教学设计

知识指的是个体通过与环境相互作用后获得的信息及其组织。按照认知心理学的观点，数学中存在三种相互作用、相互渗透、相互支持的不同知识：陈述性知识，程序性知识和策略性知识。

### 5.2.1 陈述性知识的教学设计

陈述性知识(know what)，说明事物是什么、为什么、怎么样，是个人可以有意识地回忆出来的关于事物及其关系的知识。陈述性知识又称为概念性知识或者叙述性知识，小学数学中最为常见，表现为两类：概念，比如奇数与偶数、正方形和圆等；命题，比如三角形内角和定理，商不变的性质，平行四边形的面积公式等。陈述性知识的学习一般经历选择、领会、习得、巩固四个阶段，下面以“梯形的概念”为例，说明这四个阶段。

选择——利用感官和直觉对学习材料(含背景)进行有意识的知觉。其主要活动有：操作，观察，猜测，吸收，了解，实验等。例如，现实生活中事物，比如小汽车的车窗和拦河大坝的横切面等；通过对四边形按对边平行进行画图与分类等；通过挤压梯形形状的四边形框架等。

领会——理解学习材料的意义、结构和规则，通过抽象与概括，将新知识纳入到原有的认知结构或者形成新的认知结构。其主要思维活动有：比较分析，抽象概括，演绎，推理，类比，假设，实证，归纳等。就梯形的学习而言，在选择的基础上，抽象概括出梯形是只有一组对边平行的四边形，它是一种特殊四边形，与平行四边形不同，仅有一组对边平行，有四个内角，有两条对角线，不是轴对称图形。

习得——建构并保存新学习的知识，在必要的时候及时再现或者提取出来。其主要思维活动有：梳理提炼，辨析归纳，尝试运用等。比如，领悟到梯形与平行四边形并列，属于四边形，梯形包含等腰梯形、直角梯形的特殊梯形，梯形内角和为360°，可以沿对角线划分为两个三角形，也可以划分为一个平行四边形和一个三角形，梯形的面积公式为上底加下底乘以高除以2。

巩固——通过自我反思、检查练习和强化知识，在运用中提高解决问题的能力。其主要思维活动有：交流分析，自主作业，反思评价等。比如，在梯形学习中，判断一些图形是否为梯形，求一些梯形的面积，判断梯形的性质等。

需要说明的是，概念教学，是小学教学中的重要内容。学生建立概念常用概念形成和概念同化两种方式。概念形成(concept formation)，是指从大量同类对象或者事实出发，发现共性、抽象概括，归纳得到本质属性，得到概念的过程。这是儿童学习数学概念的主要方式，通常需要经历“感知具体对象—尝试建立表象—抽象本质属性—语言符号表示—巩固练习运用”这五个阶段。概念同化(concept assimilation)，是指用定义的方式直接向学习者呈现一类事物的关键特征，学习者利用认知结构中原有的概念理解新概念，再经过对比、分析、推理等方法，辨析新概念与原有概念异同，从而掌握新概念。儿童只有在具备一定的数学能力、掌握一定的数学基本概念之后，才有可能以概念同化的方式学习。

### 5.2.2 程序性知识的教学设计

程序性知识：关于“怎样做”的知识，是可以进行操作和实践的知识。例如办事的操作步骤和过程。在小学数学中，程序性知识主要表现为基本算法，比如多位数的竖式除法的计算程序就是：从被除数的最高位起，取出和除数位数相同的数(如果取出的数小于除数，则要取出比除数多一位的数)，用除数去除它，就得到商的最高位数和余数(余数可能为零)；把余数化为下一级的单位，加上被除数上这一位原来的数，再用除数去除它(除数小于该数时商为0)，得到商和余数；这样继续下去直到被除数上的数字全部用完为止，得到最后的商和余数。程序性知识的教学案例，感兴趣的读者可以阅读“拓展阅读：分数加减法的教学设计”。

### 5.2.3 策略性知识的教学设计

策略性知识：关于“如何学习、如何思维”(How to study / How to think)的知识，是调节自己的注意、记忆、思维的能力的知识。其实，一个人解决自己不熟悉的问题时，提示自己如何思考的策略，就是策略性知识。当这类问题反复出现时，策略被反复强化，并被整理成一套解决相关问题的程序，这时策略性知识就转化为程序性知识。

策略性知识的学习，主要有试误与顿悟两种方式，有学者认为，试误是初级阶段，顿悟是高级阶段。下面以数学游戏“取石子游戏”——有一堆数目为40的石子，甲乙两人轮流从中取石子，一人一次可以取1～5个，谁取到最后一颗石子，谁就获胜——为例，说明策略性知识的学习方法。

试误——在解决问题时，无定向的尝试，出现错误，纠正错误，不断尝试，直到正确解决问题。甲乙两人都不知道游戏规则，也不会思考出解决的制胜策略，就你几颗我几颗地盲目取石子吗，谁取到最后一颗谁就获胜。这个阶段很盲目，获胜全靠运气，但却熟悉了游戏规则。

顿悟——当人们对问题百思不得其解，灵感被触发，突然看出问题情境中的各种关系，并产生了醒悟和理解。参与游戏者思考，我若想取最后1颗石子，因为对方只能取1～5颗，那么我只要去拿到倒数第7颗，不管对方怎么拿(比如对方取倒数6和5，我拿倒数4～1)，我都能获胜。要保证我拿到倒数第7颗，就必须保证拿到倒数第13颗，理由同前。依此类推，只要拿到倒数第19、25、31、37颗石子，就能获胜。因此，在游戏进行中，在对方不知道获胜策略的情况下，伺机拿到这些石子，就可获胜。

### 5.2.4 问题解决的教学设计

问题解决(problem solving)是由一定的情景引起的，按照一定的目标，应用各种认知活动、技能等，经过一系列的思维操作，使问题得以解决的过程。例如，证明几何题就是一个典型的问题解决的过程。几何题中的已知条件和求证结果构成了问题解决的情境，而要证明结果，必须应用已知的条件进行一系列的认知操作，操作成功，问题得以解决。问题解决的四个阶段依次是：发现问题，分析问题，提出假设，检验假设。

**1. 发现问题**

我们生活的世界时时处处都存在各种各样的矛盾，当某些矛盾反映到意识中时，个体才发现它是个问题，并要求设法解决它，这就是发现问题的阶段。从问题解决的阶段看，这是第一阶段，是解决问题的前提。发现问题不论对学习、生活、创造发明都十分重要，是思维积极主动性的表现，在促进心理发展上具有重要意义。

**2. 分析问题**

要解决所发现的问题，必须明确问题的性质，也就是弄清有哪些矛盾、哪些矛盾方面，它们之间有什么关系，以确定所要解决的问题要达到什么结果，所必须具备的条件、其间的关系和已具有哪些条件，从而找出重要矛盾、关键矛盾之所在。

**3. 提出假设**

在分析问题的基础上，提出解决该问题的假设，即可采用的解决方案，其中包括采取什么原则和具体的途径、方法。但所有这些往往不是简单现成的，而且有多种多样的可能。但提出假设是问题解决的关键阶段，正确的假设引导问题顺利得到解决，不正确不恰当的假设则使问题的解决走弯路或导向歧途。

**4. 检验假设**

检验假设通常有两种检验方法：一是通过实践检验，即按假定方案实施，如果成功就证明假设正确，同时问题也得到解决；二是通过心智活动进行推理，即在思维中按假设进行推论，如果能合乎逻辑地论证预期成果，就算问题初步解决。特别是在假设方案一时还不能立即实施时，必须采用后一种检验。但必须指出，即使后一种检验证明假设正确，问题的真正解决仍有待实践结果才能证实。

## 拓展阅读：分数加减法的教学设计①

教学内容：北师大版义务教育六年制小学数学五年级上册66～67页。

教学目的：

知识与技能目标：使学生理解异分母分数加减法的算理，掌握异分母分数加减法的计算方法，并能正确地进行计算。

过程与方法目标：通过教学培养学生自主探究、解决问题的能力，进一步培养学生良好的验算习惯，渗透转化的数学思想。

情感与态度目标：让学生在交流的过程中体验成功的喜悦、增强学生自主学习、合作交流的意识。

教学重点：掌握异分母分数加减法的计算方法。

教学难点：理解异分母分数加减法的算理。

① 本案例，由首都师范大学初等教育学院高芳芳设计，完成于2012年5月。

教学过程：

一、复习导入

同学们在手工课上折纸，利用纸张的情况统计表。

| 姓名 | 小红 | 小明 | 小强 |
|---|---|---|---|
| 占一张纸的几分之几 | $\frac{1}{2}$ | $\frac{1}{3}$ | $\frac{2}{3}$ |

根据这张统计表提出有关加法的数学问题，并列出算式。

$\left(\frac{1}{3}+\frac{2}{3}、\frac{1}{2}+\frac{1}{3}、\frac{1}{2}+\frac{2}{3}\right)\frac{1}{3}+\frac{2}{3}$是已经学过的同分母分数的加减法，怎样计算？（分母不变，只把分子相加减。）

今天我们来探索像$\frac{1}{2}+\frac{1}{3}$、$\frac{1}{2}+\frac{2}{3}$这样的异分母分数加减法。

二、自主探究

请同学们根据自己的爱好，试一试如何计算$\frac{1}{2}+\frac{1}{3}$。

（学生的探索过程可能有以下四种情况）

1. $\frac{1}{2}+\frac{1}{3}=\frac{1+1}{2+3}$（分子分母直接相加减）

2. $\frac{1}{2}+\frac{1}{3}=0.5+0.3=0.83$（分数转化成小数）

30 分钟＋20 分钟＝50 分钟→$\frac{50}{60}=\frac{5}{6}$（转化成时间、元分角……单位）

3.（折纸涂色）

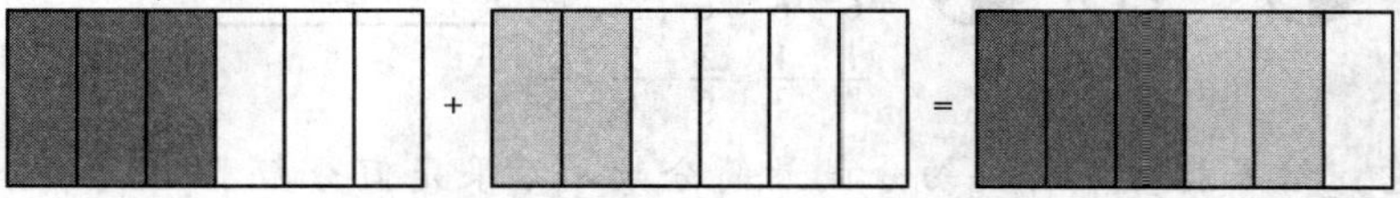

4. $\frac{1}{2}+\frac{1}{3}=\frac{3}{6}+\frac{2}{6}=\frac{3+2}{6}=\frac{5}{6}$（先通分，再按同分母分数的加减法的方法计算）

三、验证

1.（对第 1 种情况）提问：你为什么这样想？

（因为同分母分数的加减法是分子直接相加减，所以异分母分数加减法是分子分母直接相加减。）

提问：同分母分数为什么能直接相加减？（分母相同的分数单位相同）

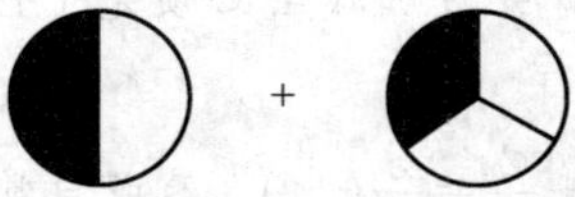

它们所代表的每一份相同吗？它们的分数单位相同吗？说明什么？

（它们所代表的每一份不相同，也就是分数单位不同，不能直接相加减。分母不同，分数单位不同，不能直接相加减。）

2.（对第 2 种情况）提问：你为什么这样想？

（因为学过小数的加减法，把它转化成已学过的知识来解决。）

提问：$\frac{1}{2}+\frac{1}{7}$能用分数转化成小数的方法吗？$\frac{1}{7}$能转化成精确的小数吗？

（有的分数不能转化成有限小数，不能得出精确值。）

3.（对第 3 种情况）提问：你为什么这样想？（因为用同样的一张纸分别折出它的$\frac{1}{2}$和$\frac{1}{3}$，再合起来，就知道这张纸被用了几分之几。）

提问：$\frac{1}{2}+\frac{1}{100}$能用折纸涂色的方法吗？方法简便吗？（$\frac{1}{100}$要把一张纸平均分成 100 份，比较麻烦。）

4.（对第 4 种情况）提问：你为什么这样想？（利用通分的方法，把它们转化为分母相同的分数$\frac{3}{6}$和$\frac{2}{6}$，这样分数单位就相同了，都是$\frac{1}{6}$，就可以直接相加减了。）

四、总结计算方法（选出最好的方法）

分母相同，分数单位相同，单位相同的数就可以直接相加减。

分母不同，分数单位不同，单位不同的数不可以直接相加减。

异分母分数相加减，必须先通分，统一分数单位后，再按同分母分数加减法的方法计算。

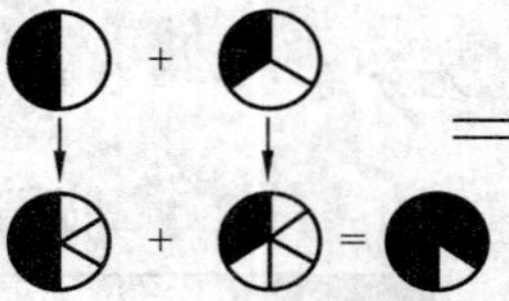

$\Longrightarrow$ $\frac{1}{2}+\frac{1}{3}$ ↓ ↓ $\frac{3}{6}+\frac{2}{6}=\frac{5}{6}$

$\frac{1}{2}+\frac{1}{3}=\frac{3}{6}+\frac{2}{6}=\frac{5}{6}$

异分母分数加减法
通分↓转化
同分母分数加减法

提醒注意：结果能约分的要约分成最简分数，结果是假分数要化成带分数。根据统计表提出有关减法的数学问题，并列出算式。（$\frac{2}{3}>\frac{1}{2}>\frac{1}{3}$，$\frac{2}{3}-\frac{1}{3}$，$\frac{2}{3}-\frac{1}{2}$，$\frac{1}{2}-\frac{1}{3}$）

引导学生用刚才探索出来的方法分别计算以上异分母分数减法算式

$\frac{d}{a}+\frac{d}{c}\xrightarrow{\text{通分}}\frac{bc}{ac}+\frac{ad}{ac}\xrightarrow{\text{分子相加减、分母不变}}\frac{bc+ad}{ac}\xrightarrow{\text{约分}}$最简分数

五、应用

1. 只要解决什么问题，异分母分数就可以直接相加减了？（转化成分母相同的分数）用什么方法转化？（通分）求异分母分数加减法必须先干什么？

2. 例题：

①验算：$\frac{2}{3}-\frac{4}{9}=\frac{2}{9}$（　）$\frac{3}{5}+\frac{2}{7}=\frac{5}{12}$（　）（养成自觉检验的良好习惯）

②用新知识解决一个生活中的问题：

张爷爷家后院有一块菜地，种豆角用了总面积的$\frac{3}{8}$，种黄瓜用了总面积的$\frac{1}{2}$。根据以上信息你能提出什么数学问题？能解答出来吗？请同学把提出的问题和解答的过程写在练习本上。

六、练习

完成课本第67页

设计意图：

在同分母分数加减法的基础上，学习异分母分数加减法，其中蕴含了将异分母分数加减法化成同分母分数加减法的转化的数学思想，把新知识转化成旧知识来解决。本节课的设计，符合儿童认识的心理规律，体现新课标的精神，对提高学生素养和培养学生的创新意识与实践能力有一定的作用。特别是新授部分的设计，体现了由未知到已知的一般过程，即提出问题→自主探索→验证→总结→应用的过程。

教师创设数学情境，让学生根据统计表提出数学问题，因为提出一个问题往往比解决一个问题更为重要。自主探索异分母分数加减法的计算方法，尽量发散学生的思维，鼓励学生的探索来解决数学问题。教师在学生自主探索的过程中，选择有代表性的"计算方法"加以逐个演示与评价。理清学生思路，打消学生头脑中的疑问，使学生逐步形成初步的计算方法表象。

运用折纸涂色来初步验证计算方法的正确性，使学生得到一种直观上的证明，进一步加深学生对计算方法的认识。总结计算方法中，让学生对计算方法的认识由表面上升到理性，最后数学知识的运用，达到了认识过程的最高层次。

## 5.3 小学教学教案设计

### 5.3.1 教案的含义

教案是教师为顺利而有效地开展教学活动，根据教学大纲的要求，以课时或课题为单位，对教学内容，教学步骤，教学方法等进行具体的安排和设计的一种实用性教学文书。教案通常又叫课时计划，包括时间、方法、步骤、检查以及教材的组织等。教案中对每个课题或每个课时的教学内容，教学步骤的安排，教学方法的选择，板书设计，教具或现代化教学手段的应用，各个教学步骤教学环节的时间分配等，都要经过周密考虑，精心设计而确定下来，体现着很强的计划性。

编写教案要依据教学大纲和教科书。从学生实际情况出发，精心设计。一般要符合以下要求：明确地制定教学目的，具体规定传授基础知识、培养基本技能、发展能力以及思想政治教育的任务，合理地组织教材，突出重点，解决难点，便于学生理解并掌握系统的知识。恰当地选择和运用教学方法，调动学生学习的积极性，面向大多数学生，同时注意培养优秀生和提高后进生，使全体学生都得到发展。

### 5.3.2 撰写教案的原则

教学是一种创造性劳动。写一份优秀教案是设计者教育思想、智慧、动机、经验、个性和教学艺术性的综合体现。教师在写教案时，应遵循以下原则：

**1. 科学性**

所谓符合科学性，就是教师要认真贯彻课标精神，按教材内在规律，结合学生实际来确定教学目标、重点、难点。设计教学过程，避免出现知识性错误。那种远离课标，脱离教材完整性、系统性，随心所欲另搞一套的写教案的做法是绝对不允许的。一个好教案首先要依标合本，具有科学性。

**2. 创新性**

教材是死的，不能随意更改。但教法是活的，课怎么上全凭教师的智慧和才干。尽管备课时要去学习大量的参考材料，充分利用教学资源，听取名家的指点，吸取同行经验。但课总还要自己亲自去上，这就决定了教案要自己来写。教师备课也应该经历一个相似的过程。从课本内容变成胸中有案，再落到纸上形成书面教案，继而到课堂实际讲授，关键在于教师要能在博采众长的基础上独树一帜。

**3. 差异性**

由于每位教师的知识、经验、特长、个性是千差万别的。而教学工作又是一项创造性的工作。因此写教案也就不能千篇一律，要发挥每一个老师的聪明才智和创造力，所以老师的教案要结合本地区的特点，因材施教。

**4. 艺术性**

教案要构思巧妙，能让学生在课堂上不仅能学到知识，而且得到艺术的欣赏和快乐的体验。教案要成为一篇独具特色“课堂教学散文”或者是课本剧，所以，开头、经过、结尾，要层层递进、扣人心弦，达到立体教学效果。教师的说、谈、问、讲等课堂语言要字斟句酌，该说的一个字不少说，不该说的一个字也不能说，要做到恰当的安排。

**5. 可操作性**

教师在写教案时，一定从实际出发，要充分考虑从实际需要出发，要考虑教案的可行性和可操作性。该简就简，该繁就繁，要简繁得当。

**6. 可变性**

教学面对的是一个个活生生的有思维能力的学生，每个人的思维能力不同，对问题的理解程度不同，常常会提出不同的问题和看法。教师要根据学生的实际改变原先的教学计划，满腔热忱地启发学生的思维，针对疑点积极引导。为达到此目的，教师在备课时，应充分估计学生在学习时可能提出的问题，确定好重点、难点、疑点和关键。

### 5.3.3 教案的撰写要领

对于同一节课的教学内容，不同用途的教案，可以根据不同的需求写成多种形式。既不要求个个都做成经典教案，亦不必投入太多的无谓劳动。教案可繁可简、可粗可细，但是都要认真地对待，最起码也要符合教案设计的基本要求。下面以小学三年级“认识长方形和正方形”①为例，谈谈教案的撰写要领。

**1. 教学内容**

教学内容，又称为课题，就是具体的教学内容。每一节课教案的教学内容要有具体

① 蒋虹：《“长方形和正方形的认识”教学设计》，原载于《新课程学习》，2011年12月，本书有适当改动。

的章、节的名称，说明本节课的内容，在本学段教材中的具体位置。有时此项名称为了明显地与科研“课题”名称区别，以免造成混淆，还是写成“教学内容”为好。

教学内容：小学三年级(上)第58～60页的例题和“想想做做”。

**2. 课型**

教师根据不同的教学任务而确定的课的类型，即为课型。课型一般有：新授课，是以讲解新知识为目的的课；复习课，是以复习巩固所学知识为目的的课；实验课、实习课，是以培养学生技能、技巧为目的的课；检查课、测验课，是以检查学生掌握知识和技能程度为目的的课。任课的教师要根据选择的教学任务和教学实际情况，来确定课的类型。

**3. 教学目标与重难点**

“教学”是“教”与“学”双向互动的，既有“教”的考虑，同时也有“学”的思量。因此，教学目标不是站在学生角度的“学习目标”，应当是站在教师角度的“教学目标”。在设计课堂教学目标(知识、技能、情感)时，要注意关注“知识与技能”、“过程与方法”、“情感态度与价值观”这三个方面。

知识目标中，常用“知道”“了解”“理解”等词语来表述。技能目标中，常用“学会”“掌握”“熟练掌握”等词语来表述。情感目标中，常用“体会”“体验”“感受”“认识”等词语来表述。在具体写作时，可以分三个方面来写，也可以整合起来写，教师可以根据需要灵活处理。

一般来讲，教学重点是指，教师所要教学的学科内容中核心的知识点、重要的思想方法等，侧重于教学内容的客观层面。与此相反，教学难点，则从学生学习的角度来讲的，学生不容易理解和掌握的知识、技能和方法等，还有比较难以想到的解决问题的思路；当然也有教学内容层面的，比较复杂、晦涩或者容易出错的内容。

知识与技能目标：通过数一数、折一折、量一量、比一比，让学生感知并初步了解长方形、正方形边和角的基本特点，知道长方形长、宽以及正方形边长的含义；初步体会长方形和正方形的联系与区别。

过程与方法目标：进一步积累图形的学习经验，增强空间观念，发展数学思考能力。

情感与态度目标：让学生在操作验证活动中体会猜测、验证的数学思想，培养独立探询问题的能力和全面观察问题的思维方式。

教学重点：长方形与正方形的特点。

教学难点：长方形与正方形的关系。

**4. 教学方法**

教学有法，但无定法。教学的方法从理论上讲，应当是有无数种方法。在课堂教学过程中，通常是以讲授法为主，不能事事都要学生去活动、去体验。同时还有讨论法、发现法、读书指导法、演示法、实验法、导学法、辅导法、谈话法、陶(táo)冶(yě)法、任务驱动法、交流法、互动法、练习法、开放式教学法等。在教案中可以写出本节课中，使用一种为主，几种为辅。有时候，就写一种主要的教学方法。

教学方法：探究学习法与启发式讲授法相结合。

**5. 教学过程**

教学过程一般由教学内容和课型来决定。如果是新授课，一般采用“情境引入—探索新知—获得新知—练习巩固—小结提高”的程序来进行。如果是复习课或者练习课，一般按照“复习回顾—典型例题—练习运用—总结提高”的环节来进行。如果是实践性较强的探究课，一般采用“情境引入—发现问题—提出问题—形成假设—探究验证—总结提炼”的环节来进行。在这方面没有统一标准，只要有利于实现教学目标、突出重点、突破难点的教学过程，都是可以的。

## 教学过程：

一、导入新课，寻找研究角度

1. 谈话：小朋友们，老师想先考考你们的动手能力，有信心吗？每张桌上都有 7 根小棒，请同桌合作快速地围出两个图形。

学生活动，然后展示围的各种不同图形(三角形，正方形，四边形……)。

教师启发：你们围的图形哪不一样呢？

学生讨论后明确：我们认识图形的时候，经常就可以从边和这两个方面来观察他们的特征(板书：边角)。

2. 出示一组图形，提出要求：你认为哪些图形能分为一类？

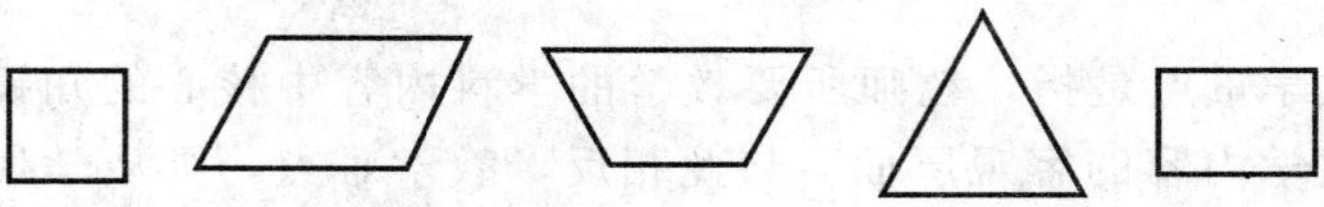

引导：为什么长方形和正方形能归为一类呢？那是不是只要有四条边，四个角的图形就是长方形和正方形呢？

3. 揭题：看来，长方形和正方形的边和角还藏着许多小秘密呢，今天，我们就一起来进一步地认识长方形和正方形，研究一下它们的边和角有什么特征。

(设计意图：通过摆小棒的过程让大部分同学自己体会到“边和角的不同，摆成的图形也不相同”。这样就使得研究长方形和正方形的边和角的特点成为必要，甚至为学生以后研究其他图形提供了方法。)

二、操作探究，渗透思想方法

1. 探究长方形的特点

谈话：请拿出课前准备的长方形仔细观察，猜一猜他们的边和角可能有什么特征，同桌可以相互讨论。

学生交流后，引导：这些只是大家的猜测，是否正确，还需要用科学的方法去验证。接下来，请同学们利用自己手边的工具，去验证一下，你可以自己独立研究，也可以与同桌一起讨论，比一比，谁想的方法多。

学生动手操作验证，根据学生的回答，逐一板书验证的方法：

(1)量一量

学生分别量出上下两条边的长度，验证相等；左右两条边也是同样操作。

(2)折一折

学生对折发现上下两条边完全重合，那这两条边就相等；左右两条边也是同样操作。

(3)比一比

学生用三角尺的直角与长方形的每个角进行比较，验证四个角都是直角。

教师在学生汇报验证“上下两边相等，左右两边相等”的方法时，及时介绍对边的概念：像上下、左右相对的两条边叫做对边，总结出对边相等。根据学生的回答，小结并板书：长方形对边相等，四个角都是直角。

2. 探究正方形的特点

教师提问：刚才我们通过观察、猜测、动手验证的方法研究了长方形的特点，那你能用这样的方法继续研究正方形边和角的特点吗？

学生操作验证，并汇报。根据学生的回答，小结并板书：正方形每条边都相等，四个角都是直角。

3. 总结

刚才我们通过先猜，再验证的方法，发现了长方形和正方形的特征，这是一种有效的学习方法，在今后的数学学习和科学研究中常常可以运用这种方法去学习更多的新知识。

(设计意图：教师先扶后放，让学生在操作活动中目标明确，有法可循，这样就为学生的学习营造了一种积极的心理因素和氛围，促使他们更愿意去探究，去交流。)

4. 引导学生体会长方形和正方形的联系与区别

教师提问：刚才我们一起研究了长方形和正方形的特点，你知道长方形和正方形有什么相同的地方吗？

学生讨论后小结：长方形和正方形都有四条边并且对边相等，都有四个角并且都是直角。追问：长方形和正方形又有什么不同的地方呢？

学生讨论后，小结：长方形对边相等，而正方形不但对边相等，而且四条边都相等。

三、练习巩固，整合知识结构

1. 提出要求

既然我们找到了长方形和正方形的特征，就请你们小组合作，利用身边的工具，围一围，画一画，拼一拼，做成一个长方形和正方形。

学生操作，每人至少做一个长方形或正方形。

教师追问：为什么自己拼出的是长方形或正方形呢？请你把理由与同桌交流。

学生展示并交流。

(设计意图：这个练习把教材中“想想做做”第1题，第2题，第7题进行了综合，目的在于让学生在操作中巩固对长方形和正方形的认识，更让学生体会到学习长方形和正方形特征的价值。)

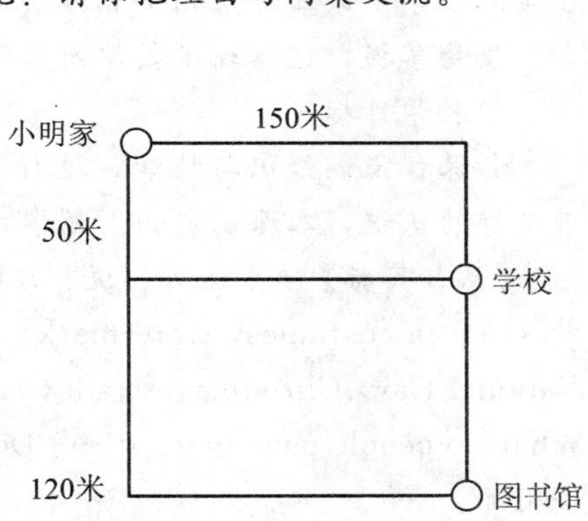


2. 谈话

老师有一个正方形，一条边是2厘米，你能想到些什么呢？那这样两个完全一样的正方形拼成一个长方形，你又想到了什么呢？那3个呢？

3. 出示情景图

提出要求：①小明从家到学校，至少要走多少米？②小明从家到图书馆，至少要走多少米？

第1小题教师带着做，让学生明白：小明家到学校最短的路线有两条，都是一条长(150米)加上一条宽(50米)。第2小题学生独立完成。

(设计意图：这个练习综合性更强，目的在于让学生体会到数学与现实生活的联系，感受学习的价值，发展学生的思维。)

四、全课总结，体验收获

通过这节课的学习，你有了哪些收获？

**6. 评价设计**

评价设计，其实就是用什么方法说明你的教学达到了预期的目标。其中，知识与技能目标可以用课堂上的练习题和课堂小结来说明。情感态度目标，则需要教师根据学生的学习情况来判断(本节课评价设计，略)。

## 拓展阅读：Holiday 的教学设计

1. 课题名称：Holiday

2. 教材分析

1)教材内容

本节教材重点围绕节日展开，围绕人们经常如何度过节日展开话题。本课时要求学生能掌握四个节日 National Day，Halloween，Christmas，Spring Festival 及句型 What do people usually do at …？I…并能自由交流如何度过假日。在本课中 did 引导的一般疑问句及回答也是新知之一。因为在前面第三单元已出现了 be 动词的过去式，所以学生在学习的时候这方面比较容易掌握。

2)教材的地位

本节课所选的教学内容是牛津小学英语6A Unit 6。本单元教学围绕节日展开。在询问节日这部分，学生已有了前面第三单元的知识铺垫，比较易于深入与扩展。这样的安排，既体现了教材循序渐进、由易到难的编排意思，又符合学生的知识水平和认知水平。关于人们如何度过节日这一话题，特别是西方的节日，则需要学生课后及时收集资料。在实际教学中，本课采用旧话题先教新句型，再用句型引新知的方式展开，这样既便于学生接受掌握，也体现了教学内容之间的连贯性。

3)教学目标

新课程强调知识与技能、过程与方法、情感态度与价值观三个角度的有机结合，本着这样的认识，本课制定如下教学目标。

【认知目标】学生能听、说、读短语及单词：visit relatives and friends，go to parties，dress up in costumes，ware masks，make pumping lanterns，eat lots of delicious food，National Day，Christmas，Halloween，Spring Festival，favourite；能运用 When's …？What do people usually do at …？Did you…. last …？Yes，I did. / No，I didn't. 等进行口语交际。

【能力目标】能用英语交流在假日中的活动，部分同学能用英语流利介绍节日的有关情况。

【情感目标】通过活动、游戏使学生产生学习英语的兴趣；让学生敢于、乐于开口，积极参与交流。并让学生在学习的过程中，培养他们的合作意识和竞争意识。

4)教学重、难点

教学的重点：让学生掌握词组，能运用词组进行交流，初步锻炼学生运用词组描述节日的能力；

教学的难点：让学生认识时态的变化，以及意识到词组的不同运用能造就语言的丰富性。

5)教法、学法选择

(1)教法设计

根据英语这门课本身的特点及六年级学生的兴趣，我通过设计具体形象的情境，以旧带新，不断滚动知识点，以比来分散教学难点，让学生直观地感知与理解。同时创设数个任务活动，从单词到短语到句子到对话到片断，使学生在师生、生生之间的多向交流中进行有意义的练习与实践，充分发挥他们的学习主体性，培养他们学习致用的能力。

(2)学法指导

引导学生通过比较、观察、猜测的方法逐渐感悟新语言项目的功能，让学生在多层次的练习中体会到学习英语时"运用"的必要性，鼓励学生积极思维，大胆尝试。

(3)教学手段

根据本课的教学内容、教学目标、学生的年龄特征和心理特征，为了更好地激发学生学习兴趣，从而能积极主动参与学习。教学中运用多媒体课件、图片等教学辅助手段，置抽象的句型于一个个生动的情境、游戏之中，不仅使学习过程自然轻松，更能较好地启智开思。

6)教学过程

(1)宣布本节课的学习方式：小组竞赛。以座位分成四个参赛小组，按每个同学的课堂表现为本组加星，课末评出 WINNER。然后，开始"每课一句"，本节课所教授的句子是"Life is long if you know how to use it."

【设计意图】学习方式的宣布让学生对本节课充满了兴趣，激起了他们的斗志和为本组争星的表现欲。"每课一句"是我在六年级开始每堂课上设置的一个必备环节。这个环节主要教学生一些格言警句。这些句子既丰富了学生的词汇量，提高了他们的表达能力，同时也让他们学到了地道的英语表达方式，从而为学习英语创设一个良好的氛围。

(2)以旧带新 [lead in]。

提供话题 Birthday，师生自由交流，然后用"How do you spend your birthday?"引出本课的新句型"What do you do on your birthday?"进而再导入"Did you … last birthday?"及回答。然后用 Colour 话题引出句型 My favourite …

【设计意图】通过旧知识带出新知识，是我常用的教学方法之一。以旧带新，学生可以比较轻松地掌握本课的句型，同时把新句型和老话题融合，有助于培养学生的语言思维能力的开放性。

(3)呈现、操练(presentation，practice)。承接 Colour 话题，引出第一个节日：National Day。利用课件呈现中国国旗。教师引导的话如下：

T：My favourite is red . Because Chinese flag is red . The main colour in China is red on important days. I love China ，so I like red. I like red ，because I'm from China. Do you like China? Do you like red now?

S：Yes.

T：Do you know my country's birthday?

S：The first day of October.

T：What holiday is on that day?

S：National Day.

【设计意图】找到话题与所授新知的契合点，让学生很自然地从一个话题向另一个话题过渡，从而开始了本节课 Holiday 的话题。同时英语并不仅仅是一种工具，它是能够表现出情感的。在此由红色引出中国，由中国引出它的生日，简单的几句带有感染力的话就能激发学生的爱国热情。

接着用在谈论生日时所学的句型让学生谈论一下国庆节，使所学知识处于不断的滚动复习巩固之中。用 Guess 猜下一个节日 Halloween. 猜出来后，利用谜面锻炼学生听与说的能力。

【设计意图】因为 Halloween 节日在 5A 的书上有专门的一单元的介绍，所以虽然它是一个外国的节日，可是学生对它并不陌生。利用谜面，让学生读一读，说一说，谈一谈。在此环节充分锻炼学生的口语表达能力。

圣诞节的出示用一首轻快明了的 CHANT 作为引入，同时让学生看一段配上音乐的介绍资料，然后用今天要掌握的句型来问一问。之后，出现了一个有关圣诞节的小故事，让学生自由阅读，然后完成后面的题目。

【设计意图】在课中关注学生的注意力的放松。高输入量的学习会让学生很快有疲劳的感觉，从而降低学习效率。在此环节，设计了 CHANT 和一段了解性文字的阅读，就是给学生创设了一段休息的时间。然后再根据高年级学生的英语阅读能力的培养需要，适时进行一篇短文阅读。

圣诞节后进行春节的教学。用一封来自外国朋友的信引出春节。这是一个美国的朋友，她先介绍了一下人们如何过圣诞的情况，然后向中国的朋友问了三个有关春节的问题：What holiday is the popular holiday in China? When is it ? What do people do on that day? 教师让学生四人一组讨论后再反馈回答。

【设计意图】在这儿出现了一封信的书写方式，同时很好地导出了下面的内容，教师给学生提供了广阔的自由想象和发挥的空间，让学生运用所学的语言进行扩展性练习。

7)拓展、巩固(extension，consolidation).

(1) Listen and number.

(2) Say out the holiday.

将一些没有学过的节日收集在一起，让学生猜测出意思，并能说出时间。

(3) Try your best.

按自己的能力选做一题，题目要求由难到易，选择不同程度的题所获得的加星也不断增加。

【设计意图】检查一节课的教学效果，课外知识的拓展，丰富学生的知识面。选做题的设置，再次调动起学生的积极性。本来无望获胜的小组，此时又有了一次机会，不甘失败的心理会让他们充分发挥潜能；而本来胜利在望的小组，此时又有了危机感，让他们不敢掉以轻心。于是一场比拼实力的竞争又在无形之中展开了。他们不断调动出潜能，能与同学互帮互助，一种为本组争光的主人翁意识也在不断膨胀中。从而形成了一个积极地参与氛围。

8)课后作业(Homework)。

(1) Look and write.

(2) 用至少五句话介绍一个节日。

【设计意图】巩固所学，将课内的学习延伸到课外，培养学生的口语能力和学习兴趣。

## 5.4 信息技术整合教学设计

### 5.4.1 信息技术与教学整合的含义

信息技术与教学整合是指在教学过程中把信息技术、信息资源、信息方法、人力资源和教学内容有机结合，共同完成教学任务的一种新型的教学方式。整合的三个基本点是：①要在多媒体和网络为基础的信息化环境中实施教学活动；②对教学内容进行信息化处理后成为学习者的学习资源；③利用信息化加工工具让学生进行知识重构。

信息技术与教学整合是我国21世纪基础教育教学改革的一个新途径，与学科教学有着密切的联系和继承性，同时又是具有相对独立性特点的新型教学结构类型。信息技术与教学整合，不是把信息技术仅仅作为辅助教或辅助学的工具，而且强调要把信息技术作为促进学生自主学习的认知工具和情感激励工具；利用信息技术所提供的自主探索、多重交互、合作学习、资源共享等学习环境，把学生的主动性、积极性充分调动起来，使学生的创新思维与实践能力在整合过程中得到有效的锻炼，这正是创新人才培养所需要的。

信息技术与教学整合要达到的宏观目标：建设数字化教育环境，推进教育信息化进程，促进学校教学方式的根本性变革，培养学生的创新精神和实践能力，实现信息技术环境下的素质教育与创新教育。

具体目标可以概述为：优化教学过程，提高教学质量和效益，将各种教学资源、各个教学要素和教学环节，经过组合、重构，相互融合，提高教学质量，促进传统教学方法的变革；培养学生的信息素养，培养学生获取、分析、加工和利用信息的知识与能力，同时具备对信息内容的批判与理解能力，并能在虚拟的环境中具有良好的伦理道德和法律意识；培养学生掌握信息时代的学习方式，海量的网络信息，改变了人类的学习方式，学习方式从接受式学习转变为自主学习、探究学习、研究性学习和协作学习；培养学生终身学习的态度和能力，要求学习者能够具有主动汲取知识的愿望并能付诸日常生活实践，要能够独立自主地学习，能够自我组织，并能控制整个学习过程，对学习进行自我评估。

### 5.4.2 信息技术与教学整合的原则

信息技术与教学整合，是将信息技术有机地融合在各学科教学过程中。但整合不等于混合，在利用信息技术之前，教师要清楚信息技术的优势和不足，并了解学科教学的需求。在整合过程中，教师要设法找出信息技术在哪些地方能提高学习的效果，从而使学生用信息技术来完成那些用其他方法做不到或效果不好的学习任务。

原则一：运用教育理论指导教学整合的实践。

在教与学的层面上，每一种理论都具有其正确性的一面，但是在教学实践中，没有一种理论具有普适性。行为主义学习理论，在对需要机械地记忆知识或具有操练和训练教学目标的学习中突显出来。认知主义学习理论的指导作用，则主要体现在激发学生的学习兴趣、控制和维持学生的学习动机。建构主义学习理论，提倡给学生提供建构理解所需要的环境和广阔的建构空间，让学生自主、发现式地学习。如利用信息技术进行适当的内容重复，帮助学生记忆知识。通过信息技术设置情境，让学生便于意义建构。

原则二：根据学科特点构建整合的教学模式。

每个学科都有其固有的知识结构和学科特点，它们对学生的要求也是不同的。语言教学是培养学生应用语言的能力。主要训练学生在不同的场合，正确、流利地表达自己的思想，较好地与别人交流的能力。数学属于逻辑经验学科，主要由概念、公式、定理、法则以及应用问题组成，教学的重点应该放在开发学生的认知潜能上。科学，则是与人们的生产、生活密切相关的学科。在教学中，应注意学生的观察能力、解决问题的能力和做实验的能力的培养。如果需要培养学生的操作能力，那么用计算机的模拟实验全部代替学生的亲手实验，将会违背学科的特点，背离教学目标中对学生动手能力的培养。

原则三：根据教学内容选择整合策略。

信息技术与教学整合应该根据不同的教学对象，实施多样性、多元化和多层次的整合策略。对于学习类型和思维类型不同的人来说，他们所处的学习环境和所选择的学习方法将直接影响他们的学习效果。如有的学生不能主动地对外来信息进行加工，喜欢有人际交流的学习环境，需要明确的指导和讲授。而有的学生在认知活动中，则更愿意独立学习、进行个人钻研，更能适应结构松散的教学方法或个别化的学习环境。

原则四："学教并重"进行教学整合的教学设计。

目前流行的教学设计理论主要有"以教为主"的教学设计和"以学为主"的教学设计两大类。理想的方法是将二者结合起来，取长补短，形成优势互补"学教并重"的教学设计理论。而且，这种理论也正好能适应"既要发挥教师主导作用，又要充分体现学生主体作用的新型教学结构"的要求，将信息技术作为促进学生自主学习的认知工具与情感激励工具。

原则五：个别化学习和协作学习的和谐统一。

信息技术给我们提供了一个开放性的实践平台，对于同一任务，不同的学生也可以采用不同的方法和选择不同的工具来完成。这种个别化的教学策略，对于发挥学生的主动性，进行因人而异的学习是很有帮助的。既要为学生提供个别化的学习机会，又要组织学生开展协作学习。

### 5.4.3 信息技术与教学整合的方法

**1. 资源整合**

资源整合应该是一种以优化教育资源为目标的组织形式，是教育者，特别是管理者通过对硬件资源的合理配置，网络资源的充分利用，人力资源的培养开发以及课程资源的有机构建来实现组织形式的“优化整合”，这是课程整合的保障与基础。作为课程的实施者——教师，要学会充分利用现有的教学资源，特别是网络资源、现代远程教育资源、研究开发的教学软件资源等，进行合理、有效的利用，让它们服务于教学。

**2. 过程整合**

“过程整合”是指教育者与学习者以教与学为目的的具体操作形式。即将信息技术的学习运用与学科课程的学习探究有机地融合在同一活动过程中，并在这一过程中达到对建构主义所倡导的“同化”与“顺应”的目的。这是课程整合的主体，也是实现课程整合的途径。这一过程整合包括三个基本阶段：课前准备阶段，课堂实施阶段及课后拓展阶段。这三个阶段的主要任务分别是：

课前准备阶段，以教师和学生的活动为主。针对教学内容精心设计教学方案，寻找切入点：浏览相关网站主页搜寻信息，捕捉结合点；整理主要信息，建立链接，搭建教学平台；检测网络安全性、交互性，进行网络文明公德教育。让学生根据自己自学的情况，针对相关问题，在网络上查找自己需要的信息，并学会整理、分析和加工。

课堂实施阶段，强调师生互动。依据教学方案，进入学习。教师提出学习任务目标(包括必要的网络知识学习)，及相应的学习方式(个别学习或小组学习)；学生依据教师的导入问题，相对自主地决定学习方式，尝试性地解决教师提出的问题；利用各种手段，展开生生讨论、师生讨论；教师对学习过程进行讲评、对共性认识予以总结、对个别问题给予关注。师生之间，学生之间要充分进行信息资源共享，相互交流学习心得，培养合作精神，提高学习效率。

课后拓展阶段，以学生活动为主。大体可以分为四种类型：对网络知识的巩固应用；通过专题学习网站对课程知识的加深；通过应用网站等对课程知识进行拓宽；利用 EMAIL 等方式与教师、同学甚至与其他网上学习者展开讨论。教师要做的主要是给学生提供必要的网站、网址、自己的 EMAIL 地址，并对学生加强网络文明、网络安全及学习目的的教育。这个过程不仅是对课堂教学的巩固和加深，而且也是对信息技术课程学习的有效实践。

**3. 能力整合**

教育的终极目的是培养学生能力，现代教育的目的是培养终身学习的能力，“课程整合”作为一种教与学的手段也概莫能外。“能力整合”指的是通过研究“资源整合”和“过程整合”的这种课程整合形式，更有效地借助日益发达的教育技术，培养既具有较高信息素养又能运用现代信息技术进行不断学习的新世纪的学习者。这种能力的整合是指学生对信息的获取、加工、处理、分享、应用的能力和传输、创新的能力。

# 5.5 综合实践课程教学设计

## 5.5.1 综合课程

综合课程指的是打破分科课程的界限，采用各种有机整合的形式，把有关联的学科及教学系统中的各要素及各成分整合成为有机整体的新型课程。根据其整合度的强弱依次可分为：融合课程、广域课程和关联课程。综合课程不是分科课程的对立面，而是对分科课程的补充：综合课程并不是一种单一的课程，而是一组课程的总称。

综合课程之所以在各国中小学普遍使用，是因为它具有一些重要的特征。这些特征主要是整合性、整体性、开放性、灵活性和适应性等。

**1. 整合性**

整合有两个特点：一是系统或核心统整部分、要素的过程；二是这种整合在形成之前就已有了某种统摄、凝聚的力量。综合课程是一种新的课程体系，它虽然有"联合"意义上的综合。但无论哪种意义上的综合，它追求的是其内容和结构上的最完美的结合，使之一体化。综合课程的实质是课程结构的几个要素的整合。

**2. 整体性**

综合课程的理论基础是赫尔巴特的统觉理论。统觉论认为儿童的认识和理解力不是绝对孤立，而是在事物的彼此联系中发展理解力。因此从整体出发，符合儿童的认识特点，更有益于儿童的认知发展。这种整体性既体现在融合的课程中，也体现在结构化的课程中。结构化的课程中的整体性可以从两方面理解：一是结构性课程体系是综合了学科发展、社会和学习者诸多要求而构成的课程体系，其形成的过程也是它自身整体性不断增加的过程；二是对于学习者而言，接受结构化知识系统的训练，最终使自身的素质结构呈现整体性。

**3. 开放性**

开放性是指综合课程本身的信息与外界的，以及课程内部各组成要素之间的信息能通畅地交流。开放性是综合课程的重要特征之一，它改变了学科课程封闭性的缺陷，加强学科之间、学科与社会、学科与学习者之间，教师、学生与教材之间的互动。开放性使得综合课程能及时吸收成熟的科技知识、社会发展的新问题、儿童感兴趣的知识和问题，使综合课程保持鲜明的时代特征和活力，贴近生活和社会。

**4. 灵活性**

灵活性是开放性派生出来的，是指综合课程具有自我调节机制，以及时对外界的变化作出反应。灵活性首先体现在结构化课程的联系上，随着不同方式、不同维度、不同层次的变化而变化的。其次体现在课程的结构上，其结构上的"某一维度或几个维度发生了变化，无论这维度是时间上的，空间上的，还是其他方面的。联系就跟着变化，知识系统中的各要素也就会重新组合排列，形成一种新的结构"。

**5. 适应性**

综合课程的适应性是指结构化了的课程体系依据主体的人和社会的要求，主动地改变自身的特性和存在方式，以适应外部条件变化的能力。综合误程适应了儿童的认知特点，小学生和初中生倾向于直接的形象思维。习惯于从整体上进行观察认识。综合课程有利于学生从整体上认识世界、有利于培养学生全面地、多角度地看问题的习惯和能力，有利于学生知识和技能的迁移。

综合课程是指打破传统分科课程的知识领域，组合两个或两个以上的学科领域构成的课程。综合课程是一种主张整合若干相关联的学科而成为一门更广泛的共同领域的课程。根据综合课程的综合程度及其发展轨迹，可分以下几种：

一是相关课程(correlated curriculum)，就是在保留原来学科的独立性基础上，寻找两个或多个学科之间的共同点，使这些学科的教学顺序能够相互照应、相互联系、穿插进行。

二是融合课程(fused curriculum)，也称合科课程，就是把部分的科目统合兼并于范围较广的新科目，选择对于学生有意义的论题或概括的问题进行学习。

三是广域课程(broad curriculum)，就是合并数门相邻学科的教学内容而形成的综合性课程。

四是核心课程(core curriculum)，这种课程是围绕一些重大的社会问题组织教学内容，社会问题就像包裹在教学内容里的果核一样，又被称为问题中心课程。

### 5.5.2 综合实践活动

综合实践活动是教师引导下，学生自主进行的综合性学习活动，是基于学生的经验，密切联系学生自身生活和社会实际，体现对知识的综合应用的实践性课程。它包括研究性学习、社区服务与社会实践、劳动与技术教育等领域，并渗透信息技术教育。

从小学至高中设置综合实践活动并作为必修课程，其内容主要包括：信息技术教育、研究性学习、社区服务与社会实践以及劳动与技术教育。强调学生通过实践，增强探究和创新意识，学习科学研究的方法，发展综合运用知识的能力。增进学校与社会的密切联系，培养学生的社会责任感。在课程的实施过程中，加强信息技术教育，培养学生利用信息技术的意识和能力。了解必要的通用技术和职业分工，形成初步技术能力。

综合实践活动的基本特点是：综合性，对任何主题的探究都必须体现个人、社会、自然的内在整合，体现科学、艺术、道德的内在整合；实践性，综合实践活动课程的展开往往以各种活动为载体，强调学生通过活动或亲身体验来进行学习，但不是为“活动”而“活动”；开放性，综合实践活动课程面向学生整个的生活世界，其内容与学生个人的生活或现实社会紧密相连，往往表现为一个没有固定答案的开放性问题，要解决这样的开放性问题，学生不可能到书本上去找现成的答案，只能通过自己的努力去探索、去发现，才能找到可能的答案；生成性，综合实践活动课程的展开很少从预定的课程目标入手，它常常围绕某个开放性的主题或问题来展开，随着活动的不断展开，新的目标、新的问题、新的主题不断生成，学生的认识和体验不断加深，创造性的火花不断迸发，自主性综合实践活动课程的实施十分注重从学生现有的兴趣与经验出发，强调学生的自主选择与探究。

### 5.5.3 综合实践活动的设计

综合实践活动是国家规定的必修课，包括研究性学习、劳动技术教育、社区服务、社会实践四部分内容。开展综合实践活动旨在让学生联系社会实际，通过亲身体验进行学习，积累和丰富直接经验，培养创新精神、实践能力和终身学习的能力。学校要从实际出发，具体安排、确定综合实践活动各部分内容和组织形式。

研究性学习以学生的自主性、探索性学习为基础，从学生生活和社会生活中选择和确定研究专题，主要以个人或小组合作的方式进行。通过亲身实践获取直接经验，养成科学精神和科学态度，掌握基本的科学方法，提高综合运用所学知识解决实际问题的能力。在研究性学习中，教师是组织者、参与者和指导者。

劳动技术教育主要对学生进行劳动观念和一般劳动技术能力的教育，进行现代职业意识、职业技能的培养和就业选择的指导。

社区服务主要通过学生在本社区以集体或个人形式参加各种公益活动，进行社会责任意识、助人为乐精神的教育，为社区的建设和发展服务。

社会实践主要通过军训和工农业生产劳动对学生进行国防教育、生产劳动教育，培养组织纪律性、集体观念和吃苦耐劳精神。学校可以结合实际，为学生走出学校，深入社会创造条件。

## 拓展阅读：综合实践活动案例

活动主题：创意，让生活更美好①

活动目标：

(1)密切联系学生的生活实际，激活学生的生活经验，充分调动学生的研究兴趣，培养学生从生活中选择和确定研究主题，就研究主题展开多元性的思考，提出有效的研究问题。

(2)引导学生提出各种有价值、有深度、与学生生活密切相关的问题，培养学生发现和提出问题的能力。

(3)发展学生的发散性思维和创新性思维，培养学生的比较分析能力、理解思维能力、概括整合能力等。

活动过程：

1. 创设情境，引出主题

1)猜一猜活动，引出“创意”，初识“创意”

(1)依次出现：草莓购物袋、笔、橡皮、电风扇，让学生猜猜是什么。

①今天，老师给大家带来一些很有趣的东西——(出示草莓购物袋)看！猜一猜，是什么？

老师打开、收起购物袋，让学生感受到购物袋设计得很有趣，很实用。

同学们，你们觉得这个购物袋设计得怎么样？(很有趣，很有创意)(板书：创意)

[如果学生都见过这样的袋子，那就引导：你觉得这个购物袋的设计与常用购物袋的设计有什么不一样？]

你喜欢这个创意产品吗？说说理由(携带方便、实用，让人们更自觉地使用购物袋，

① 本设计是2011江苏省优秀综合实践活动，由常州市武进区东安小学万丽老师设计。

有效减少了塑料袋的使用，更环保了)。

老师及时点评：这是个实用的创意、有趣的创意、环保的创意。

②老师这里还有几个小玩意，(出示：笔)这是什么？(打开，原来是支笔，写一写)(出示：橡皮)这个呢？它看上去像笔，其实是橡皮(出示：电风扇)这又是什么呢？(打开看看，呵，原来是电风扇)

指出：有它们陪伴着我们，学习生活是多么有趣呀！(板书：学习)

2)欣赏图片，感受"创意"给生活带来的好处

生活中的创意多着呢，老师这里还有一些创意图片，你们想看吗？(点击课件)

图1：狗狗的雨伞(有了这把雨伞，下雨天狗狗也可以出来散步了，这样的出行可真拉风)(板书：出行)

图2：小孩的围嘴儿(妈妈的家务劳动轻轻松松就搞定了)(板书：劳动)

图3：360°插座(居家生活更加便利)(板书：居家)

图4：沙滩椅(休闲增加了趣味性)(板书：休闲)

3)揭示活动主题

生活中像这样的创意还有很多，涉及我们的服饰、饮食、居家、出行、学习、休闲、劳动等生活的各个方面(板书：服饰 饮食)。这些创意，解决了我们日常生活中的问题，消除了我们的烦恼，让我们的生活更加方便、更加轻松、更有趣味，由此，我们的生活更加美好(板书：让生活更美好)。

老师觉得，"创意，让生活更美好"真是一个值得我们去好好研究的主题，你们觉得呢？

2. 围绕主题，提出问题，生成子课题

1)自己提出问题

那么，关于这个主题，你想了解些什么？或者想亲身实践些什么呢？(指名两个学生说说)

相信每个同学都有自己的想法，请大家把你最想了解的一个问题或最想做的一个活动项目，写在老师发给你的小纸条上。写的时候注意问题要明确、具体，表达通顺、流畅。(课件出示活动内容和要求)记得在后面写上自己的名字，版权所有哦！老师巡视指导，如有大部分学生不会提问，则作集体指导。

(预设问题：我们的衣、食、住、行、玩、学中还有哪些创意？这些创意是从哪儿来的？创意者是怎样想到这个创意的？他用什么方法来实现创意的？用什么材料使创意效果更好？他们为什么要这样创意？……开展的活动：亲自动手，搞一次创意；小组合作，在班级举行创意展示赛……)

2)小组筛选问题

(1)每个同学都有了自己想研究的问题，接下来的活动任务是——(课件出示小组活动内容及要求)。

指名读

①说：在小组里交流你的问题。

②贴：拿出小组问题采集表，把小纸条贴在"我们的问题"一栏里。

③选：选择一个大家都感兴趣的、值得研究的、也便于展开研究的问题，写在“我们小组选定的研究问题”一栏里。

老师建议：另外，如果组里意见不统一的时候，你们可以举手表决或采用你们的方式作出决定，好，开始！

(2)小组按要求展开活动。

(3)交流问题。请各组派一代表来交流一下你们组选定的问题。(投影)选择一至两组，让学生说说是怎么选出这个问题的并指导修改。

3)指导问题到课题的转化

(1)我们每组都有了自己想研究的问题，但真正的研究活动中，小组问题是以课题的形式出现的。那问题怎么转化成课题呢？(课件演示)

比如说“课间游戏比较单调”这个问题，转化成课题就是——(引读)“小学生课间游戏的现状调查与改进对策”，这一部分是内容，这一部分是方法。关于研究内容，其实就是我们问题中的关键字(让学生找找这个问题中的关键字)，我们可以用找关键字的方法来确定研究内容；关于研究方法，在综合实践活动中主要是研究和实践，具体说来就是调查、分析、实验、思考、设计、改进等，这些方法，我们可单独使用，也可以组合使用(适当举例)。

(2)学生写课题，展示在黑板上。接下来，就请同学们把问题转化成课题，写在长纸条上，组长派代表贴到黑板上。比比哪组又好又快！

(3)交流、完善课题。我们一起看黑板，看看各组的课题(老师用红笔直接修改)。

3. 初步制定研究方案

(1)课题确定了，针对研究内容，你们准备怎样开展活动呢？请小组讨论一下。

①小组讨论；②选择一组交流(这部分是机动内容，有时间则讨论)。

(2)课件出示创意方案讨论记录表，指导填表。

4. 总结

其实，这张记录表就是一份研究计划。课后，请大家完善这份计划表，比如说可以根据组员的特点或本组研究的问题，给自己的组起一个好听、响亮的名字；还可以预设一下活动会遇到哪些困难，如何解决等。下一步我们将根据这份计划开展具体的实践活动。

# 第 6 章　教学实施

教学实施由知识和能力两部分构成，前者主要包括小学教学组织、教学评价的基础知识，而后者则指能够运用这些知识分析和开展教学活动的能力。

教学实施的具体内容由以下几个方面构成：①了解小学课堂教学情境创设的基本方法；②了解小学生学习动机激发的基本方法；③了解小学课堂教学组织的形式和策略；④了解小学生学习方式的基本类型和小学教师的课堂教学行为对小学生学习的影响；⑤掌握小学课堂教学的基本策略和主要方法；⑥掌握小学课堂教学总结的基本方法。

## 6.1　教学

### 6.1.1　教学的本质

所谓教学，是指教师的教和学生的学所组成的一种人类特有的人才培养活动。通过这种活动，教师有目的、有计划、有组织地引导学生积极自觉地学习和加速掌握文化科学基础知识和基本技能、养成良好的品德和美感，促进学生多方面素质全面提高，使他们成为社会所需要的人。

通俗地讲，教学是教和学两方面统一组成的双边活动，就是“教师教，学生学”。作为教师来讲教授过程是重要的，但更重要的是教会学生。作为学生来讲，知识是重要的，但是比知识更重要的是获得知识的方法。教学和教育是部分与整体的关系，教学是教育的一个组成部分。教育价值的实现，离不开教学的作用。

教与学存在着辩证关系，教与学是矛盾对立统一的双方。教，是教学中的主要矛盾方面；教学设计控制着教学节奏、教学方向、教学过程，决定着教学目标的实现，教师在教学中起主导作用。学，是教学中的次要方面；尤其在课堂教学中学生始终处在被动一方，但是，教学目标的实现是要通过学生来完成，学生是教学活动的主体。

教学的意义体现在以下几个方面：①教学以有目的、有计划、有组织的活动形式进行人类经验的传授，使教学活动有着良好的秩序和节奏，从而大大提高了教学的效率；②教学将传授的内容，经科学的选择，依据知识构成的逻辑顺序和学生获得知识的认知规律编成教材，作为学生认识世界的媒体；③教学又是在教师的引导和精心安排的过程中进行的，而且，教师又总是试图选择最优的方法去完成教育的任务；④教学所要实现的不仅仅是知识的传授、智力的发展、能力的培养和提高，又有思想品德的完善、基本技能的形成、个性特长的发展等。

教学的任务是：①掌握科学文化基础知识、基本技能和技巧；②发展体力、智力、能力和创造才能；③培养正确的思想、价值观、情感和态度。因此，教学是传播系统科学文化知识、促进学生发展的有效方式，进而被认为是学校教育的主要工作。

教学过程是一种特殊的认识过程。认识性体现在，学生循序渐进的学习和运用知识的认识活动贯穿教学过程的始终，而且是一项基本活动，同时，师生为传承知识的相互作用活动是教学活动区别于其他活动最基本的特点。特殊性体现在，学生通过掌握知识间接地认识世界，学生的认识需要教师的引导，同时，认识世界走的是一条简捷途径，是科学文化的再生产。

### 6.1.2 教学原则

教学原则是有效进行教学活动必须遵循的基本要求和原理。教学原则是人们在教学实践中总结出来的。现阶段我国中小学的教学原则主要有：科学性与思想性统一原则，理论联系实际原则、直观性原则、启发性原则、循序渐进原则、巩固性原则、可接受性原则、因材施教原则。

(1)科学性和思想性统一原则，是指教学要以马克思主义为指导，授予学生以科学知识，并结合知识教学对学生进行社会主义品德和正确人生观、科学的世界观教育。

贯彻科学性和思想统一原则的基本要求：保证教学的科学性；发掘教材的思想性，注意在教学中对学生进行品德教育；教师要不断提高自己的专业水平和思想修养。

(2)理论联系实际原则，是指教学要以学习基础知识为主导，从理论与实际的联系上去理解知识，注意运用知识去分析问题和解决问题，达到学懂会用、学以致用。

贯彻理论联系实际原则的基本要求；书本知识的教学要注重联系实际；重视培养学生运用知识的能力；正确处理知识教学与技能训练的关系；补充必要的乡土教材。

(3)直观性原则，是指在教学中要通过学生观察所学事物或教师语言的形象描述，引导学生形成所学事物、过程的清晰表象，丰富他们的感性知识，从而使他们能够正确理解书本知识和发展认识能力。

贯彻直观性原则的基本要求：正确选择直观教具和现代化教学手段；直观要与讲解相结合；重视运用语言直观。

(4)启发性原则，是指在教学中教师要承认学生是学习的主体，注意调动他们的学习主动性，引导他们独立思考，积极探索，生动活泼地学习，自觉地掌握科学知识和提高分析问题和解决问题的能力。

为何中外古今教育家都重视启发教学？因为，启发性原则反映了学生的认识规律。学生的认识过程是在教师指导下进行的能动认识过程，没有教师的指导，学生的认识就不可能高效和迅捷。但是学生是学习的主体，掌握知识要靠他们的观察、思考和操作，教师不应该也不可能包办代替。如果轻率地告诉学生问题的答案，或代他们完成，那么轻则造成学生的依赖性，影响他们的独立思考和作业能力的发展，重则使他们失去学习上的自信心，成为害怕困难的懒汉与低能人。所以教学要重视启发，充分调动学生的学习主动性、积极性，发挥学生自身的聪明。

贯彻启发性原则的基本要求：调动学生学习的主动性；启发学生独立思考，发展学生的逻辑思维能力；让学生动手，培养独立解决问题的能力；发扬教学民主。

(5)循序渐进原则，又称系统性原则，是指教学要按照学科的逻辑系统和学生认识发展的顺序进行，使学生系统地掌握基础知识、基本技能，形成严密的逻辑思维能力。

为何要遵循循序渐进原则？因为首先是被科学知识本身的严密系统性决定的，其次还由于学生认识是一个由简单到复杂的逐步深化的过程。只有循序渐进，才能使学生有效地掌握系统的知识，发展严密的逻辑思维能力。

贯彻循序渐进原则的基本要求：按教材的系统性进行教学；抓主要矛盾，解决好重点与难点的教学；由浅入深、由易到难、由简到繁。

(6)巩固性原则，是指教学要引导学生在理解的基础上牢固地掌握知识和技能，长久地保持在记忆中，能根据需要迅速再现出来，以利于知识技能的运用。

贯彻巩固性原则的基本要求：在理解的基础上巩固；重视组织各种复习；在扩充改组和运用知识中积极巩固。

巩固原则是否意味着呆读死记呢？不是的，巩固掌握知识是学生接受新知识、顺利进行学习的基础，是学生熟练地运用知识的条件，要使学生的学习有坚实的基础，提高学习能力和创造性，必须要求学生牢固而熟练地掌握知识。把知识的巩固和呆读死记混为一谈，以为提倡巩固性不利于理解知识和发展能力，这是非常错误的。没有知识的巩固就没有知识的积累，就无法进行复杂的创造性的思维，不能提高学生的能力，我们反对死记硬背，但要求学生记住基本的知识。

(7)可接受性原则，指教学的内容、方法、分量和进度要适合学生的身心发展，是他们能够接受的，但又要有一定的难度，需要他们经过努力才能掌握，以促进学生的身心发展。

贯彻可接受性原则的基本要求：了解学生的发展水平，从实际出发进行教学；考虑学生认识发展的时代特点。

(8)因材施教原则，指教师要从学生的实际情况、个别差异出发，有的放矢地进行有差别的教学，使每个学生都能扬长避短、获得最佳的发展。

为何要因材施教呢？因为学生的身心发展各有其特点，尤其在智力才能方面更有他们各自的兴趣、爱好和擅长，只有因材施教才能扬长避短，把他们培养成为社会上各种有用的和杰出的人才。每个教师有职责去发现人才和培养人才，因材施教不仅能提高教学质量，而且能为国家更好地培养人才。

贯彻因材施教原则的基本要求：针对学生的特征进行有区别的教学；采取有效措施使有才能的学生得到充分的发展。

### 6.1.3 教学的预设与生成

预设与生成是辩证的对立统一体，课堂教学既需要预设，也需要生成，预设体现教学的计划性和封闭性，生成体现教学的动态性和开放性，两者具有互补性。

首先，以预设为基础，提高生成的质量和水平。从教师方面讲，首先要深入钻研教材，读出教材的本意和新意，把握教材的精髓和难点，把教材内化为自己的东西，这是课堂中催生和捕捉有价值的生成的前提。其次要拓宽知识面，丰富背景知识。再次，教师要全面了解儿童年龄阶段特征和班级学生的心理状况，清晰地把握班级学生的知识经验背景和思维特点以及他们的兴趣点和兴奋点。

从教学方面讲，要强调精心预设，课前尽可能预计和考虑学生学习活动的各种可能性，减少低水平和可预知的“生成”，激发高水平和精彩的生成。

比如，在教学“在1/6和1/7之间可以写一个分数”时，由于学生已经学习了分数的基本性质以及约分、通分等知识，学习了分数大小比较的方法，所以在设计这道题时，预想学生可能会出现以下的解法：

①通分扩大法。通分至同分母的分数，然后分别同时扩大。如将1/6和1/7通分，成7/42、6/42，再同时扩大2倍，就有了14/84、12/84，这中间还有一个分数13/84；要想得到更多的分数，只要将扩大倍数大一些(分母不变)。

②直接扩大法。如将1/6和1/7同时扩大3倍，成3/18和3/21，中间还有3/19和3/20。要想得到更多的分数，只要将扩大倍数大一些(分子不变)。

同时也可能部分学生会想到第三种方法：折中扩大法。如1/6和1/7之间可以写一个分数1/6.5，然后将1/6.5的分母小数扩大变成整数，成2/13。

在实际上课的过程中，对于第一、二种方法大部分小组能提及，但对于第三种方法，只有个别小组能提出来(原来学生对分母是小数的分数还是不太习惯的)。教师就让学生对他们所提出的方法进行检验，通过检验，学生发现这种方法也是可行的，应该说达到了预期的目标，可以完成这一环节了，没想到精彩的还在后面：一位学生提出了将1/6和1/7的分子分母分别相加，分母6＋7＝13，分子1＋1＝2，得到一个新的分数2/13，其大小在1/6和1/7之间！(此法教师在预设时就没有想到)此言一出，全场愕然！有这么简单？

老师：你是怎么想的？

学生：我看到第三种方法中的2/13中分母正好是原来两个分数分母的和，分子2正好是原来两个分数分子的和，所以就想到分子分母相加的办法了，也不知道对不对。

老师：这种方法可行吗？这还有待于同学进行验证(经全班同学验证，屡试不爽。掌声响起……)。

从这个案例可以看出来，教师有备而来，顺势而导，才能有真正地“生成”。这种“预设”越充分，生成就越有可能，越有效果。预设是对生成的丰富、拓展、延伸、超越，没有高质量的预设，就不可能有十分精彩的生成。

其次，以生成为导向，提高预设的针对性、开放性、可变性。以生成的主体性为导向，提高预设的针对性。相对而言，生成强调的是学生的活动和思维，它彰显的是学生的主体性；预设强调的是教师的设计和安排，它彰显的是教师的主导性。教是为学服务的，它意味着要根据学生的学习基础和学习规律进行预设，想学生所备，备学生所想，从而使预设具有针对性。

正是基于生成的主体性、随机性和动态性，新课程才特别强调教学反思的意义。在教学前进行反思，把以前的生成纳入现有的预设范围，拓宽预设的可能性；在课堂中进行反思，及时调整、改变和充实预设，使预设不断完善；在课后进行反思，对课堂教学进行回顾、批判，总结和提炼有效的预设和生成，明确课堂教学改革的方向和措施。

最后，让预设与生成共同服务于学生的发展。预设与生成有统一的一面，也有对立的一面，预设重视和追求的是显性的、结果性的、共性的、可预知的目标，生成重视和追求的隐性的、过程性的、个性的、不可预知的目标。不少有价值的生成是对预设的背离、反叛、否定，还有一些则是随机的偶发的神来之笔，生成和预设无论从内容还是性质讲都具有反向性。无论是预设还是生成，都要服从于有效的教学、正确的价值导向和学生的健康发展。

相对于学生的发展，预设与生成都只是手段和措施，我们一定要从提高教学质量、立足学生可持续发展的高度，用长远的、动态的观点来认识和处理两者的关系。有价值的生成即使影响了预设的安排，也不应该草草了事；有质量的预设也不应该为了顾及低层次的生成而患得患失。

**拓展阅读：当代教学新理念**

现代社会正从工业社会向信息社会转变，教育也从专才教育向通识教育转变，从重心来看，当代教育变革的主要趋势与理念体现如下。

(1)从重视教师向重视学生转变。

人们越来越认识到，教师并不是教学的绝对权威，学生虽然是学习的对象，但却是学习的主体和主人。因此，教师要研究学生的心理规律和学习的情感与体验，并利用这些知识组织教学。

(2)从重视知识传授向重视能力培养转变。

在信息社会，知识增加和更新很快，掌握大部分知识已经失去了重要性，重视知识传授也受到挑战。因此，教学的主要目的不仅仅是传授知识，更重要的是培养能力，掌握更新知识的能力。

(3)从重视教学方法向重视学习方法转变。

教学过程实质上是学生学习的过程，教学设计的目的是学习目标、学习内容、学习进展、学习方式、学习评价手段的设计。目前，比较有影响力的教学方法，如问题解决法、发现学习法、异步教学法等，都渗透出重视学法的精神。

(4)从重视结果向重视过程转变。

学习结果是重要的，但更重要的是学习过程中学生的切身体验，学生在认知、情感、道德等方面的体验，决定着教学最终的结果。因此，教学更加关注以下内容：学习兴趣，力求形成乐于学习和善于学习的态度；探究精神，在教师启发下主动获取知识和领悟技能；知情协调，强调知识学习中的情感体验；学法灵活，重视学习过程中多样化的方法和方法的综合运用。

(5)从重视知识向重视发展转变。

知识与智力虽然是影响人成功与否的重要因素，更重要的因素是情感，进而提出了情感智慧的新概念，挑战知识智慧的概念。超越儿童的认知，重视儿童的身体、认知和情感的和谐发展，成了基本的目标。

## 6.2　教学组织

### 6.2.1　教学组织形式

教学组织形式，是指为完成特定的教学任务教师和学生按一定要求组合起来进行活动的结构。影响较大的教学组织形式：个别教学制、班级上课制、道尔顿制、分组教学制、特朗普制。

**1. 个别教学制**

个别教学制，就是学生集中在一个教室里，教师一个挨一个地教，其余学生按照教师要求复习和作业。个别教学制的优点，在于教师能根据学生的特点因材施教，使教学内容、进度适合于每一个学生的接受能力。个别教学制的缺点，在于一个教师所能教的学生数量是很有限的。

**2. 班级上课制**

班级上课制，一定数量的学生按照年龄和知识结构编成一个固定班级，按照固定课表和作息时间，教师有计划地向全班学生集体上课的形式。班级授课制的优点，在于它比个别教学的效率高，一个教师同时能教几十个学生，比较适合学生身心发展的年龄特点和发挥学生之间的相互影响作用。它的缺点在于，注重集体化、同步化、标准化，而拙于照顾学生的个别差异、对学生进行个别指导，不利于培养学生的志趣、特长和发展他们的个性。

**3. 道尔顿制**

道尔顿制，就是教师为学生指定自学参考书、布置作业，由学生自学和独立作业，有疑难时教师给予辅导的教学方式。道尔顿制的优点，在于重视学生自学和独立作业，在良好的条件下，在利于调动学生学习的主动性，培养他们的学习能力。它的缺点在于，如果没有教师的系统讲解，学生往往在摸索中白白浪费了时间而无多大收获，学不到系统的知识，要求有较好的教学设施与条件。

**4. 分组教学制**

分组教学制，就是按照学生能力和学习成绩分成不同小组进行教学的形式。分组教学制的优点，在于它比班级上课制更切合学生个人的水平和特点，便于因材施教，有利于人才的培养。它的缺点在于，很难科学地鉴别学生的能力和水平，分组后造成的副作用很大，往往使快班的学生容易产生骄傲，使普通班、慢班的学生的学习积极性普遍降低。

**5. 特朗普制**

特朗普制，就是大班上课、小组研究和个别辅导相结合的教学形式，即两个以上平行班合在一起由优秀教师上课，20 人左右组成一个小组在教师辅导下开展研究，学生进行个别作业，一些作业教师制定，一些作业学生自选。特朗普制的特点，在于试图把大班、小班和个人三种教学形式结合起来，实行大班上课，小班研究，个别教学，这种教学形式尚在实验学校中实验。

### 6.2.2 解析班级授课制

捷克教育家夸美纽斯对班级授课制从理论上加以总结和论证，使它基本确定下来，以后，又经过赫尔巴特等教育家进行补充，使它进一步完善。率先正式使用“班级”一词的是文艺复兴时期的著名教育家艾拉斯莫斯。班级授课制在我国正式实行一般认为是在辛亥革命以后。

班级授课制的基本特点：①以“班”为人员单位，按年龄和知识水平分别编成固定的班级，即同一个教学班学生的年龄和受教育程度大致相同，并且人数固定；②把教学内容以及为实现这种内容的教学手段、教学方法而展开的教学活动，按学科和学年分成许多小的部分，分量不大，大致平衡，彼此连续而又相对完整，这每一小部分内容和教学活动，就叫做一"课"，一课接着一课地进行教学；③把每一"课"规定在固定的单位时间内进行，这单位时间称为"课时"，课与课之间有一定的间歇和休息，从各学科总体而言，可能是单科独进，也可以是多科并进，轮流交替。

班级授课制的优点：

(1)它可以大规模地向全体学生进行教学，一位教师能同时教许多学生，扩大了单位教师的教学能量，有助于提高教学效率，而且使全体学生共同前进。

(2)它以"课"为教学活动单元，能保证学习活动循序渐进，并使学生获得系统的科学知识，扎实而又完整。

(3)由教师设计、组织并上"课"，以教师的系统讲授为主兼用其他方法，能保证教师发挥主导作用。

(4)固定的班级人数和统一的时间单位，有利于学校合理安排各科教学的内容和进度并加强教学管理，从而赢得教学的高速度。

(5)在班集体中学习，学生彼此之间由于共同目的和共同活动集结在一起，可以互相观摩、启发、切磋、砥砺；学生可与教师及同学进行多向交流，互相影响，从而增加信息来源或教育影响源。

### 6.2.3　教学组织策略

**1. 合作学习的组织策略**

要使合作学习能够切实有效地开展，教师在组织合作学习时必须尽可能多地渗透以下要素。

明确学习目标。在实施合作学习之前，教师必须向学生讲明，通过合作学习，他们必须掌握哪一方面的知识和技能，即学习目标要明确。

认可既定目标。全体学生必须接受和认可既定的学习目标，每个小组的全体成员必须把他们所在小组的学习目标当作必须完成的任务来对待。

恰当选择内容。教学中，有的内容适合于合作交流，有的内容适合于独立思考，有的内容适合于动手操作，有的内容适合于教师演示等。因而教师要根据教材内容和学生的实际情况进行选择。让学生"跳一跳"能够摘到"果子"。一般说来，对于那些空间较大的问题，如条件、问题、思路、答案具有探索性和开放性的可采用合作学习的方式。

提前进行指导。教师必须在实施前给学生以明确的指导，包括学生要做什么、以何种次序、用什么资料以及证明学生以掌握知识和技能的考核办法等，这些都必须提前告诉学生。

控制小组差异。小组的成员组成必须多元化，即小组内成员之间必须有一定的差异，包括学习能力、文化背景、知识背景和性别等方面的差异，使学生能够接触到尽可能多的不同观点，增大知识面。

掌握社交技能。要求学生要学会与别人积极交流、友好相处，学会处理问题，学会接受建设性批评意见，学会妥办和谈判。教师要向学生讲明正确的社交行为和社交技能。

总结学习结果。小组合作学习任务完成后，指导学生对以下几个方面进行分析总结：①小组学习目标完成得如何；②在学习中互相帮助得怎么样；③在小组中的协作精神、学习态度好不好；④下次怎样做得更好。

**2. 探究学习的组织策略**

(1)力求展示科学家的探究过程，潜移默化地引导学生掌握探究的基本方法 。

(2)创设科学探究的情境，让学生全体参与探究过程。

(3)精心设计教学程序，让学生全体参与到探究过程中来。

(4)精心构思，把思维品质的提升作为重中之重 。

(5)狠抓“发现问题”环节，突出思维的敏锐性。

(6)鼓励提出多种假说，培养思维的批判性和创造性。

(7)强调运用思维的概括性去总结规律。

**3. 自主学习的组织策略**

自主学习能力，指学习者在已有知识与技能的基础上，一般不依赖于他人而能运用一定的学习方法和程序，独立获取知识的解决问题的能力。这种素质和能力的构成包括四个方面的内容：一是能学，二是想学，三是会学，四是坚持学。

运用自主学习法的要求是：一要明确目标，自学法包括四个基本要素。①制定计划，合理安排学习时间；②运用工具书进行自读；③对学习内容提出问题，并能尝试解决问题；④对学习过程和学习结果进行自检和自评。学生明确了目标，就有了指向，就能自觉去学习。二是重视动机的激发。动机是学生自学动机的激发。三是知道自学过程与方法。学生只要掌握了一定的自学过程与方法，才能开展自学活动。

## 拓展阅读：教学的基本环节

教学工作一般分为备课、上课、课后辅导和教学评价四个基本环节。

1. 备课

备课是教学工作的基本环中的第一环节，备好课是上好课的先决条件，备好课，能有助于完成教学任务。备好课必须做好以下三方面的工作：钻研教材，了解学生，考虑教法。

2. 上课

上好一节课必须要以现代教学理论为指导，遵循教学规律，全面贯彻教学原则，善于灵活运用各种教学方法。此外还要注意以下要求：①明确教学目的；②保证教学的科学性与思想性；③调动学生的学习积极性；④根据实际情况调整教学计划；⑤组织好教学活动；⑥布置好课外作业。

3. 课后辅导

课后辅导的领悟、消化、运用和巩固课堂所学的新知识、新技能，并发展智力和自学能力，为过渡到下一节新课做好准备。课后辅导主要有两个方面，一是做好学生的思想政治工作；二是做好对学生的辅导和帮助工作。

4. 教学评价

教学评价，对教学工作质量所作的测量、分析和评定。教学评价主要包括，对学生学业成绩的评价，对教师教学质量的评价。现代教育评价，不仅重视总结性评价，而且重视形成性评价；不仅由评价者作评价，而且注意自我评价的作用；不仅用于评价学生的学习，而且用于评价课程、教师教学和教育的各个方面。

## 6.3 教学策略

所谓教学策略，是在教学目标确定以后，根据已定的教学任务和学生的特征，有针对性地选择与组合相关的教学内容、教学组织形式、教学方法和技术，形成的具有效率意义的特定教学方案。教学策略具有综合性、可操作性和灵活性等基本特征。

### 6.3.1 讲解策略

**1. 准确把握讲授的时机**

一般说来，在下列情况下教师可以讲：学习新知识时必需的、学生又缺乏了解的背景知识；学生自己解决不了的知识难点；尽管难度不大，但却易被学生忽视的基本概念、原理、定律；易被学生混淆的相关词语、概念；知识单元、教学环节之间的过渡、衔接；学生自学未形成系统而全面的知识体系，教师需要在这基础上加以适当的点拨、归纳、总结、概括。

在下列情况下教师不应当讲或少讲：教材已经阐明、学生可以看得懂的知识点；教材虽然未阐明，但学生完全可以通过思考而领悟的知识点；与教学目的、教学的重点难点无关的事实材料的叙述；学生已经掌握了的知识点；不是通过讲授所能解决的问题，如操作技能的训练、情感体验、高级思维品质的培养等。

**2. 讲授内容应适应学生的认知结构**

采取言语讲授教学，直接呈现教学内容，促进学生对意义的理解，应该注意以下几点：第一，有层次组织教学内容，对概念命题作分析，建立起从抽象到具体的概念、命题系统；第二，根据学生原有知识准备教学，如果学生难以接受概括水平更高的上位概念，则可以设计具体的模型，寻找与所学新材料极为相似的事物，让学生类推；第三，按照从整体到部分，从一般到特殊的顺序，逐渐分化知识点；第四，帮助学生确定分化后的事实、概念、命题之间的相似点、不同点，使之同已有知识联系起来，可以弄清楚它们之间的关系，促进知识的融会贯通。

**3. 讲授言语表达的技巧**

第一，清晰准确，使学生听得清。音量适中，口齿清楚，用词准确，语言流畅，

第二，简洁明白，使学生听得懂。言语讲授应强化学生对概念、命题的准确理解，应用科学的语言讲述。

第三，鲜明生动，使学生听得有趣。教师应该根据教材内容和学生情绪，把幽默引进讲堂，活跃课堂气氛，巧妙地调节控制语言的节奏和音量，使之快慢适度，高低适宜，抑扬顿挫，轻重缓急，娓娓动听。

### 6.3.2 对话策略

如果说讲授教学是教师主导的倾斜互动模式（有时可能是一种“独白”）的话，那么，

对话(主要指师生言语交流)，则是师生在真理探究、价值建构中的平等交流、双向互动的过程。对话教学带有相当程度的“生成性”特征，更多的是即兴创作，注重临场的发挥与学生的及时有效的互动。

**1. 设置高质量问题**

根据问题状态未知成分的多少，可将问题分成低级、中间、高级三个层次。

低层次的问题条件是给定的、充足的，解法是已知的(已经学过的)，学生可以凭记忆模仿套用某种公式、定律就可以解决，并且在通常情况下答案也是唯一的。

中层次的问题条件是明确的，但是问题的求解步骤是不明确的，可以有多种多样的求解方案，且结果也可以因求解方案的不同而不同。学生须根据问题，自己想办法解决，须进行一定的假设、验证、判断、推理。

高层次的问题除了希望达到的目标状态是比较明确的之外，其余要素都是不清晰的。需要问题解决者自己发挥想象力，提出假设，并根据假设验证的需要去搜集相关信息。如达尔文是怎样提出进化论的？如果说秦统一天下是有积极意义的话，那么，六国抗秦是不是阻碍了历史的发展？等等。显然，达尔文创造进化论本来就没有什么具体清晰的步骤，六国的历史地位也不应该有所谓标准答案。

**2. 对话的策略**

采取对话教学策略，要求教师对教学内容要有丰富的背景知识，认真考虑向学生提出哪些问题，设想学生在主动学习的过程中可能会碰到哪些问题等，需做的准备工作绝不比讲授教学少。

对话的成功取决于多方面的能力：从情境要求出发，提出双方感兴趣的话题，保持话题的连续性，适时完成话题的转换；有效倾听，结合“语境化线索”，恰当地解读对方的话语；坦诚面对自我，表达自己的意见、想法；批判地对待他人的意见，并反思自我。

### 6.3.3 指导策略

做练习是学生学习和应用知识技能的实践活动，包括口头练习、书面作业和动手操作等多种形式。做练习对于学生知识的习得、技能的获得、能力与态度的形成等都是不可缺少的。譬如学游泳，只是熟知游泳规则、要点，背得滚瓜烂熟，却不肯下河去练，怎么也不可能学会。教师在学生练习中既不像讲授教学那样有绝对的权威，也不像对话教学时通过频繁的师生平等互动来完成教学任务，而主要扮演辅助者的角色，在学生练习碰到困难时，提供恰当的帮助。

教师布置作业时要注意几点：①作业的针对性，针对学生知识、技能、学习的重点、难点，能力形成中的薄弱环节，容易发生差错的地方布置作业；②作业的应用性，将现实问题、日常生活问题引进课堂，促使学以致用；③作业的迁移性，创设新的问题情境，提供一定的变式，举一反三，触类旁通；④作业的适度性，作业难度要贴近儿童的“最近发展区”，数量要适宜；⑤作业的开放性，提供学生自由表达的时空，而非导向唯一标准答案的机械训练。

# 6.4 教学方法

## 6.4.1 教学方法概述

教学方法是为完成教学任务而采用的办法，它包括教师教的方法和学生学的方法，是教师引导学生掌握知识技能、获得身心发展而共同活动的方法。教学方法是一连串的有目的活动，它能独立完成某项教学任务，而教学方式只被运月于方法，并为所要完成的教学任务服务，它本身不能独立完成一项教学任务。

教学方法的内在本质特点：①教学方法体现了特定的教育和教学的价值观念，它指向实现特定的教学目标要求；②教学方法受到特定的教学内容的制约；③教学方法要受到具体的教学组织形式的影响和制约。

## 6.4.2 教师教的方法

### 1. 讲授法

教师通过口头语言向学生描绘情境、叙述事实、解释概念、论证原理和阐明规律的教学方法。讲授法有多种具体方式：①讲述，侧重在生动形象地描绘某些事物现象，叙述事件发生、发展的过程，使学生形成鲜明的表象和概念，并从情绪上得到感染；②讲解，主要是对一些较复杂的问题、概念、定理和原则等，进行较系统而严密的解释和论证。讲解在文、理科教学中都广泛应用，在理科教学中应用尤多；③讲演，教师就教材中的某一专题进行有理有据首尾连贯的论说，中间不插入或很少插入其他的活动。

使用讲授法的基本要求：

认真备课熟练掌握教材内容，对讲授的知识要点、系统、结构、联系等做到胸有成竹、熟能生巧，讲起来才精神饱满、充满信心，同时要注意学生反馈，调控教学活动的进行。

教学语言要准确；有严密的科学性、逻辑性；精练，没有非教学语言，用词简要，用简练的、科学的语言教学；清晰，吐字清楚，音调适中，速度及轻重音适宜；生动，形象，有感染力，注意感情投入。

充分贯彻启发式教学原则，讲授的内容须是教材中的重点、难点和关键，使学生随着教师的讲解或讲述开动脑筋思考问题，讲中有导，讲中有练。学生主体作用表现突出，表现为愿学、想学，才能使讲授法进行得生动活泼。

讲授的内容宜具体形象，联系旧知对抽象的概念原理，要尽量结合其他方法，使之形象化，易于理解。对内容要进行精心组织，使之条理清楚，主次分明，重点突出。讲授过程中要结合板书与直观教具板书，可提示教学要点，显示教学进程，使讲授内容形象化具体化。

### 2. 练习法

学生在教师的指导下，依靠自觉的控制和校正，反复地完成一定动作或活动方式，借以形成技能、技巧或行为习惯的教学方法。练习法对于巩固知识，引导学生把知识应用于实际，发展学生的能力以及形成学生的道德品质等方面具有重要的作用。

按性质和特点来说，练习法一般可分为三类：①心智技能的练习，如阅读、作文、计算技能的练习；②动作技能的练习，如体育技能、劳动操作技能的练习；③文明行为习惯的练习，如卫生习惯、礼貌习惯、守时习惯的练习。从具体学科来说，特殊的练习的类别又是多种多样的。例如：语文课有听、说、读、写等练习。数学课有各种运算、解题、作图、测量等练习。体育课有体操、田径、球类等练习。音乐课有唱歌、演奏等练习。道德教育课有尊师守纪、整洁卫生习惯等练习。

运用练习法的基本要求：

明确练习的目的和要求。练习虽是多次地完成某种活动，但并不是简单地机械地重复，而是有目的、有步骤、有指导地形成和改进学生技能、技巧，发展学生能力的过程。因此，在练习时，不仅教师要有明确的目的，而且也要使学生了解每次练习的目的和具体要求，并依靠对教材的理解自觉地进行练习。

精选练习材料。练习材料要根据练习目的、学生实际情况以及学习和生活上的实际需要加以选择。要加强基本技能的训练，把典型练习、变式练习和创造性练习密切结合起来，努力促进学生技能的积极迁移，使学生能举一反三，发展实际操作能力和创造能力。

适当分配练习的分量、次数和时间。技能、技巧或习惯的形成，都需要足够的练习。但是，练习的分量和次数，要根据学科的性质、练习的材料和学生的年龄特征来确定，不是越多越好。

及时回顾评价，了解练习的结果。每一次练习之后，检查哪些方面有成效，哪些方面存在着缺点或错误。当学生出现高原状态时，教师要帮助学生分析原因，指导他们改变旧的活动结构，并提高他们的信心，鼓励他们突破高原状态，争取更大的进步。

**3. 发现法**

发现法是古老而又现代的教学方法，学生在教师的认真指导下，能像科学家发现真理那样，通过自己的探索和学习，“发现”事物变化的因果关系及其内在联系，形成概念，获得原理。在这个认知学习过程中，学生能够同时体验到“发现”知识的兴奋感和完成任务的自信心。

发现法的典型过程是：①掌握学习课题(创造问题情境)；②制定假设(提出解决问题的各种可能的假设和答案)；③发现补充，修改和总结。

发现法有如下优越性：①能提高学生的智慧，发挥学生的潜力；②能使学生产生学习的内在动机，增强自信心；③能使学生学会发现的试探方法，培养学生提出问题、解决问题的能力和创造发明的态度；④由于学生自己把知识系统化、结构化，所以能更好地理解和巩固学习的内容，并能更好地运用它。

发现法虽有一定的优点，但不是唯一的教法或学法，必须同其他方法结合一起使用，才能取得良好效果。发现法，适合于那些能引出多种假设，原理，能明确展开的数理学科；发现法需要学生具有相当的知识经验和一定的思维发展水平。发现法的使用，还需要逻辑较严密的教材和具有较高水平的通晓本学科科学体系的教师。

**4. 讨论法**

讨论法是在教师的指导下，学生以全班或小组为单位，围绕教材的中心问题，各抒已见，通过讨论或辩论活动，获得知识或巩固知识的一种教学方法。优点在于，由于全体学生都参加活动，可以培养合作精神，激发学生的学习兴趣，提高学生学习的独立性。

运用讨论法的基本要求是：

(1)讨论的问题要具有吸引力。讨论前教师应提出讨论题和讨论的具体要求，指导学生收集阅读有关资料或进行调查研究，认真写好发言提纲。

(2)讨论时要善于启发引导学生自由发表意见。讨论要围绕中心，联系实际，让每个学生都有发言机会。

(3)讨论结束时，教师应进行小结。教师概括讨论的情况，使学生获得正确的观点和系统的知识。

### 6.4.3 学生学的方法

21世纪，中国教育基础课程改革的重点之一是，如何促进学生学习方式的变革，积极倡导新的学习方式是自主学习、合作学习、探究学习。

**1. 探究学习**

探究学习，是从学科领域或现实社会生活中选择和确定研究主题，通过学生自主、独立地发现问题、实验、操作、调查、信息搜集与处理、表达与交流等探索活动，获得知识、技能，发展情感与态度，特别是探索精神和创新能力的发展的学习方式和学习过程。

探究学习相对的是接受学习。接受学习将学习内容直接呈现给学习者，而探究学习中学习内容是以问题的形式来呈现的。探究学习的教学设计一般有以下几个步骤：

创设情境，提出问题。问题情境是一种特殊的学习环境，创设出具有诱发性的问题情境，使学生明确问题的指向性，从而使学生形成对问题进行探究的欲望。

提出猜想，建立假设。针对所提出的数学问题，充分利用直觉思维等各种合情推理提出解决问题的可能性猜想，并对产生的假设进行比较。

探究发现，验证猜想。针对各种假设，引导学生独立探究，动手实验，对假设进行反复的验证与论证，使之上升为一般的数学理论。

交流研讨，总结提高。组织学生交流各自探究的成果，反思探究过程中的思维策略与探究模式，并加以类化。同时，设计必要的基本练习、独立性练习与开发性练习，在练习中使探究的结论得以强化。

例如，在“分数化小数”[①](人教版教科书六年制第十册)的教学过程中，教师如何运用数学思想方法展开知识的形成过程，帮助学生科学地思考问题，探索规律，发现解决问题的途径。具体过程归纳如下：

1. 研究事例

出示例题：把3/10、67/100、49/1000化成小数，让学生归纳出分母是10、100、1000的分数化成小数的法则；再由小数的意义，说明分母是10、100、1000…的分数可以直接化成小数。

再出示例题：把1/4、7/25、9/40、2/9、5/14化成小数(除不尽保留三位数)，引导

---

① 张德勤：《探究学习的教学设计与数学思考》，《小学教学研究》，本书略有改动。

学生独立研究以下问题：分数化小数时，有哪几种情况？怎样区分和判定“除得尽”和“除不尽”；一个分数能不能化为有限小数取决于它的哪一部分？（通过学生的合情推理，发现规律）。

2. 提出猜想

通过以上引导讨论，学生提出如下猜想：“一个分数如果分母中含有 2 和 5，不含其他的质因数，那么这个分数就能化成有限小数”。

3. 检验猜想

紧接着教师出示例题“2/5、7/8、1/12、3/15、21/28 能不能化成有限小数”，先让学生根据以上猜想作出判断，再用分子除以分母，看看这些判断是不是真的。

通过检验，发现以上猜想出现矛盾，再让学生将以上分数分为“2/5、7/8、1/12”和“3/15、21/28”两组进行比较。教师提问：这两组分数有什么不同？怎样修改猜想？（缩小判断的适用范围）就可以发现上面的检验中出现了什么矛盾？将“一个分数”改为“一个最简分数”后再检验，看看会不会再出现矛盾。

4. 修改猜想

一个最简分数，如果分母中除了 2 和 5，不含其他的质因数，它就能化成有限小数；如果分母中含有 2 和 5 以外的质因数，它就不能化成有限小数。

5. 论证猜想

以上的教学过程是以归纳推理为主要形式得出猜想，这是一种合情推理，对于培养学生的创造性思维是不可缺少的。但合情推理掺杂着主观因素，具有或然性。为此，教师向学生提出：“为什么分母只含有质因数 2 或 5 的最简分数能化成有限小数？；而分母含有 2 和 5 以外的质因数的最简分数，就不能化为有限小数？”

通过下表推理论证猜想：分母只含有质因数 2 或 5 的最简分数，可以化为分母是 10、100、1000 等的分数，就可以化为有限小数；而分母含有 2 和 5 以外的质因数的最简分数，不能化为分母是 10、100、1000 等的分数，就不能化为有限小数。

**2. 合作学习**

合作学习是指学生在小组或团队中为了完成共同的任务，有明确的责任分工的互助性学习。它有以下几个方面的要素：积极承担在完成共同任务中个人的责任；积极的相互支持、配合，特别是面对面的促进性的互动；期望所有学生能进行有效的沟通，建立并维护小组成员之间的相互信任，有效地解决组内冲突；对共同活动的成效进行评估，寻求提高其有效性的途径。

合作动机和个人责任，是合作学习产生良好教学效果的关键。合作学习既有助于培养学生合作的精神、团队的意识和集体的观念，又有助于培养学生的竞争意识与竞争能力；合作学习还有助于因材施教，可以弥补一个教师难以面向有差异的众多学生教学的不足，从而实现使每个学生都得到发展的目标。

下面是小学《科学》四年级(上)“一杯水里能溶解多少食盐”，学生的合作学习片段。

师：怎样制定研究计划呢？我们的研究计划应该包含哪些内容呢？我们先在小组里讨论一下吧（学生以小组为单位讨论起来，老师巡视了解学生们的讨论情况）。

师：我们的研究计划讨论好了吗？谁先来给大家介绍一下？

生：我们组认为要研究“一杯水里能溶解多少食盐”这个科学小问题，首先要准备一些实验器材，如烧杯、玻璃棒、勺子、食盐；然后一勺一勺地加食盐，看水能溶解多少勺。

师：同学们觉得他们组的研究计划怎么样？

生：好(全班)。

师：还有没有小组要补充的？

生：还要水。

师：我们的研究计划已经讨论好了，接下来我们就把它写下来吧！请每个组的同学(手势表示)把研究计划拿出来，我们还可以再讨论一下，请一位同学把大家的讨论结果写下来，看哪个小组写得最好(小组开始讨论并写研究计划，师巡视了解情况)。

师：哪个小组认为你们的研究计划制订得最好，请上讲台来给全班同学介绍一下吧！(同学们显得很激动，有小组的学生马上跑了上来。)

生：我们研究的问题是一杯水里能溶解多少食盐；我们的实验研究需要的实验器材是烧杯、玻璃棒、小勺子，还有水；我们的研究方法和步骤是先往水里加盐，等溶解后再加盐，等到不能溶解的时候看看用去多少盐，就知道溶解了多少盐。

师：你们组还有补充吗？

生：把盐放入水中以后要用玻璃棒搅拌。

师：大家觉得他们的研究计划怎么样？

生：太简单了。

师：哪个小组再来给大家展示一下(一小组的四位学生马上跑上讲台)。

生：我们的研究方法和步骤是先把一勺食盐放入带水的烧杯里，再用玻璃棒不停地搅拌，等食盐溶化为止，接着再放，再搅拌……看看能放几勺食盐。

师：大家觉得这个小组的研究计划怎么样？

生：很好。

师：那好在什么地方，谁能来说说？

生：我觉得他们的研究计划写得很具体，比我们小组的要好。

生：我觉得他们组说“用玻璃棒不停地搅拌，等到食盐溶化为止接着再放食盐”，这段话讲得很好。

生：我也觉得他们很好，研究方法和步骤相当具体。

生：我觉得还有美中不足之处。

师：那自己认为写得好的小组请上来啊！要相信自己是最棒的！……好，表扬他们(有小组的学生上了讲台，全班在老师的带领下鼓起了掌声)！

生：我们的研究计划是放入水中的一勺食盐必须溶化；先舀一勺放入水中，等它完全溶解后看一下水有什么变化；再舀一勺放入水中，看看水有没有上升；看看最后这杯水能溶解多少食盐。

生：好！(全班学生)

师：那我还是要问，好在哪里？

生：他们不仅写得具体，还把在实验研究中的怎样观察，观察什么也写进去了。

师：对！5组的研究计划的确写得很好，我们待会儿在做的当中就应该注意这些问

题。让我们再次以掌声向他们表示祝贺！（全班掌声再次响起）

**3. 自主学习**

自主学习，就是“自我导向、自我激励、自我监控”的学习。具体地说，它具有以下几个方面的特征：学习者参与确定对自己有意义的学习目标，自己制定学习进度，参与设计评价指标；学习者积极发展各种思考策略和学习策略，在解决问题中学习；学习者在学习过程中有情感地投入，学习过程有内在动力的支持，能从学习中获得积极的情感体验；学习者在学习过程中对认知活动能够进行自我监控，并作出相应的调适。

自主学习的基本特征：自立性，即每个学习主体都是具有相对独立性的人，学习是学习主体自己的事，是任何人不能代替、不可替代的；自为性，即自主学习本质上就是学习主体自我探索、自我选择、自我建构、自我创造知识的过程；自律性，即学习主体对自己学习的自我约束性或规范性。它在认识域中表现为自觉地学习。

下面是小学语文《如梦令》的教学片段①，读者可以体会一下，小学教学中如何开展自主学习的。

师：你们能不能读着读着把这首词读成一个字？看看，这首词是围绕这里边的哪一个字来写的？小声地读一读，品一品。

生：我觉得是一个“醉”字。

师：你说说你的理由。

生：因为只有美景才能让她沉醉，我认为是醉。

师：你从哪些地方读出醉来了？

生：它有日暮，有藕花，还有一滩鸥鹭。让人沉醉在里面，所以我认为是醉。

师：那就请你把这个字写在黑板上。（生板书：醉）

生：我觉得是“记”，因为整首词都是在写她记着的东西。

师：她回忆怎样的美景？

生：她记得溪亭日暮，记得藕花深处，还记得一滩鸥鹭。（生板书：记）

生：我认为应该是“暮”。

师：说说你的理由。

生：因为她看到日暮以后就非常沉醉。她不知道回家了，然后到了晚上才回家，但是因为留恋刚才日暮的情景，竟然把船划到了荷花的深处。（生板书：暮）

生：我认为是“兴”，因为她兴致很浓，看了溪亭日暮，很沉醉，忘记了回家的路，所以后来才误入了藕花深处，惊起了一滩鸥鹭。

师：其实她是兴未尽，天晚了不得不回去，回去的时候有了意外的收获，其实一“兴”未平又起一“兴”。请你也写在黑板上。（生板书：兴）

师：同学们品出了那么多的字，不管“暮”也好，“记”也好，“醉”也好，还有“兴”也好，老师认为都有道理。因为“暮”所以“兴”，因为“兴”所以“醉”，因为“陶醉”了，所以常常记得不能忘记啊。李清照留下来的词并不多，但是“无一首不精，无一字不妙”，这里边的33个字都值得我们去细细地品味。

---

① 许汉：《从争渡到知否》，《小学语文教学》，2007，(4)，第34页。

师：这次郊游的经历使李清照深深地陶醉了(圈“醉”字)，她陶醉在美景中，还陶醉在哪里呢？

生：陶醉在鸥鹭飞起来的时候。

生：还陶醉在日暮里。

生：陶醉在荷花的清香中。

生：陶醉在误入藕花深处。

师：是的，词人深深地陶醉了，让我们也跟她一起深深地陶醉一次。读出浓浓的醉意来好吗？再读这首词。这回你能背下来的，咱们就背下来了。

生：(读、背全词)

# 6.5 教学艺术

## 6.5.1 情境创设的艺术

教学情境就是以直观方式再现书本知识所表征的实际事物或者实际事物的相关背景。教学情境解决的是学生认识过程中的形象与抽象、实际与理论、感性与理性以及旧知与新知的关系和矛盾。教师要用情感激发学生的学习兴趣，这是有意义学习的情感前提。[①]

**1. 借助实物和图像创设的教学情境**

教学中的实物主要指实物、模型、标本以及实验、参观等。如一教师在教《珊瑚》一课时，展示了“像鹿角”“像菊花”“像树枝”三种珊瑚，使学生对珊瑚有了真切感知，这便是通过实物创设情境。实验过程能够呈现出丰富生动的直观形象，以化学实验为例，从仪器装置到药品配制，从实验过程中复杂的物理化学变化到新物质生成，其中有形、色、态、味的变化，又有气体的生成和沉淀的析出，或光、电、热现象。

图像可把课文中所描写的景色，具体直观地表现在儿童面前，使他们获得生动的形象。如教学《燕子》一文，为了使学生感知大自然的景色，有的教师一开讲就用放大的彩色挂图，让学生仔细观察图中有哪些景物？它们的色彩、动态又怎样？那起伏的山冈，如镜的湖水，翠绿的垂柳，轻飞的燕子，清澈的泉水，使学生在视觉上感知了美的画面，为学习课文奠定了基础。

图画在数学教学中也有其特殊的价值。一位小学三年级的学生请一位数学专家解下面这道算术题：在一个减法算式里，减数、被减数与差的和等于 90，差是减数的两倍，那么差等于多少呢？题中概念太多，这位专家让孩子读两遍，学生还是把握不住，专家改用图来表达(见图 1，2，3)，图给孩子直观感和整体感，容易把握。

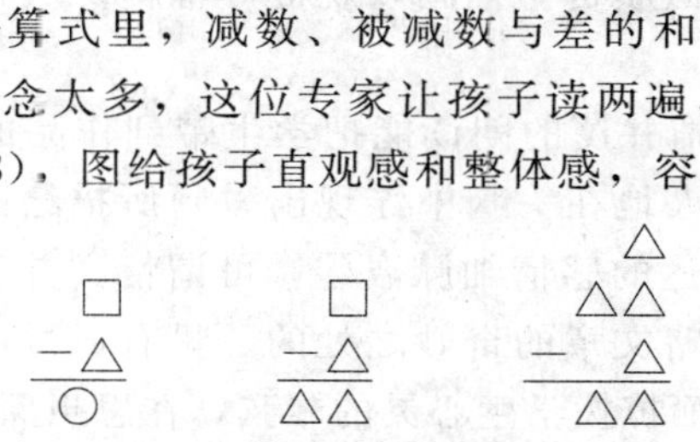

(1)　(2)　(3)

① 余文森：《论教学情境的主要类型》，《教育研究》，2006(3)，第 5～9 页。

**2. 借助动作(活动)创设的教学情境**

教师在教学中以姿势助语言，打手势，比如讲“这个孩子这么高”、“这根棍子这么长”，对人“高”和“长”，用手比划一下，这也是形象性。但是，这里我们所要强调的动作的形象性从理科的角度来说主要指操作，从文科的角度来说主要指表演。

**操作**

教学中通过让学生操作学具可以使许多抽象知识变得形象直观。如一位教师在教学“平均问题应用题”时，先让学生把 4 根、5 根、7 根、8 根四堆火柴棒分成每堆“同样多”，使学生通过直观操作领悟“移多补少”的“平均思想”，然后将四堆合在一起(总数量)，要求很快地平均分成四堆(总份数)，每堆多少根(每份数)，得到求平均问题的通法。操作的特点是通过动作而直观，从而把动作思维和形象思维有机结合起来。

**表演**

表演是高一层次的形象性，因为它不仅是教学内容的外观形象，而且展现了人物内心世界。一位教师教学《守株待兔》，很快就教完，可学生并不理解其寓意。这时教师灵机一动，扮成守株待兔者，倚在黑板下，闭目打坐，让学生“劝”自己。学生兴致倍增，纷纷劝起老师来：“老师，你等不到兔子啦!”……“老师，再等下去你会饿死的!”老师还模仿守株待兔者的口气和学生争辩。学生越劝说，兴致越高，就越深刻地理解这篇寓言的意思。

**活动**

学生活动所产生的直观情境也有其教学意义。一位数学教师在教行程问题时，感到学生对“同时”“不同地”“相遇”“相遇时间”等概念难于理解，于是他组织学生活动，通过活动帮助学生理解。他组织两队学生分别在操场两边竞走，老师哨子一吹，两人同时从两地对走。这时，老师让学生理解“同时”“相向”的含义。要求两人碰上时停止，告诉学生这是“相遇”。然后让同学们看在相遇时谁走的路程多，让学生理解在同一时间内两位同学各走多少距离。

**3. 借助语言创设的教学情境**

语言表达的形象性能够使听者的脑中呈现的是一幅幅鲜明而简洁的画面，而不是一些抽象的语义代码。如讲丰收，绝不仅是亩产多少、增产多少，而是高粱乐红了脸，麦穗笑弯了腰等形象化描述。这种将具体化的语言形象化，学生听起来必定是兴致盎然似三春，趣味浓郁如仲夏，犹似欣赏一幅画，观赏一幕剧。从教学艺术的角度来看，语言表达的形象性要求：

朗读——声情并茂。声情并茂的朗读能把学生带到作品的艺术境界之中，使学生如临其境，如闻其声，如见其人地在头脑中浮现出教师所描绘的情景。语文教材中许多课文描写的景物亲切宜人，表达的感情细腻温馨，可谓情文并茂，文质兼美。这些课文光凭教师讲解是不足让儿童领略文章的奇妙之处的。只有通过声情并茂的朗读，才能使学生唤起课文中美的形象，从而撩拨学生心灵的琴弦，在思想深处产生共鸣。

描述——绘声绘色。教师绘声绘色地描述，也能够把抽象概念变得生动形象。例如，有一位数学教师讲“点的轨迹”时，高高举起手中的一块蓝色粉笔头，别开生面地对学生说：“我这里有一个刚从墨水瓶中爬出来的‘小虫子’，在保持不定点 A 距离 30 厘米处不断爬行，爬呀爬，身后留下点点墨迹。你们看，这就是‘小虫子’运动的轨迹。”学生听着教师绘声绘色的描述，人人发出会心的微笑。在理科教学中，越是抽象概念的建立，往往越需要形象地描述与想象。

**4. 借助新旧知识的关系和矛盾创设的教学情境**

学生对新知识的学习是以旧知识为基础的，新知要么是在旧知的基础上引申和发展起来的，要么是在旧知的基础上增加新的内容，或由旧知重新组织或转化而成的，所以旧知是学习新知最直接、最常用的认知停靠点。

具体来说，在讲解除数是小数的除法时，首先复习商不变的性质和被除数是小数而除数是整数的小数除法，出示 37.5÷15=2.5，说一说你是怎样计算的？让学生充分说出算理，再出题 3.75÷1.5=？375÷150=？被除除和除数发生了怎样的变化，商是几？学生根据商不变的性质(被除数和除数同时扩大或缩小相同的倍数，商不变)确定答案还是 2.5。学生这样想，正是我们要教的方法，揭示出除数是小数除法的运算方法。这时教师再引导正确的竖式计算方法与格式，进一步深化算理，学生就掌握了计算方法。

**5. 借助“背景”创设的教学情境**

所谓背景知识是指与教材课文内容相关联的知识的总称。背景知识与新知的关系不如旧知与新知的关系那么密切、直接，它们之间没有必然的逻辑联系，但背景知识同样是学生学习和理解课文的一种重要的认知停靠点。没有必要的背景知识，阅读思考往往是无法进行的。课堂教学的背景知识主要包括：作者介绍，时代背景，历史典故。

### 6.5.2 动机激发的艺术

学习动机的激发是指在一定教学情境下，利用一定的诱因，使已形成的学习需要由潜在状态变为活动状态，形成学习的积极性。那么，在实际教学中，教师应如何激发学生的学习动机，使他们那种潜在的学习愿望变成实际的主动学习的行为呢？

**1. 创设问题情境，实施启发式教学**

启发式教学与传统的“填鸭式”教学相比，具有极大的优越性。而要想实施启发式教学，关键在于创设问题情境。问题情境就是一种适度的疑难情境。要想创设问题情境，首先要求教师熟悉教材，掌握教材的结构，了解新旧知识之间的内在联系；此外要求教师充分了解学生已有的认知结构状态，使新的学习内容与学生已有水平构成一个适当的跨度。

创设问题情境的方式可以多种多样，它既可以用教师设问的方式提出，也可以用作业的方式提出；它既可以从新旧教材的联系方面引进，也可以从学生的日常经验引进。

例如，在讲授“乘法运算”时，可以先让学生做一些加法题，如“两个 5 是几”，“三个 5 是几”，“10 个 5 是几”等，然后提出“100 个 5 是几”，“1000 个 5 是几”等。这时，学生可能试图写出 100 个或 1000 个“5”的连加算式。这时，教师可引导学生：这样列式会很长，并且算起来相当麻烦，有没有简便算法呢？学生一般找不到。这时教师告诉学生：“简便算法是有的，它叫乘法运算。从现在开始，就来学习这种简便运算。”

**2. 根据作业难度，恰当控制动机水平**

学习动机和学习效果之间有着相互制约的关系。因此，在一般情况下，动机水平增加，学习效果也会提高。但是，动机水平也并不是越高越好，动机水平超过一定限度，学习效果反而更差。中等程度的动机水平最有利于学习效果的提高。最佳的动机水平与作业难度密切相关：任务较容易，最佳动机水平较高；任务难度中等，最佳动机水平也适中；任务越困难，最佳动机水平越低。

由此可知，教师在教学时，要根据学习任务的不同难度，恰当控制学生学习的动机水平。在学习较容易、较简单的课题时，应尽量使学生集中注意力，使学生尽量紧张一点儿；在学习较复杂、较困难的课题时，则应尽量创造轻松自由的课堂气氛，以免学生过度紧张和焦虑。

**3. 充分利用反馈信息，给予恰当的评定**

心理学研究表明，来自学习结果的种种反馈信息，对学习效果有明显影响。这是因为，一方面学习者可以根据反馈信息调整学习活动，改进学习策略；另一方面学习者为了取得更好的成绩或避免再犯错误而增强了学习动机，从而保持了学习的主动性和积极性。

所谓评定，是指教师在分数的基础上进行的等级评价和评语。通过评定等级可以表明学生进步的多少，即评定的分数或等级并非表明个体的能力而是其进步快慢的指标。让学生明白等级评定的作用，并且教师在评定等级后再加上适当的评语，两者相结合，就会有较好的结果。

**4. 妥善进行奖惩，维护内部学习动机**

虽然表扬和奖励对学习具有推进作用，但使用过多或者使用不当，也会产生消极作用。有效的表扬应具备下列关键特征：①表扬应针对学生的良性行为；②教师应明确学生的何种行为值得表扬，应强调导致表扬的那种行为；③表扬应真诚，体现教师对学生成就的关心；④表扬应具有这样的意义，即如果学生投入适当的努力，则将来还有可能成功；⑤表扬应传递这样的信息，即学生努力并受到表扬，是因为他们喜欢这项任务，并想形成有关的能力。

**5. 合理设置课堂环境，妥善处理竞争和合作**

学生的学习主要是在课堂上进行的，课堂的合作与竞争环境无疑是影响学习动机的一个重要的外部因素。竞争型课堂结构激发以表现目标为中心的动机系统。在教学情境中，中等难度的学习(即具有挑战性的学习)是最恰当的学习任务，可以使学生在已经掌握的知识基础上提高更快。

合作型课堂结构激发以社会目标为中心的动机系统，合作情境涉及为共同目标而工作，因此，在合作情境中常常出现帮助行为。帮助既是援助他人，也是承担合作学习中的工作，帮助和合作是不可分的。研究发现，对于成功的合作小组成员来说，都认为同伴的帮助是取得成功的关键因素。

**6. 适当进行归因训练，促使学生继续努力**

当学生成功时会感到高兴，但只有当将成功归因于内部因素时，个体才会感到自豪与满意；如果认为成功是源于他人或外部力量，则学生的情感反应是感激而不是自豪。相反，如果将失败归因于内部因素，如不努力或无能，则会感到自责、内疚或羞愧；如果归因于外部因素，则会感到生气或愤怒。

若学生认为失败是由于不努力造成的，如果自己努力学习，就有可能取得成功，则他们在以后有可能更加努力，遇到困难也能坚持。若将失败归因于缺少能力，即使努力也不能成功，则他们很容易放弃。

在学生完成某一学习任务后，教师应指导学生进行成败归因。一方面，要引导学生找出成功或失败的真正原因，即进行正确归因；另一方面，更重要的是，教师也应根据每个学生过去一贯的成绩的优劣差异，从有利于今后学习的角度进行积极归因，哪怕这时的归因并不真实。

### 6.5.3 课堂总结的艺术

课堂小结(包含课堂总结)不仅发生在一节课的结束，也发生在每一个教学环节的结束。教师可以在课堂小结时帮助或指导学生通过小结把书本"读薄"，提炼出精华。有经验的教师在课堂小结阶段能够做到"首尾呼应"、"画龙点睛"、"相对完整"和"回味无穷"的基本要求。

**1. 归纳总结式**

归纳式小结，是指教师在小结一节课的教学内容时，运用准确、简练的语言，提纲挈领地使新知识在学生大脑中经过"信息编码"而"定格"。针对小学生求知欲强，好奇心强等心理特点，在课堂小结时根据教学内容提出问题，激发出学生想揭秘的问题意识，将所学知识进行归纳、整理，使之系统化。

比如，对《茶花赋》的总结，教师可以说：祖国如此伟大，人民精神如此美好，一朵茶花能容得下吗？能给人启发、深思吗？能。这是由于作者运用丰富的想象，进行了巧妙的艺术构思，不断开阔读者的视野，由情入手，而景，而人，而理，水乳交融，意境不断深化。从茶花的美丽姿态和饱蕴春色，我们看到祖国的青春健美，欣欣向荣；从茶花栽培者身上，我们感到创业艰难，任重道远；从茶花的含露乍开，形似新生一代的鲜红的脸，我们对未来充满无限希望。而三幅构图又各具一个眼，十分传神，像拨亮一盏灯，使满堂顿生光辉，又似一条金线串起散的珠子完成一件艺术珍品，使人深思，引人遐想。

**2. 启迪思维式**

兴趣是学生主动学习、积极思维、探求知识的内在动力。那么在小结教学中又如何激发学生的学习兴趣呢？

(1)设疑，即提出有一定难度的问题，这个问题常常是下节课要探讨的，让学生带着疑问结束一节课的学习，从而激起他们主动探索的兴趣和急于知晓的心理。在数学课堂教学中，根据教学内容，可设计类似教学悬念。

比如，学完"年、月、日"，可出这样一道题"小明6岁了，可他才过两次生日，问他是几月几日出生的？"一般说，他应过六次生日才对，可为什么才过两次呢？创设悬念，激发学生的好奇心，促使学生回忆今天所学新知，寻找答案。此种课堂小结即增强了学生的学习兴趣，又促使学生学会主动探索。

(2)伏笔，即在讲授某一知识时，有意留下一个"尾巴"，使学生感到言而未尽，以引起他们探讨"未尽"的好奇心，为今后的教学打下伏笔。这种小结是在教学本课知识的同时，通过教师设疑引出下节课要学的内容。采用这种方法，可以调动学生学习的积极性。

例如：新授小数除以整数，除小结好本课内容外，还可提出：21.45÷15，小数除以整数，如果把 15 缩小 100 倍，21.45÷15→21.45÷0.15，小数除以小数，又怎样计算呢？这样小结既小结了本节课的教学内容，又为下一节课的教学作了埋伏，促使学生去发现新旧知识间的联系，主动建立新知结构。

(3)延伸，由于课堂教学的时间有限，要想让学生在课堂学习中掌握更多知识，就只有在课前或课后联系与教学内容有关的问题，用激励的语言鼓励学生学好学科的知识，以便为将来探求本学科领域中的奥秘打好基础，将课内知识延伸到课外。

例如，教学“年、月、日”知识后，老师作了如下延伸：你知道吗，为什么通常每4年里有 3 个平年，1 个闰年，这个闰年是怎样走出来的呢？我们所经过的一日时间，是怎样定出来的？请同学们课后多看课外读物，了解更多知识，相信大家一定会很快地找到正确的答案。

**3. 分析比较式**

教学中要引导学生学会比较学习的方法，激发学生从知识的广度和深度加深理解。教师将本节课所授的内容和其类似的课进行比较小结，抓住它们的相同点和不同点，使学生对本节课的教学内容和其类似的内容得到了区分，加深了学生对本节课堂所学的内容的理解。

例如，当教师把“求一个数是另一个数的几倍的应用题”、“求一个数的几倍是多少的应用题”都已授完时，可把它们列在一起：找出它们的不同点，注意一些字眼，加以区分。让学生不至于混淆它们，达到我们的教学目的，提高教学效果。

**4. 图表小结式**

这种小结通常是通过图示或表格的方式，引导、归纳、小结出当堂课所学的知识，或揭示同以前所学知识的联系和区别。

例如，学生在学习带分数乘法的解法时，由于受前面学过的带分数加减法的解法干扰，往往出现将带分数的整数部分与分数部分分别相乘和把带分数部分先通分、再约分等情况。针对学生出现的这种错误，为了帮助学生弄清两者之间计算过程中的异同点，可用图表小结。

**5. 交流评价式**

数学课堂教学应该给学生足够的时间和空间去思考和活动，同时要让学生有机会去畅谈自己对数学的体验、感受和收获。因此在课堂小结中应关注学生的感受和体验，这种小结是开放的，不仅关注学生的学习结果，而且关注学生学习体验和感受，关注学生的数学情感、态度和价值观。

比如，对于“登高”的总结，教师可以这样进行：杜甫与李白同为唐代诗坛上的巨人，却仿佛被分隔在山顶的两侧。李白站在往上走的一侧，头是仰着的，看到的是无尽的蓝天，悠悠的白云，因而心胸开阔，歌声豪放；杜甫站在往下走的一侧，头是低着的，看到的是小径的崎岖，深沟的阴暗，因而忧心忡忡，歌声凄苦。时代用冷酷的眼光选择了杜甫，让他捧起时代的血泪，用沉重的笔触记录下一个伟大的时代如何走向衰落；让他受尽种种磨难，用枯瘦的手去蘸起墨汁一样浓黑的悲哀，来记录一个伟大灵魂的痛苦挣扎。

**6. 回味性总结**

课堂总结的一般化，形式的呆板化，易使学生感到乏味。设计一个新颖有趣、耐人寻味的课堂总结，能使学生调节疲劳，保持学习兴趣。

比如，人教版三下“荷花”可以这样进行总结：

师：同学们，你们也愿意做一朵美丽的荷花仙子吗？请大家闭上眼睛想一想，如果你自己也是池中的一朵荷花，会看到、听到、想到些什么呢？（播放音乐，学生想象）

生1：我仿佛听到微风在我耳边说悄悄话。

生2：小鱼游过来，在我脚上挠痒痒，我忍不住笑出声来。

生3：温暖的阳光照在我身上，舒服得我只想睡大觉。

……

师：各位荷花仙子，大家快从池中回来吧！是啊，荷花是美丽的，它不仅外表美，内在也很美，它能出淤泥而不染，濯清莲而不妖，依然是那么纯洁，那么努力向上，让我们热爱自然，热爱荷花，热爱生活！

**7. 活动激趣式**

游戏活动小结，把游戏引入课堂，寓课堂小结于游戏中，可以使学生在轻松愉快的活动中掌握新授知识。例如，教学“用4的乘法口诀求商”这一课时，教师可让学生用摆正方形的方法小结本节课的所学内容。即教师报题“12÷4”，学生取出12根小棒迅速摆出3个正方形；又报题“20÷4”，学生取出20根小棒摆出5个正方形，……这样将课堂小结有机地融于游戏活动中，使学生在新颖有趣的游戏活动中，不仅放松疲惫的身心，而且巩固了所学知识。

竞赛活动小结，比赛能够鼓励人争先创优，小学生这种愿望就更加强烈，他们总是希望受到老师的夸奖，同学的赞赏，喜欢参加比赛，希望自己获胜，满足自我表现的欲望。因此，利用学生好胜的心理特点，在课堂小结中为学生们创造自我表现的活动，如“爬山夺红旗”“争金牌”“抢答”“争当小小数学家”个人或小组竞赛活动，把学生学习潜能充分调动起来，做到以赛代练，赛中有获。

故事活动小结，故事是学生喜闻乐见的一种文艺形式，它之所以吸引人，则在于它有一定的情节，使人感兴趣，将它引入课堂小结，也会收到好的效果。

**8. 口诀式小结**

教师结合教学内容，精心编制口诀让学生朗读、记忆的小结方法。这种方法既能激发学生的学习兴趣和热情，又能促进知识的牢固记忆。如，“除数是小数的除法”教学后，教师可以这样帮助学生进行归纳小结：“外移几，里移几，方向一致要注意；里缺补‘0’莫忘记，上下点点要对齐。”

**9. 渗透式小结**

小学思想品德教育，要注意与知识、技能的教学有机结合，把数学知识的掌握与思想品德教育有意识恰当地联系起来。将有意识的教育寓以无意识的受教育之中，做到在知识教学中自然、适时、适量地渗透。

比如，学习“元、角、分”的知识后，设计的课堂小结是：同学们，今天我们认识了人民币单位元、角、分，知道它们之间是十进关系，还学会了兑换人民币。今后，大家比一比，同学准是储蓄小能手！结合学生实际，自然得体，力求达到“随风潜入夜，润物细无声”的境界。

**10. 首尾呼应总结**

我们常以提出问题，设置悬念的方式引入新课，用以激发学生强烈的求知欲望和学习兴趣。因此，在结尾时，不妨引导学生利用所学到的新知识，分析解决上课时提出的问题，消除疑虑，解决悬念。这样的结尾方式，既能巩固课堂所学知识，又能首尾呼应，使学生感受到所学知识的完整性和实用性。

比如，在上"陶罐和铁"中，上课初，问学生课文的主要内容是什么？通过学习这则寓言你明白了什么道理？当同学们学完课文后就知道了陶罐自始至终谦虚大度，宽容自尊，铁罐是傲慢轻蔑怒不可遏，应该向陶罐学习。最后在课堂总结时，老师可以引导同学们回到课前所提出的问题，和学生一起来解答这个问题。

总的来讲，课堂总结的方法很多，也很有技巧性。教师进行课堂总结的基本原则是：概括性，要能梳理本节课的内容，概括本质、体现规律；强化性，紧扣教学目标和学习重点，深化学生对所学知识的记忆和理解；启智性，开启智慧的大门、启迪学生的思维，引导学生利用原有知识与能力，去探索新的知识并发展新的能力；埋伏性，能设置一些悬疑，让学生有求知未尽、学兴未尽的感觉，为下一节课的学习打下伏笔，做好铺垫。

**拓展阅读：课堂导入的艺术**

导入是教师在一个新的教学内容或教学活动开始，运用一定的方式恰如其分地引导学生注意力，关心上课主题内容，从而引导学生进入学习状态的行为方式。

导入的作用主要表现在以下几个方面：集中注意，巧妙地导入新课，可以起到先声夺人、先声服人的效果，紧紧地吸引住学生的注意力；激发兴趣，使学生如沐春风、如饮甘露，进入一种美妙的境界；启迪思维，点燃学生思维的火花，开阔学生的视野，增长学生的智慧，使之善于思考问题；明确目的，激发学习动机，使其能持久地保持注意力；铺垫拓展，为全节课顺利进行奠定良好的基础，并能由此使教学内容进一步展开。

由于教学内容和教师个人的素质不同，因而导入的方式也多种多样，下面介绍几种较为常用的导入法。

1. 复习旧知识导入法

复习旧知识导入法，是以复习已经学过或学生日常生活中已经了解的知识为基础，将其发展、深化，引导出新的教学内容，达到温故知新的目的。在讲授新知识时应考虑新旧知识之间的联系，很好地利用与新课内容有密切关系的、学生已经掌握的知识，或者日常生活中已经积累的知识，以此设计导入语，引出新的内容。

例如，一位历史课教师在讲解"三国鼎立"一课时，首先问学生"黄巾大起义的意义是什么"，然后在学生回答的基础上很自然地导入新课：黄巾大起义瓦解了东汉政权，在群龙无首的情况下，大小地方实力派和豪强拥兵自立，进行分裂割据。至于具体情况，就是今天我们这堂课要学习的内容。

2. 衔接导入法

衔接导入法，是根据知识之间的逻辑联系，找准新旧知识的联结点，通过对旧知识的复习过渡，自然引出新知识。也可以说这是一种温故而知新的导入方法。这种方法使学生在感知新知时，既有思想准备，又有知识基础。学生会感到亲切，能在轻松愉快中学习新知识，使新旧知识连贯。

比如，老师在教朱自清的散文《春》时，先让学生背诵王安石在《泊船瓜洲》中是怎样写春的？当学生得意洋洋地温习旧知识时，他顺势导新课："以上背诵的都是绝句，容量有限，是取一个景物或两三个景物写春的。今天学的散文《春》写的景物可多了，有山、水、草、树、花、鸟、风、雨等。作者是怎样描绘的呢？再说，春就在我们身边，现在我们就欢乐地生活在阳春三月的日子里，文中写的这些景物的姿态、色彩等，平时你注意到没有？细读课文，领略大好春光，可以寻找到与作者观察的差距。"

3. 设疑导入法

设疑导入法，根据课堂要讲授的内容，设计有关问题向学生提出，以引起学生急切的好奇心和求知欲。

比如，教"花儿为什么这样红"，可设计如下导语：同学们，每到春天我们就会看到姹紫嫣红的桃花、杏花、芍药花，那么，这些花儿为什么呈现出红色呢？接下去教"花儿为什么这样红"，自然能抓住学生的思维。

4. 情境导入法

情境导入法，就是利用语言、设备、环境、活动、音乐、绘画等各种手段，制造一种符合教学需要的情境，以激发学生兴趣，诱发思维，使学生处于积极学习状态的技法。情境导入法如运用得当，则会使学生身临其境，预想不到是在上课，从而在潜移默化中受到教育，获得知识。

5. 激疑导入法

古人云："学起于思，思源于疑。"疑是学习的起点，有疑才有问、有思、有究，才有所得。利用问题，产生疑惑，激发思维也是教师常用的导入方法。

比如，《失街亭》一文，教师先就提出"究竟谁失街亭？"，这样就问得有点出乎意料而且新奇。此外，所设的疑点要有一定的难度，要能使学生暂时处于困惑状态，出现一种"心求通而未得，口欲言而不能"的情境。设疑质疑还只是激疑导入法的第一步，更重要的是要以此激发学生的思维，使学生的思维尽快得到启动并活跃起来。

6. 提问导入法

通过提出一些与新课内容有关的、学生业已了解的有趣的问题，激发起学生想要了解该问题的好奇心，进而导入新课。提问导入法的要求是：所提问必须科学、有趣味、有意义，具有激发兴趣、发人深省的作用。

例如，一位教师在讲授"鲸"时，上课第一句话是："同学们，你们知道世界上最大的动物是什么？"学生回答："世界上最大的动物是鲸"。教师："对。今天我们学习第十二课——鲸。"（板书课题）

7. 典故导入法

通过寓言、故事或典故、传说等来激发学生兴趣，启迪学生思维，创造一种情境引入新课。学生一般都爱听故事，特别是一些科学性、哲理性很强的故事更受学生的欢迎。在各学科的发现和发展中都有很多动人的故事，从中选取一些恰当的片段作为起讲的材料，不仅有助于学生思维能力的培养，还可以引起学习兴趣。

比如，有教师讲知识短文"词义"时是这样导入的：今天先给大家讲个故事，阿凡提当了理发师，当地主持伊斯兰教教义的大阿訇经常去理发，但从不付钱。有一天，阿凡提先给他剃光了头，刮脸时问："你的眉毛要不要？""当然要。"阿凡提刷刷两刀把他的眉毛剃了，说："给您。"大阿訇气得说不出话来，阿凡提又问："你的胡子要不要？""不要，不要！"刷刷，又是两刀，阿凡提把那人漂亮的大胡子给剃掉了。这时，阿訇用镜子一照，见自己像个剥光了的鸡蛋，暴跳如雷，气势汹汹地责问阿凡提，阿凡提却从从容容地说："我是遵照你的吩咐做的呀！"同学们想想看，聪明的阿凡提戏弄阿訇的凭据是什么？学生们立即领悟到阿凡提是运用"要"这个词的多义性来戏弄阿訇的。于是课堂教学自然引到了对于词义的理解上了。

8. 直接导入法

开头直接点出课，有位教师讲《玻璃》一课，一上讲台就出示玻璃问学生："这是什么？"学生回答："玻璃。"教师板书课题：玻璃，接着说："你知道玻璃的化学成分是什么吗？它是怎样制成的？现在我们就来学习有关玻璃的一些知识。"

9. 实验导入法

上课伊始，教师巧设实验，使学生通过对实验的观察去发现规律，进行归纳总结，推导出结论，来导入新课。这种方法在生物、理化教学中运用较广泛，因为这些科目中很多内容都比较抽象，如分子、电子的运动，物质的化合与分解，细胞的分裂和新陈代谢，神经的传导等，不通过形象的实验和演示，一般很难理解。而运用实验导入新课，不仅能帮助学生认识抽象的知识，而且能激发学生的思维活动，自觉地去分析问题、探索规律，要善于根据实验中出现的现象和结果来提问和启发，以促使学生去思考和探究。

10. 实例导入法

学生的学习以书本知识为主，而书本知识对学生来说一般比较抽象和概括，因此，从生产、生活中选取一些生动形象的事例进行引入和佐证，使抽象的知识具体化，让深奥的道理通俗化，不仅能激发学生的兴趣，而且有利于学生具体生动地理解知识。这种方法，各科教学都可以采用，但运用时须要注意，选材要典型、生动、浅近、具体，并且紧扣教材、引证准确。

总的来讲，课堂导入的方法很多，也很有技巧性。教师进行课堂导入的基本目的是：目标导向，让学生明白这节课要学习什么，要达到什么要求；激发动机，让学生产生学习的兴趣和欲望，并乐于学习；铺垫新知，为新知识与技能的学习做好铺垫，打好基础；引发探究，调动学生学习的积极性，引发学生强烈的探究欲望，调动积极思考的学习热情。

# 第 7 章 教学评价

教学评价包括教学评价的基础知识和基本能力两个部分。其中的基础知识是指具有小学教学评价、教学反思的基础知识；基本能力是指能够运用这些知识进行教学评价和教学反思。

本章的内容包括以下三个方面：①了解小学教学评价的基本内容、类型和主要方法；②了解小学教师教学反思的基本内容、类型和主要方法，以及教学反思对教师专业发展的作用；③能够针对小学课堂教学设计和实施进行恰当的评价。

## 7.1 教学评价概述

### 7.1.1 教学评价的含义

教学评价是以教学目标为依据，按照科学的标准，运用有效的技术手段，对教学过程及结果进行测量，并给予价值判断的过程。因此，教学评价是对教学工作质量所作的测量、分析和评定，包括对学生学业成绩的评价，对教师教学质量的评价和进行课程评价。教学评价是依据教学目标对教学过程及结果进行价值判断并为教学决策服务的活动，是研究教师的教和学生的学的价值的过程。

教学评价一般包括对教学过程中教师、学生、教学内容、教学方法手段、教学环境、教学管理诸因素的评价，但主要是对学生学习效果的评价和教师教学工作过程的评价。教学评价的两个核心环节：对教师教学工作(教学设计、组织、实施等)的评价——教师教学评估(课堂、课外)；对学生学习效果的评价 ——即考试与测验。评价的方法主要有量化评价和质性评价。

教学评价的意义如下：①对学校来说，可以记载和积累学生学习情况的资料，以向家长报告他们子女的成绩，并作为学生升留级和能否毕业的依据；②对教师来说，可以及时了解学生的学习情况和获得教学效果的反馈信息，以分析自己教学的优缺点，更好地提高教学水平；③对学生来说，可以及时得到学习效果的反馈信息，明确自己学习中的长处与不足，以扬长补短；④对领导来说，可以了解每个教师、每个班的教学情况，便于发现问题与总结经验以改进教学；⑤对家长来说，可以了解子女的学习情况及其变化，以便配合学校进行教育。总之，教学评价最重要的作用在于运用它来探明、调节、改善和提高教学活动本身的功能。

现代教育评价的特点：它是促进学生发展和达到教育和教学目标为中心的评价，不仅重视测量学生的知识，而且重视测量学生的智能与品德；不仅重视总结性评价，而且重视形成性评价；不仅由评价者作评价，而且注意自我评价的作用；不仅用于评价学生的学习，而且用于评价课程、教师教学和教育的各个方面。

### 7.1.2 教学评价的原则

客观性原则。客观性原则是指在进行教学评价时，从测量的标准和方法到评价者所持有的态度，特别是最终的评价结果，都应该符合客观实际，不能主观臆断或参入个人情感。因为教学评价的目的在于给学生的学和教师的教以客观的价值判断，如果缺乏客观性就失去了意义，因此而导致教学决策的错误。

整体性原则。整体性原则是指在进行教学评价时，要对组成教学活动的各方面做多角度、全方位的评价。由于教学系统的复杂性和教学任务的多样化，使得教学质量往往从不同的侧面反映出来，表现为一个由多因素组成的综合体。因此，为了反映真实的教学效果，必须把定性评价和定量评价综合起来，使其相互参照，以求全面准确地判断评价客体的实际效果，但同时要把握主次，区分轻重，抓住主要的矛盾。

指导性原则。指导性原则是指在进行教学评价时，不能就事论事，而是要把评价和指导结合起来，要对评价的结果进行认真分析，从不同的角度找出因果关系，确认产生的原因，并通过及时的，具体的启发性的信息反馈，使被评价者明确今后的努力方向。

科学性原则。这条原则是指在进行教学评价时，要从教与学相统一的角度出发，以教学目标体系为依据，确定合理的统一的评价标准，认真编制、预试、修订评价工具；在此基础上，使用先进的测量手段和统计方法，依据科学的评价程序和方法，对获得的各种数据进行严格的处理，而不是依靠经验和直觉进行主观判断。

### 7.1.3 教学评价的类型

根据评价在教学活动中发挥作用的不同，可把教学评价分为诊断性评价、形成性评价和总结性评价三种类型。

诊断性评价。诊断性评价是指在教学活动开始前，对评价对象的学习准备程度做出鉴定，以便采取相应措施使教学计划顺利、有效实施而进行的测定性评价。诊断性评价的实施时间，一般在课程、学期、学年开始或教学过程中需要的时候。诊断性评价的作用主要有，确定学生的学习准备程度，根据学生的情况适当安置学生。

形成性评价。形成性评价是在教学过程中，为调节和完善教学活动，保证教学目标得以实现而进行的确定学生学习成果的评价。形成性评价的主要目的是改进、完善教学过程，步骤是：①确定形成性学习单元的目标和内容，分析其包含要点和各要点的层次关系；②实施形成性测试，测试进行后教师要及时分析结果，同学生一起改进、巩固教学；③实施平行性测试，其目的是对学生所学知识加以复习巩固，确保掌握并为后期学习奠定基础。

总结性评价。总结性评价是以预先设定的教学目标为基准，对评价对象达成目标的程度即教学效果做出评价。总结性评价注重考查学生掌握某门学科的整体程度，概括水平较高，测验内容范围较广，常在学期中或学期末进行，次数较少。

### 7.1.4 教学评价的方法

绝对评价法。绝对评价法是在被评价对象的集合以外确定一个客观标准，将评价对象与这一客观标准相比较，以判断其达到程度的评价方法。绝对评价设定评价对象以外的客观标准，考察教学目标是否达成，可以促使学生有的放矢地学习，并根据评价结果及时发现差距，调整自我，具有明显的教育意义。

相对评价法。相对评价法是从评价对象集合中选取一个或若干个对象作为基准，将余者与基准做比较，排出名次、比较优劣的评价法。相对评价法便于学生在相互比较中判断自己的位置，激发竞争意识。

个体内差异评价法。个体内差异评价是以评价对象自身状况为基准，评价对象只与自身状况进行比较，包括自身现在成绩同过去成绩的比较，以及自身不同侧面的比较。个体内差异评价法比较充分地照顾到学生的个性差异，力图减轻评价对象的压力。但是，它只是使评价对象与自身状况进行比较，既不是按照一定客观标准进行评价，也无评价对象间的相互衡量，容易导致信度降低，学生自我满足，因此常与绝对评价、相对评价结合使用。

## 7.2 学科教学评价

### 7.2.1 小学语文教学评价

语文教学评价的根本目的是为了促进学生学习，改善教师教学。应充分发挥语文课程评价的多重功能，恰当运用多种评价方式，注重评价主体的多元与互动，突出语文课程评价的整体性和综合性。要根据不同年龄学生的学习特点，按照不同学段的课程目标，抓住关键，突出重点，采用合适方式，提高评价效率。

**1. 充分发挥语文课程评价的多种功能**

语文课程评价具有检查、诊断、反馈、激励、甄别和选拔等多种功能，其目的是为了考查学生实现课程目标的程度，检验和改进学生的学习和教师的教学，改善课程设计，完善教学过程。应发挥语文课程评价的多种功能，尤其应注意发挥其诊断、反馈和激励的功能，有效地促进学生的发展。

**2. 恰当运用多种评价方式**

形成性评价关注学习过程，有利于及时揭示问题、及时反馈、及时改进教与学活动。终结性评价关注学习结果，有利于对教学活动作出总结性的结论。形成性评价和终结性评价都是必要的。应加强形成性评价，注意收集、积累能够反映学生语文学习与发展的资料，可采用成长记录袋等各种方式，记录学生的成长过程。对学生语文学习的日常表现，应以表扬、鼓励等积极的评价为主，采用激励性的评语，从正面加以引导。

要坚持定性评价和定量评价相结合，全面反映学生语文学习的状态及水平。评价方法除了纸笔测试以外，还有平时的行为观察与记录、问卷调查、面谈讨论等各种方法。语文学习具有重情感体验和感悟的特点，更应重视定性评价。学校和教师要对学生的成长记录和考试结果进行分析，评价结果的呈现方式除了等级或分数以外，还可用代表性的事实客观描述学生语文学习的进步，并提出建议。

**3. 注重评价主体的多元与互动**

应注意将教师的评价、学生的自我评价及学生之间的相互评价相结合，加强学生的自我评价和相互评价，促进学生主动学习，自我反思。评价要理解和尊重学生的自我评价与相互评价，要尊重学生的个体差异，有利于每个学生的健康发展。

**4. 突出语文教学评价的整体性和综合性**

小学语文教学评价要体现语文课程目标的整体性和综合性，全面考察学生的语文素养。应注意识字与写字、阅读、写作、口语交际和综合性学习五个方面的有机联系，注意知识与能力、过程与方法、情感态度与价值观的交融、整合，避免只从知识、技能方面进行评价。

**5. 小学语文教学评价的具体建议**

建议一：关于识字与写字的评价。

汉语拼音学习的评价，重在考查学生认读和拼读的能力，以及借助汉语拼音认读汉字、讲普通话、纠正地方口音的情况。

识字的评价，要考查学生认清字形、读准字音、掌握汉字基本意义的情况，以及在具体语言环境中运用汉字的能力，借助字典、词典等工具书查检字词的能力。写字的评价，要考查学生对于要求“会写”的字的掌握情况，重视书写的正确、端正、整洁，在此基础上，逐步要求书写流利。义务教育的各个学段的写字评价都要关注学生写字的姿势与习惯，引导学生提高书写质量。评价要有利于激发学生识字、写字的兴趣，帮助学生养成写规范字的习惯，减少错别字。

建议二：关于阅读的评价。

阅读的评价，要综合考查学生阅读过程中的感受、体验和理解，要关注其阅读兴趣与价值取向、阅读方法与习惯，也要关注其阅读面和阅读量，以及选择阅读材料的能力。能用普通话正确、流利、有感情地朗读课文，是朗读评价的总要求。根据阶段目标，各学段的要求可以有所侧重。评价学生的朗读，可从语音、语调和语气等方面进行综合考查，评价“有感情地朗读”，要以对内容的理解与把握为基础，要防止矫情做作。

诵读的评价，重在提高学生的诵读兴趣，增加积累，发展语感，加深体验和领悟。在不同学段，可在诵读材料的内容、范围、数量、篇幅、类型等方面逐渐增加难度。默读的评价，应从学生默读的方法、速度、效果和习惯等方面进行综合考查。

精读的评价，重点评价学生对阅读材料的综合理解能力，要重视评价学生的情感体验和创造性的理解。略读的评价，重在考查学生能否把握阅读材料的大意。浏览的评价，重在考查学生能否从阅读材料中捕捉有用信息。文学作品阅读的评价，着重考查学生感受形象、体验情感、品味语言的水平，对学生独特的感受和体验应加以鼓励。评价学生阅读古代诗词和浅易文言文，重点考查学生的记诵积累，考查他们能否凭借注释和工具书理解诗文大意。

建议三：关于写作的评价。

写作的评价，要重视学生的写作兴趣和习惯，鼓励表达真情实感，鼓励有创意的表达，引导学生热爱生活，亲近自然，关注社会。写作的评价，应按照不同学段的目标要求，综合考查学生写作水平的发展状况。第一学段主要评价学生的写话兴趣；第二学段是习作的起始阶段，要鼓励学生大胆习作；第三、第学段要通过多种评价，促进学生具体明确、文从字顺地表达自己的见闻、体验和想法。对于作文的评价还须关注学生汉字书写的情况。

写作材料准备过程的评价，不仅要具体考查学生占有材料的丰富性、真实性，也要考查他们获取材料的方法。要引导学生通过观察、调查、访谈、阅读等途径，运用多种方法搜集材料。重视对作文修改的评价。要考查学生对作文内容、文字表达的修改，也要关注学生修改作文的态度、过程和方法。要引导学生通过自改和互改，取长补短，促进相互了解和合作，共同提高写作水平。

评价结果的呈现方式，根据实际需要，可以是书面的，可以是口头的；可以用等级表示，也可以用评语表示；还可以采用展示、交流等多种方式。提倡学生在成长记录中收存有代表性的课内外作文和有价值的典型案例分析，以反映写作的实际情况和发展过程。

总之，小学语文教学评价要尊重和保护学生学习的自主性和积极性，鼓励学生运用多种方法，从不同的角度进行探究。要充分注意学生解决问题的思路和方法。对有新意的思路和表达以及有特点的展示方式，尤其要给予足够的重视。除了教师的评价之外，要多让学生开展自我评价和相互评价。

### 7.2.2 小学数学教学评价

评价的主要目的是全面了解学生数学学习的过程和结果，激励学生学习和改进教师教学。评价应以课程目标和内容标准为依据，体现数学课程的基本理念，全面评价学生在知识技能、数学思考、问题解决和情感态度等方面的表现。

评价不仅要关注学生的学习结果，更要关注学生在学习过程中的发展和变化。应采用多样化的评价方式，恰当呈现并合理利用评价结果，发挥评价的激励作用，保护学生的自尊心和自信心。通过评价得到的信息，可以了解学生数学学习达到的水平和存在的问题，帮助教师进行总结与反思，调整和改进教学内容和教学过程。

**1. 基础知识和基本技能的评价**

对基础知识和基本技能的评价，应以各学段的具体目标和要求为标准，考查学生对基础知识和基本技能的理解和掌握程度，以及在学习基础知识与基本技能过程中的表现。在对学生学习基础知识和基本技能的结果进行评价时，应该准确地把握“了解、理解、掌握、应用”不同层次的要求。在对学生学习过程进行评价时，应依据“经历、体验、探索”不同层次的要求，采取灵活多样的方法，定性与定量相结合、以定性评价为主。

每一学段的目标是该学段结束时学生应达到的要求，教师需要根据学习的进度和学生的实际情况确定具体的要求。例如，下表是对第一学段有关计算技能的基本要求，这些要求是在学段结束时应达到约，评价时应注意把握尺度，对计算速度不作过高要求。

**第一学段计算技能评价要求**

| 学习内容 | 速度要求 |
|---|---|
| 20以内加减法和表内乘除法口算 | 8～10题/分 |
| 百以内加减法口算 | 3～4题/分 |
| 三位数以内的加减法笔算 | 2～3题/分 |
| 两位数乘两位数笔算 | 1～2题/分 |
| 一位数除两位或三位数的除法笔算 | 1～2题/分 |

教师应允许学生经过较长时间的努力，随着数学知识与技能的积累逐步达到学段目标。在实施评价时，可以对部分学生采取“延迟评价”的方式，提供再次评价的机会，使他们看到自己的进步，树立学好数学的信心。

**2. 数学思考和问题解决的评价**

数学思考和问题解决的评价要依据总目标和学段目标的要求，体现在整个数学学习过程中。对数学思考和问题解决的评价应当采用多种形式和方法，特别要重视在平时教学和具体的问题情境中进行评价。

例如，在第二学段，教师可以设计下面的活动，评价学生数学思考和问题解决的能力：用长为50厘米的细绳围成一个边长为整厘米数的长方形，怎样才能使面积达到最大？

在对学生进行评价时，教师可以关注以下几个不同的层次：第一，学生是否能理解题目的意思，能否提出解决问题的策略，如通过画图进行尝试；第二，学生能否列举若干满足条件的长方形，通过列表等形式将其进行有序排列；第三，在观察、比较的基础上，学生能否发现长和宽变化时，面积的变化规律，并猜测问题的结果；第四，对猜测的结果给予验证；第五，鼓励学生发现和提出一般性问题，如，猜想当长和宽的变化不限于整厘米数时，面积何时最大。

为此，教师可以根据实际情况，设计有层次的问题评价学生的不同水平。例如，设计下面的问题：①找出三个满足条件的长方形，记录下长方形的长、宽和面积，并依据长或宽的长短有序地排列出来。②观察排列的结果，探索长方形的长和宽发生变化时，面积相应的变化规律。猜测当长和宽各为多少厘米时，长方形的面积最大。③列举满足条件的长和宽的所有可能结果，验证猜测。④猜想：如果不限制长方形的长和宽为整厘米数，怎样才能使它的面积最大？

教师可以预设目标：对于第二学段的学生，能够完成第①②题就达到基本要求，对于能完成第③④题的学生，则给予进一步的肯定。学生解决问题的策略可能与教师的预设有所不同，教师应给予恰当的评价。

**3. 情感态度的评价**

情感态度的评价应依据课程目标的要求，采用适当的方法进行。主要方式有课堂观察、活动记录、课后访谈等。情感态度评价主要在平时教学过程中进行，注重考查和记录学生在不同阶段情感态度的状况和发生的变化。教师可以根据实际情况设计类似的评价表，也可以根据需要设计学生情感态度的综合评价表。

例如，可以设计下面的评价表，记录、整理和分析学生参与数学活动的情况。这样的评价表每个学期至少记录1次，教师可以根据实际需要自行设计或调整评价的具体内容。

**参与数学活动情况的评价表**

<table>
<tr><td>学生姓名：</td><td>时间：</td><td>活动内容：</td></tr>
<tr><td>评价内容</td><td colspan="2">主要表现</td></tr>
<tr><td>参与活动</td><td colspan="2"></td></tr>
<tr><td>思考问题</td><td colspan="2"></td></tr>
<tr><td>与他人合作</td><td colspan="2"></td></tr>
<tr><td>表达与交流</td><td colspan="2"></td></tr>
</table>

**4. 注重对学生数学学习过程的评价**

学生在数学学习过程中，知识技能、数学思考、问题解决和情感态度等方面的表现不是孤立的，这些方面的发展综合体现在数学学习过程之中。在评价学生每一个方面表现的同时，要注重对学生学习过程的整体评价，分析学生在不同阶段的发展变化。评价时应注意记录、保留和分析学生在不同时期的学习表现和学业成就。

例如，可以设计下面的课堂观察表用于记录学生在课堂中的表现，积累起来，以便综合了解学生的学习表现以及变化情况。观察表中的项目可以根据实际需要自行调整，随时记录学生在课堂教学中的表现。教师可以有计划地每天记录几位同学的表现，保证每学期每位同学有 3～5 次的记录；也可以根据实际情况记录某些同学的特殊表现，如提出或回答问题具有独特性的同学、在某方面表现突出的同学、或在某方面需要改进的同学。经过一段时间的积累，对于学生平时数学学习的表现，就会有一个较为清晰具体的了解。

**课堂观察表**

上课时间：　　　　　课目：　　　　　内容：

| 学生<br>项目 | 王涛 | 李明 | 陈虎 | …… |
|---|---|---|---|---|
| 课堂参与 | | | | |
| 提出或回答问题 | | | | |
| 合作与交流 | | | | |
| 课堂练习 | | | | |
| 知识技能的掌握 | | | | |
| 独立思考 | | | | |
| 其他 | | | | |

说明：记录时，可以用 3 表示优，2 表示良，1 表示一般，等等。

**5. 评价主体的多元化和评价方式的多样化**

评价主体的多元化是指教师、家长、同学及学生本人都可以作为评价者，可以综合运用教师评价、学生自我评价、学生相互评价、家长评价等方式，对学生的学习情况和教师的教学情况进行全面的考查。评价方式多样化体现在多种评价方法的运用，包括书面测验、口头测验、开放式问题、活动报告、课堂观察、课后访谈、课内外作业、成长记录等。每种评价方式都具有各自的特点，教师应结合学习内容及学生学习的特点，选择适当的评价方式。

**6. 恰当地呈现和利用评价结果**

评价结果的呈现应采用定性与定量相结合的方式。第一学段的评价应当以描述性评价为主，第二学段采用描述性评价和等级评价相结合的方式，评价结果的呈现和利用应有利于增强学生学习数学的自信心，提高学生学习数学的兴趣，使学生养成良好的学习习惯，促进学生的发展。评价结果的呈现，应该更多地关注学生的进步，关注学生已经掌握了什么，获得了哪些提高，具备了什么能力，还有什么潜能，在哪些方面还存在不足，等等。

例如，下面是对某同学第二学段关于“统计与概率”学习的书面评语：王小明同学，本学期我们学习了收集、整理和表达数据。你通过自己的努力，能收集、记录数据，知道如何求平均数，了解统计图的特点，制作的统计图很出色，在这方面表现突出。但你在使用语言解释统计结果方面还存在一定差距。继续努力，小明！评定等级：B。

这个以定性为主的评语，实际上也是教师与学生的一次情感交流。学生阅读这一评语，能够获得成功的体验，树立学好数学的自信心，也知道自己的不足和努力方向。

**7. 合理设计与实施书面测验**

书面测验是考查学生课程目标达成状况的重要方式，合理地设计和实施书面测验有助于全面考查学生的数学学业成就，及时反馈教学成效，不断提高教学质量。

(1)对于学生基础知识和基本技能达成情况的评价，必须准确把握内容标准中的要求。对基础知识和基本技能的考查，要注重考查学生对其中所蕴含的数学本质的理解，考查学生能否在具体情境中合理应用。因此，在设计试题时，应淡化特殊的解题技巧，不出偏题怪题。

(2)在设计试题时，应该关注并且体现本标准的设计思路中提出的几个核心词：数感、符号意识、空间观念、几何直观、数据分析观念、运算能力、推理能力、模型思想，以及应用意识和创新意识。

(3)根据评价的目的合理地设计试题的类型，有效地发挥各种类型题目的功能。例如，为考查学生从具体情境中获取信息的能力，可以设计阅读分析的问题；为考查学生的探究能力，可以设计探索规律的问题；为考查学生解决问题的能力，可以设计具有实际背景的问题；为了考查学生的创造能力，可以设计开放性问题。

(4)在书面测验中，积极探索可以考查学生学习过程的试题，了解学生的学习过程。

比如，针对问题，“一个房间里有四条腿的椅子和三条腿的凳子共16个，如果椅子腿数和凳子腿数加起来共有60个，那么有几个椅子和几个凳子?”，可以进行以下评价。

①可以引导学生运用尝试的办法探索规律，得出结果，使学生感受这是数学探索的一种有效途径。比如，可以有规律地给出下面的计算过程：

| 椅子数 | 凳子数 | 腿的总数 |
|---|---|---|
| 16 | 0 | $4\times16=64$ |
| 15 | 1 | $4\times15+3\times1=63$ |
| 14 | 2 | $4\times14+3\times2=62$ |

继续计算下去，可以得到椅子数12，凳子数4时，腿数恰好为60。通过上表可以启发学生思考：每减少一个椅子就要增加一个凳子，腿的总数就要减少$4-3=1$。腿的总数为60时，需要减少的椅子数是$64-60=4$，于是椅子数是$16-4=12$，凳子数是$0+4=4$。最后验证一下：$12\times4+3\times4=60$，是正确的。当然，也可以从凳子数的变化思考：每减少一个凳子就要增加一个椅子，腿的总数就要增加$4-3=1$。

②对于学有余力的学生，教师可以鼓励他们进一步用字母代替椅子数与凳子数，得到计算腿的总数的模型。

③还可以用一元一次方程的方法或二元一次方程组的方法解决。启发学生从不同的角度思考同一个问题，有利于学生进行比较，加深对于模型的理解。

利用一元一次方程解决此问题时，可以引导学生通过具体列表的方式找出规律、建立方程，这样利于学生理解方程的意义，体会建模的过程。假设椅子数为 $a$，则凳子数为 $16-a$，把前表移过来并用字母代替：

| 椅子数 | 凳子数 | 腿的总数 |
| --- | --- | --- |
| $a=16$ | $16-a=0$ | $4a+3(16-a)=64$ |
| $a=15$ | $16-a=1$ | $4a+3(16-a)=63$ |
| $a=14$ | $16-a=2$ | $4a+3(16-a)=62$ |

这样，合题意的方程为 $4a+3(16-a)=60$，可以通过尝试的方法，解得 $a=12$，也可以解方程求解。

从上面的讨论可以看到，用四则运算方法，思考最困难，但是结果最直接；用一元一次方程组的方法，思考最简洁，但是计算较繁琐。在教学过程中，可以结合具体的教学内容使用这个例子，最后进行比较，启发学生思考。

### 7.2.3 小学英语教学评价

小学英语教学评价应根据本标准规定的课程目标与要求，采用科学、合理的评价方式和方法，对教学的过程和结果加以及时、有效地监控，以起到对教学的积极导向作用。英语教学评价要尽可能做到评价主体的多元化，评价形式和内容的多样化，评价目标的多维化。

评价应反映以人为本的教育理念，突出学生的主体地位，发挥学生在评价过程中的积极作用。评价应关注学生综合语言运用能力的发展过程以及学生在学习过程中情感态度、价值观念、学习策略等方面的发展和变化。评价应采用形成性评价与终结性评价相结合的方式，既关注过程，又关注结果，使对学生学习过程和学习结果的评价达到和谐统一。为此，特提出以下评价建议：

**1. 充分发挥评价的积极导向作用**

在教学过程中，评价应起到监控教学过程、反馈教学信息、激励学生学习、促进教师改进教学的重要作用。因此，评价要有利于学生不断体验英语学习过程中的进步与成功，有利于学生认识自我，建立和保持英语学习的兴趣和信心；评价要有利于教师获取英语教学的反馈信息，并对自己的教学行为进行反思和调整，从而促进教师不断提高专业水平；评价要有利于学校和教育行政部门及时了解课程的实施情况，改进教学管理，促进英语教学的不断发展和完善。评价的过程和评价结果还应有利于家长和社会了解学生的学习情况、教学的目标和教育的发展方向，共同推进英语教学。

**2. 体现学生在评价中的主体地位**

学生是学习的主体，也是评价的主体。评价标准的确定、评价内容和方式的选择以及评价的实施等均应以促进学生的发展为目标。在各类评价活动中，学生都应该是积极的参与者和主动的合作者。学生应当在教师的指导下，学习使用适当的评价方法和可行的评价工具，了解评价标准和学习进程，发现和分析学习中的具体问题，主动反思和调控自己的学习策略，认识自我，树立自信，不断明确自己的努力方向。

**3. 依据操作目标要求确定评价内容与标准**

教师应当综合考虑本标准所规定的语言技能、语言知识、学习策略和文化意识等几个方面的目标要求及特点，根据学生实际情况，确定评价标准，选择评价内容，采用恰当形式。应避免过分强调对知识的考查和脱离语言实际运用的倾向，以确实提高评价的有效性。

**4. 注意评价方法的合理性和多样性**

在设计和实施评价的过程中，教师应根据各阶段教学的特点与评价目的，充分考虑学生的年龄、心理特征及认知水平，选用合理、多样的评价方式，如自我评价、同伴评价、家长评价、教师评价等，实现形成性与终结性评价相结合。形成性评价可采用与课堂教学活动接近的形式以及平时测验、学习档案、问卷调查、访谈等形式。终结性评价应采用不同类型的评价形式，以口试、听力和笔试相结合的方式，综合考查学生的语言运用能力。在笔试中，客观性试题和主观性试题要合理配置。

**5. 形成性评价要有利于监控和促进教与学的过程**

教师应根据实际课堂教学的目标，采取有效的信息收集和反馈方式，及时观察和了解学生的学习进程和学习困难，把握课堂教学目标的落实，为下一步调整教学目标、改进教学方法、提高教学效率提供依据。形成性评价应坚持激励原则。教师应积极指导学生评价自己的学习行为和学习结果，使学生通过参与展现自己学习进步的各种评价活动，获得成就感，增强自信心，有效调控自己的学习过程。

**6. 终结性评价要注重考查学生的综合语言运用能力**

终结性评价是在一个学习阶段结束时对学生学习结果的评价，如期末考试、毕业学业考试等。终结性评价主要检测学生综合语言运用能力的发展程度，包括语言技能、语言知识、情感态度、学习策略和文化意识五个方面。终结性评价应根据教学的阶段性目标确定评价的内容和形式，可以包括口语、听力、阅读、写作和语言知识运用等部分。

终结性评价应将知识与技能的评价有机结合起来，着重考查学生在具体语境中运用英语的能力，渗透对情感态度、学习策略和文化意识的考查。考试形式应灵活多样，合理配置主观题和客观题。小学的终结性评价应充分考虑小学生的认知特点，选择恰当的形式和内容，做到简明、实用。

**7. 注意处理教学与评价的关系**

教学与评价都是英语课程实施过程的重要组成部分。教学是培养学生实际语言运用能力的关键环节，评价是及时监控教学过程和教学效果的重要手段，教师要正确处理二者之间的关系。评价要服务教学、反馈教学、促进教学。平时的教学要避免为考而教、不考不教、以考代教的倾向，特别是要避免采用题海战术干扰正常教学的做法。要坚持以考查语言运用能力为主的命题指导思想，使教学始终着眼于学生实际语言运用能力的发展。

**8. 小学的评价应以激励学生学习为主**

小学英语教学评价应以本标准和平时的教学内容为依据，以激励学生的学习兴趣和自信心为主要目的，采用符合学生认知水平、具有多样性和可选择性的评价形式。小学阶段的评价应以形成性为主，重点评价学生平时参与各种教学活动的表现。小学中、低年级的终结性评价应采取与平时教学相近的、生动活泼的活动形式。小学高年级的终结性评价也应主要采用与平时教学活动相近的方式进行，合理采用口试、听力和笔试相结合的方式，考查学生基本的理解和表达能力，重点考查学生用英语做事情的能力。终结性评价的成绩评定可采用等级制或选标的方法，不宜采用百分制。

总之，英语教学的评价要体现新课程的评价原则，要采用科学、合理的评价方法、评价形式和评价手段。教师要不断学习和了解国内外语言评价的理论与实践研究成果，钻研语言评价技术与手段。既要保持和改进传统的行之有效的评价方法，更要积极尝试、实验新的评价方法。在具体的评价实施过程中，要根据不同阶段英语学习的内容、目标以及评价的不同功能，选择恰当的评价方法，并进行合理组合。

# 7.3　课堂教学评价

## 7.3.1　课堂教学评价的含义

课堂教学评价，是对教师的课堂教学过程所进行的评价，主要是对教师课堂教学的行为及其效果所进行的价值判断。评价的形式有三种：一是对教学过程进行评价，这种评价主要是对教学过程的构成要素，如教师、学生、教学方法和教学环境等进行评价；二是对学生活动进行评价，这种评价则是以学生的心理发展为评价中心，要对学生在课堂教学中是否得到了认知、情感、动作技能等的发展和进步进行评价，它以学生在课堂上的行为表现作为基础；三是对教学效果进行评价，它是在教学结束之后对学生的进步所进行的评价，主要依靠考试等测量手段来进行。

课堂教学评价的目的不仅仅是对教师的课堂教学进行评价，相反，它更是激励教师有目的性、有针对性地不断学习、改进、提高的过程。简要地说，课堂教学评价具有诊断、激励、调控和促进功能，其中诊断功能是最基础的，而激励教学是最终目的。

**1. 诊断功能**

通过课堂教学评价，可以了解影响课堂教学的各种因素，发现教学过程中的各种优点、缺点和矛盾，进而判断教学的质量水平。课堂教学评价有助于教师对学生进行比较全面的认识，根据学生的已有认知结构和知识能力水平，进行有针对性的教学，并根据学情的变化，及时调整教学内容和教学方式，促进学生积极主动的学习。此外，课堂教学评价还能了解课堂教学是否达到了预期目标，如果达到了，有哪些值得借鉴的经验；如果没有达到，原因何在，便于有针对性地进行补救。

**2. 激励功能**

课堂教学评价能够有效地评析教师课堂教学的状况和优缺点，只有让教师了解自己在课堂教学实践中的优点、亮点、特点和弱点，才能找到今后努力发展的基点和方向。课堂教学评价正是教师了解自己教学情况的一条关键途径。同时，课堂教学评价还可以使教师在相互之间的听课、评课活动中增进了解，互相学习，在听课、评课的交流中激发内在的需要和动力。

**3. 调控功能**

课堂教学评价对教学过程具有监督、调节和控制作用。评价结果是一种信息反馈，可以使教师知道自己的教学情况，也可以使学生获得成功的经验和失败的教训，为教师和学生改进教与学的行为提供依据。教师可以根据反馈信息了解影响学生学习的各种因素，进一步调整教学目标、修改教学计划、改进教学方法、完善教学指导；学生则可以根据反馈信息，明确学习在知识与基本能方面的发展情况，寻找薄弱环节，端正学习态度，调整学习进度，完善认知结构。

**4. 促进功能**

对于教师而言，课堂教学水平和能力是教师立足的基点，如何有效提高教师的教学水平与能力是教师教育最重要的课题之一。课堂教学评价正好可以为广大的教师提供一个科学了解自身教学状况的窗口，使其明了自己教学中存在的不足和今后努力的方向，为教师的专业发展提供一个很好的平台。

### 7.3.2 课堂教学评价的原则

根据教学规律和学生特点，结合现行教育制度和方针，确立了课堂教学评价的一些基本要求，作为指导课堂教学的基本原则。

**1. 发展性原则**

发展性原则主要包括两个方面的内容。第一，有利于学生的发展，课堂教学评价的基本目标之一就是通过切实的评价与诊断，帮助教师积极自主地构建和应用新的教学策略，不断调整教学的组织方法与过程，从而促进学生在认知、情感等方面的全面发展。第二，有利于教师的专业发展，课堂教学评价的重点是关注教师的课堂教学过程，找到课堂教学中还应该改进的地方。

**2. 主体性原则**

在评价的对象上，主体性原则是指被评价对象对评价活动和过程的参与，包括评价指标的建立、评价方法的采用、评价过程的实施等都要有教师的参与；在评价的内容上主体性原则是指评价中要体现互动和学生的发展。课堂教学中的互动通常表现在：学生在学习过程中有情感投入，学习成了一种内在的动力和需要，学生在课堂学习中获得成长的体验；学会合作，通过各种形式的教学活动，学会接纳、赞赏、争辩、互助。

**3. 艺术性原则**

教学是一门技术，更是一门艺术，这是一句公认的名言，但教学艺术本身也是课堂教学评价最难以把握的一个内容。应该说教学艺术体现出了教学的生命力之所在，它是教师素质的综合体现，不仅体现在教师的各种能力之中，也体现在课堂教学的各个环节之中。其中，教师的语言表达能力及体态语的表现力尤为重要。语言表达不仅要准确、清晰、简练，还要具有感染力。就课堂教学的环节而言，教学艺术包括导入艺术、介绍艺术、提问艺术等，每个环节的组织都能体现教师的教学功底。而评价过程中对教学艺术性的评价也主要体现在对教师素质和教学过程的评价上。

**4. 过程性原则**

评价针对的是课堂教学的过程，即课堂教学评价本身直接针对的是课堂教学活动及其历程，在这个过程中，结合课堂教学的目标来评价课堂教学的效率。评价既要体现教师教学经验的发展过程，又要体现学生学习经验的发展过程，它不是用某一事件评定某一结果，而是要体现个体发展的连续性。

**5. 多元性原则**

课堂教学评价的多元性原则，主要指参与评价者的多元性和评价角度的多元性两个方面。现代课堂教学评价中教师将作为评价活动的重要参与者和受益者，不仅有教育管理者的评价，还有教师的自我评价、学生的评价，构成评价主体的多元化。在进行评价时，不仅要对教学的基本环节和过程进行评价，还需要对教师在教学过程中所体现的基本教学能力要素进行评价，需要对教学效果、教学思想和理念等进行评价。

### 7.3.3　课堂教学评价的发展趋势

随着新课改的逐步实施和推广，现代课堂教学评价逐渐出现了如下趋势。

在评价的功能上，由传统课堂教学评价过分注重管理导向转向注重教师的发展，提倡课堂教学的发展性评价。课堂教学评价的目的不再是单纯地评判教师教学目标的达成情况和教师课堂教学的优劣，而是期望通过评价来改进教学，提高课堂教学的质量，促进教师的成长。而且现代课堂教学也注重评价对课堂教学的导向作用，通过课堂教学评价，促使教师在课堂教学中充分发挥学生的自主性、主动性和创造性，注重学生的个人体验和生活体验，促进学生身心的良性发展。

在评价的着眼点上，从注重对结果的评价，转向注重对过程的评价，尤其是师生之间的互动和学生的参与性的评价。此外，还将教学过程优化所需要的各种因素、环境、条件都纳入了课堂教学评价的范围，而且在对待评价结果上，也从原来单纯关注评价的客观性、准确性和公正性，发展到更加重视评价结果的反馈和对评价结果的反思，从而促进教师的发展。

在评价主体上，由过去几乎完全由评价者来进行评价发展到评价主体的多元化。这个多元化的主体既包括了外部的评价者，也更强调被评价对象的参与；评价对象也由过去的被动等待向主动参与发展。同时，还强调学生对课堂教学评价的参与，注重评价信息的多元性，改变传统以他评为主的方式，重视自评和互评。

在评价方法上，改变了传统课堂教学评价由量表一统天下的局面，呈现出方法多样性的特点。不仅有客观、量化的评价方法，而且出现了量化、质性评价相结合，以质性评价统整量化评价的发展趋势。在评价的过程中，也改变了以往的一次性、终结性评价的方式，而采用终结性评价和形成性评价相结合，多次、多点、多方位进行评价。

### 7.3.4 课堂教学评价的基本方法

课堂教学评价的方法多种多样，根据不同的标准也有很多分类。这里我们简要介绍两种基本方法，即课堂观察法和量表评价法，前者注重对质的评价，后者侧重量的评价。

**1. 课堂观察法**

课堂观察法法是评价者通过对被评价教师的课堂教学的直接观察，获取有关该教师的教学行为、过程、特点以及所展现出来的教学能力等第一手信息，从而能够有效地进行课堂教学的评价，并相应地提出建设性的意见，以此提高教师课堂教学能力和课堂教学效率的方法。

课堂观察法基于“面向全体学生，尊重个性差异，促进全面发展”的课堂教学理念，从以下几个视角来进行教学评价。

其一，任务分析。任务分析是对学生完成学习任务所需知识、技能、步骤的分析，着眼点是学生，是以学生学科基础知识和基本思想方法的学习心理为基础的。任务分析起点是学生学习应该达到的最后结果，任务分析的终点则是学生学习的起点，即学生已有的与新学习有关的能力或倾向的准备水平。

其二，教材“教学化”。教材作为课程的载体，承载着编制者的课程理念和教学思想。但是无论教材编制如何尽善尽美，其内容和样式蕴含着整齐划一的教育需求，无法满足多样化和个性化的需要。因此，教师有必要对教材内容进行适度增删、调整和加工，使之更好地适应具体的教学情境和班级学生的学习需求。教材的“教学化”就是教师对教材灵活地、创造性地、个性化地运用。

教学案例：这是一节“圆的面积”的新授课，整节课教师和学生都没有用过课本，甚至有的学生根本就没有带课本。听课者问学生：“你的课本呢?”学生狡黠地一笑：“老师说了，这节课不用书。”

评价：当课程由“文本课程”走向“体验课程”时，教材也由“神圣”变成了教师和学生可资借鉴和利用的“课程资源”。教师不再是教教材，而是使用教材。教师教学的主要任务就是落实课程的培养目标。而以何种方式，具体用哪些教学内容来完成课程目标，教师则有相对的自主权，这为充分发挥教师的聪明才智，有创造性地实施教学，提供了一个广阔的空间。但教材毕竟是一些专家和学者为实现课程目标，有计划、有组织地为教师的教学提供的一个“范例”，它为教师系统地、有逻辑地、有目的地进行教学提供了线索和依据，也为学生的自我探究和系统的建构知识提供了指南。我们倡导教材的创新并不排斥对教材的重复利用，教学本身就是对教材内容和语言的一次再创造和再组织，学生阅读教材也是一种自我探究和自我建构知识的表现。所以，我们要“直面数学教材”，要以教材为“蓝本”进行教学内容的创生和开发，而不是完全脱离教材，使学生无所遵从。

那种一味完全抛弃教材的做法，对新的教材观的真谛并没有真正地领悟。

其三，情境建构。小学课堂应该为学生的知识建构提供优质的环境和支持。具体而言就是为学生进行知识建构，创造一种具有“情境”性的学习环境———创设真实或虚拟的问题情境，让学生自主发现、探究问题。

教学案例：这是二年级上“锐角和钝角”一节的课堂。老师出示问题情境后，立即让学生分组讨论。有的小组是一个优等生发言，其他几个学生只能静静地当听众；有的小组是几个人你一言我一语，但仅仅是流于形式；有的小组讨论的似乎很热闹，但不知说些什么，老师间或走到小组中间提出几个问题，有的学生站起来规规矩矩地回答。

评价：首先，要理解互动与交往的含义与实质。师与生、生与生之间的互动与交往应建立在互相分享彼此的思考、见解、方法、经验和知识；交流彼此的情感、感受、认识、体验与观念；丰富教学内容，求得新的发展，从而达成共识、共享、共进，实现教学相长和共同发展的基础之上。它昭示着师生将是一个“学习共同体”，在这个共同体中，它不仅仅是知识与技能、过程与方法的互动和交往，更是一种在平等意义上的人与人之间的价值观和精神上的互动与交往。而徒具其形的各种形式，则与新理念毫不相关。其次，教师要认真备课，灵活选择互动与交往的形式。根据教学目标，教学内容，学生学习习惯和学习特点的不同应分别选择不同的互动与交往的方式。如提问、合作、分组讨论、演示、实验、评论、活动、演讲等。再次，要把握好互动与交往的时机。不同的互动与交往方式，需要不同的时机。如出现了新知识，一个人不好完成时，可让学生合作；遇到了大家都希望解决的问题，而且有一定难度时可让学生讨论探究；当学生意见不一致又相持不下时，可组织学生共同讨论达成共识等。无论采取哪种方式，教师都要学会倾听，学会倾听是对学生的一种尊重，也是对学生的一种鼓励。同时也要教会学生学会倾听，在倾听中学会思考，学会欣赏、学会赞叹、学会评判。

其四，主体互动。学生的主体参与是在教师引领下的全员参与、全程参与、积极有效的参与。教师的主体参与表现为善于设置问题情境，激发学生的参与积极性，帮助学生提取原有的知识，建构新知识。在师生、生生间的多向交往互动中平等对话，使学生获得新的体验和新的生成。

教学案例：老师说，“这个问题，请哪位同学来回答?”学生们一边举手一边喊着：“我来，我来……”有几个都离开了座位，手举到了讲台前。当老师说：“××，你说。”其他同学的手依然高举着，甚至随意大声地发表起自己的见解来。

评价：这是不是缺乏教师应有的引导呢？“自主学习”不能理解成老师撒手不管的学习，而应当是在老师的引导、暗示、有效监督下的自主性学习。我认为教学活动应当是一个生动活泼、主动和富有个性的学习过程，引导学生学会倾听和分享也是非常必要的。如果不能倾听又怎能分享别人的独特的感受呢？高效的课堂不但要鼓励学生积极思维、积极表达，更要引导学生学会倾听、学会思考。如果教师也沉浸在课堂活跃的情景中，而忘记引导学生学会倾听别人的意见，那这堂课的高效又从何谈起。我们追求课堂的生动活泼，不仅是外在的、形式上的，更重要的是追求一种内在的，深层次思维的灵动和方法的掌握。如：在读课文时，有的老师说：“你想怎么读就怎么读”、“你喜欢读哪段就读哪段”，学生的读书水平始终处于同一水平线，不见提高，这大概主要是缺乏教师的指导和点拨。教学过程中，适当的点拨、适当的引导、和适当的范读也是非常必要的。

其五，有效生成。教师的课前设计是对教学现实的预计、构想，具有很强的主观性，而现实的课堂必然会出现预想之外的事件、问题、情境。教师必须以开放的观念来看待教学设计与教学实施之间的落差，以生成的观念来组织教学。教师应关注学生的学习情况，尽力捕捉、判断课堂生成的信息，利用学生已有的经验、学生间的差异、课堂上学生的状态和行为，适时调整自己的教学思路，实现有效教学。

教学案例：“灰姑娘”这节语文课由王老师预设的几个问题贯穿始终，这几个问题当然是教师深入品读文本后所预设的，每个问题独具匠心，源于文本而又超越文本。如：第一个问题：“你喜欢故事里的哪一个？不喜欢哪一个？为什么？”第二个问题：“如果你是辛黛瑞拉(灰姑娘)的后妈，你会不会阻止辛黛瑞拉去参加王子的舞会？你们一定要诚实呦！”第三个问题：“如果辛黛瑞拉因为后妈不愿意她参加舞会就放弃了机会，她可能成为王子的新娘吗？”第四个问题：“这个故事有什么不合理的地方？”

评价：第一个问题让学生初步感知文本，表达喜好憎恶。第二、三两个问题教师则善于捕捉那些闪动着灵性的资源，挖掘文本潜在的人文内涵，引领学生学会生活，学会关爱，学会追求，更要学会爱自己。第四个问题：侧重于培养学生的批判意识。这几个问题是展开个性化阅读、多元化阅读的支点，可以说这是一个预设与生成相得益彰的课堂，更是闪动着学生灵性的“活”的课堂。因此，我们在强调和追求生成的同时，绝对不能忽视预设的价值，应让预设和生成“两相媲美”。

**2. 量表评价法**

量表评价法是传统课堂教学评价中最常采用的方法，它是事先确定好需要进行评价的指标，并给出评价的等级。在评价过程中，评价者对照课堂教学的实际状况，逐项给出相应的等级评定。由于量表评价法的基础是评价量表，因此量表评价法的核心也就是评价量表的制定。而评价量表的核心又在于评价标准的制定。量表评价法设计的一般步骤如下。

第一步，明确评价目的和要求。

在课堂教学评价活动中，评价目标和要求是评价的起点，不同的评价目标，其评价体系的架构内容也截然不同。如，评价的目的是为了了解课堂教学的基本环节是否完整，那么评价体系的重点将会在课堂教学的基本环节上；如果评价的目的是了解课堂教学中师生的互动，那么评价体系中关注更多的将是有关互动的环节。

第二步，建构课堂教学评价体系和标准。

课堂教学评价体系和标准是课堂教学评价的基础，在课堂教学评价中，它是进行课堂教学评价的实际依据。这些标准和体系主要有以下三类：①依据课堂教学的各个要素进行分析，把课堂教学分为教学目的、教学内容、教学方法和教学过程等，在此基础上进一步细分；②依据非固定问题来建立标准，如教学目标明确、教学重点突出、教材处理恰当、联系实际密切、教学结构合理、教学方法灵活、教态亲切自然、教师素养良好、教学效果明显等；③依据课堂教学中的具体行为，将课堂教学分为教师的行为和学生的行为。在教师行为方面，强调营造和谐、民主、活跃的课堂教学气氛，创造性地使用教材，注重学生的差异，给学生提供更多思考和创造的时间和空间等。而对于学生的行为，则强调要能够积极主动地参与到学习中去，能提出学习和研究的问题，师生间有多向交流，有自己的收获与体验等。

第三步，制定评价指标的操作说明。

操作说明通常由两个部分构成：一是对评价指标的解释，即这个评价指标是什么，为什么需要有这个评价指标，它在整个评价指标体系中的作用等；二是每个具体指标的观察内容，这个观察内容实际上是对达到指标的状态的描述，而这种描述通常是用行为指标来表示的。除了相应的行为之外，还可以对具体观察时需要获得的内容进行一定程度的规定和建议。

第四步，制定评价方案。

评价方案是对整个课堂教学评价的实施规划，在制定评价方案时，应该考虑以下几个方面的问题：评价的具体目的是什么；评价的对象是谁；评价者是谁；评价的主要步骤如何；要采用什么样的评价方法；评价结果将用在什么地方。通常一个完整的评价方案包括以下几个方面：①评价目的；②评价原则；③评价的指标体系；④操作说明；⑤评价表的使用说明。

第五步，实施。

量表评价法的实施要注意以下几个方面：①评价前，评价者应该认真阅读评价方案表，熟悉评价要点的特征描述，必要时，应该对评价者进行相应的培训；②评价中，评价者应该根据评价要点作好听课记录，听课笔记可以按照课堂教学的基本过程，并随时记录下自己相应的感受；③评价后，需要综合考虑课堂教学中的各种因素，特别是需要考虑教学中教师和学生的相应意见，能够跟上课教师进行相应的讨论，从课堂教学的目标、教学设计、实施过程、教学效果等各方面进行评价。

第六步，评价信息的整理分析与撰写评价报告。

评价结论是针对评价对象的进一步发展而提出的解决目前存在问题的意见和建议，其目的是通过课堂教学评价来提高教师教学的水平，并进而提高课堂教学效果。评价结论应该包括对被评价教师的课堂教学所提出的意见及进一步提高的建议，评价结论中的意见和建议应该尽可能具体和有针对性。

## 拓展阅读：小学课堂教学评价标准

<table>
<tr><th colspan="2" rowspan="2">评价项目</th><th rowspan="2">评价要素</th><th colspan="4">评价等级</th><th rowspan="2">得分</th></tr>
<tr><th>A</th><th>B</th><th>C</th><th>D</th></tr>
<tr><td colspan="2">教学理念</td><td>1. 教学理念新，符合素质教育和新课程改革的要求<br>2. 在学习的过程中渗透人文因素，实现工具性与人文性的统一<br>3. 以学生发展为本，全面提高学生学科素养<br>4. 正确处理教师教与学生学的关系，突出学生主体地位，让每个学生都能得到发展和提高</td><td>5</td><td>4</td><td>3</td><td>2</td><td></td></tr>
<tr><td rowspan="4">教师教学活动</td><td>教学目标</td><td>1. 符合《课程标准》年级教学目标与要求<br>2. 体现“知识与能力、过程与方法、情感态度和价值观”三维目标的有机整合<br>3. 简明、具体、恰当，符合学生实际和发展需要<br>4. 关注学生良好学习行为和习惯的培养</td><td>10</td><td>8</td><td>6</td><td>4</td><td></td></tr>
<tr><td>教学内容</td><td>1. 正确理解教材，准确把握教材，创造性地处理和使用教材<br>2. 从整体上把握教学内容，恰当取舍，突出重点、训练点<br>3. 有课程资源意识，合理利用资源，适当延展教学内容的广度和深度</td><td>10</td><td>8</td><td>6</td><td>4</td><td></td></tr>
<tr><td>教学过程</td><td>1. 教学结构设计合理，环节清晰、简约、紧凑，能突出重点，突破难点<br>2. 教学方法灵活、简单、有效，以听、说、读、写、实践为主，重视学习策略和方法的指导<br>3. 重视课堂评价的激励和导向功能，能激发兴趣，激活思维<br>4. 面向全体，因材施教，关注每个学生，体现学生的差异和个性特征<br>5. 创设能引导学生主动参与和体验的教学环境，构建民主和谐的课堂气氛，善于激发和调动学生的情感，形成平等对话、互动交往的课堂氛围</td><td>20</td><td>16</td><td>12</td><td>10</td><td></td></tr>
<tr><td>教师素质</td><td>1. 教态亲切自然，情感丰富，亲和力强<br>2. 课堂语言简练准确，富有激励性、启发性和感染力板书工整规范；普通话标准，具有较高的朗读水平<br>3. 具有良好的文学修养和较高的专业素养，教学基本功扎实，驾驭调控课堂教学能力强<br>4. 具有灵活运用现代化教学手段的能力</td><td>10</td><td>8</td><td>6</td><td>4</td><td></td></tr>
</table>

续表

<table>
<tr><th colspan="2" rowspan="2">评价项目</th><th rowspan="2">评价要素</th><th colspan="4">评价等级</th><th rowspan="2">得分</th></tr>
<tr><th>A</th><th>B</th><th>C</th><th>D</th></tr>
<tr><td rowspan="3">学生学习活动</td><td>学习状态</td><td>1. 学习积极性高，思维活跃，有强烈的求知欲望，敢于质疑，善于表达，勤于实践，能够创新<br>2. 全员参与、全程参与、有效参与，参与教学活动时间一般不少于二分之一</td><td>10</td><td>8</td><td>6</td><td>4</td><td></td></tr>
<tr><td>学习方式</td><td>1. 有充足的自主学习时间和空间<br>2. 学会有意义的接受性学习，主动运用自主、合作、探究的学习方式，形成一定的探究学习能力</td><td>10</td><td>8</td><td>6</td><td>4</td><td></td></tr>
<tr><td>习惯养成</td><td>1. 具有正确的读书、书写、计算、会话的姿势和良好的习惯<br>2. 具有自主学习、主动学习的习惯<br>3. 具有良好的倾听、思考、质疑、交流、合作等学习品质</td><td>10</td><td>8</td><td>6</td><td>4</td><td></td></tr>
<tr><td colspan="2">教学效果</td><td>1. 师生感情融洽，教师能获得教学的成就感和幸福感；学生能获得成功与进步的积极体验，兴趣浓厚，有进一步学习的愿望<br>2. 教学目标达成度高，重点突出，难点突破，每个学生都有不同程度的收获<br>3. 学科基本功训练扎实，学生学习方法掌握、运用好，综合学习能力得到一定发展和提高<br>4. 体现知识获取、能力形成、素养提高的螺旋上升过程</td><td>15</td><td>12</td><td>10</td><td>8</td><td></td></tr>
<tr><td colspan="2">教学特色</td><td>教学设计具有原创性，教学方式独特新颖，教学效率高、效果好</td><td colspan="5">（作为奖励加分，最高10分）</td></tr>
<tr><td>总评</td><td colspan="6"></td><td></td></tr>
</table>

# 7.4 教学反思

## 7.4.1 教学反思的含义

教学反思是指教师对教育教学实践的再认识、再思考，并以此来总结经验教训，进一步提高教育教学水平。教学反思一直以来是教师提高个人业务水平的一种有效手段，现在很多教师会从自己的教育实践中来反观自己的得失，通过教育案例、教育故事、或教育心得等来提高教学反思的质量。

教师教学反思的过程，是教师借助行动研究，不断探讨与解决教学目的、教学工具和自身方面的问题，不断提升教学实践的合理性，不断提高教学效益和教科研能力，促进教师专业化的过程，也是教师直接探究和解决教学中的实际问题，不断追求教学实践合理性，全面发展的过程。严格意义上讲，教学反思包括教学前反思、教学中反思、教学后反思。但我们通常讲的教学反思是指教学后反思。

教学后反思围绕教学内容、教学过程、教学策略进行。教学内容方面，包括确定教学目标的适用性和现目标所采取的教学策略做出判断。教学过程方面，包括回忆教学是怎样进行的，对教学目标的反思，是否达到预期的教学效果，对教学理论的反思，是否符合教与学的基本规律，对学生的评价与反思，各类学生是否达到了预定目标，对执行教学计划情况的反思，改变计划的原因和方法是否有效，采用别的活动和方法是否更有效。教学策略方面，包括感知环节；教师要意识到教学中存在问题与自己密切相关；理解环节：教师要对自己的教学活动与倡导的理论，行为结果与期望进行比较，明确问题根源；重组环节：教师要重审教学思想，寻求新策略；验证环节：检验新思想、新策略、新方案是否更有效，形成新感知，发现新问题，开始新循环。

### 7.4.2　教学反思的有效性

有效的反思需要“思之有的”“思之有物”“思之有据”。只有这样才能提高教师进行教学反思的积极性，促进教师业务水平的提高。有效的教学反思，具有以下入特点。

**1. 有效反思需“思之有的”**

反思的目的是解决教学实践中出现的新问题，总结新经验，以提高教师自身业务能力。教学反思不是简单地回顾教学情况，而是教师针对教学中存在的问题与不足，进行的理性思考。通过反思，教师可以发现新问题，并分析问题产生的原因与解决办法，不断总结教学经验，努力提高课堂教学效果。

**2. 有效反思需“思之有物”**

教学反思，“思”之要有物。这里的“物”，特指教学实践的过程。经历教学实践后，教师总会产生一些难忘的感知，或多或少，或“得”或“失”。

一思，“特色”是什么？教学特色是指教学过程中表现出来的独特风格。独具特色的教学，给人的感受是别样的，给人的回味是无穷的。它蕴含于诸多要素之中：在教学理念上，看主体地位的突出，主导作用的发挥；在教材处理上，看教材特点的把握，知识联系的沟通；在教学方法上，看教学层次的呈现，实践活动的安排；在教学方式上，看学生参与的程度，知识获取的过程；在教学效果上，看教学目标的落实，创新意识的培养。

二思，“精彩”在哪里？精彩的教学片段依附于教学过程的方方面面：如引人入胜的新课导入，别有风味的氛围营造，得心应手的教具应用，新颖别致的难点突破，别具一格的智能开发，出神入化的学法指导，画龙点睛的诱导评价，留有悬念的课尾总结等。

三思，“偶得”有哪些？教学的偶得是指教学过程的意外的收获。意外收获往往来自对课堂意外事件的处理：面对学生异想天开的“发问”，教师如何应付；面对学生的歪答，教师如何引导等。意外的收获往往来自学生思维火花的捕捉：学生发现问题的独特渠道；提出问题的独特途径；分析问题的独特思路；解决问题的独特见解，等等。

四思，“缺失”在何处？上完一节课后，教师总会感慨课堂上有这样或那样的缺失。哪些内容处理不当；哪个环节安排不合理；哪一重点突出不明显；哪一问题设计不科学；哪一合作落实不到位；哪一交流时间不充分；哪一语言评价不得体等。

五思，“效果”如何？每一节课后，教师应认真反思教学预案的实施情况。通过本节课教学，教学的目标是否达成，教学的效果是否良好，教学的组织是否科学，活动的安排是否合理。教学之后，应及时撰写教学反思，为今后再教学这一内容提供借鉴。

**3. 有效反思需“思之有据”**

教学反思有价值还需要思之有“据”。这里的“据”是优质教育的要求。教学反思的目的是改进教学、实现自我发展，实现优质教育。优质教育是每个教师追求的目标，优质教育来源于在现代教育理论指导下，教师丰富的实践性知识。可以为教学反思提供“据”的主要的来源可以包括三个方面：

一据，新课程理念。新课程理念和课程标准是现在教材编写和教学实施的基本依据。教学资源、教学方法的选择都要符合课程标准的要求，离开了这一点，教学活动就会成为“无源之水”。

二据，学生发展。教学的本质是促进学生的发展。自己的教学行为是否符合学生的认知水平，学生是否有所收获并得到发展是我们始终要关注的问题，离开了这一点，教学活动就会成为“无本之木”。

三据，教学效果。课堂教学是师生交流互动的过程。从细节上讲，一堂课教学程序、教学环节安排是否合理，活动的组织、教师的点拨引导是否到位，学生参与学习是否积极主动，学生的主体地位是否突出，课堂的气氛是否活跃，课堂教学效果是否较好等，都是促成教学成功的因素。课后将它记录下来，作为有效反思的依据。

### 7.4.3 教学反思的类型

教学反思的内容极其丰富，成功之处、不足之处、教学机智、学生创新等内容都可以写进去，必要时还可以写教学的再设计。下面我们同个几个实例，来看看教学反思的书写。

**案例一：《小珊迪》的教学反思**

21世纪的教育是关爱学生生命的发展、弘扬学生灵性的教育，课堂教学理当为学生创造放飞灵性双翼的机会。九年义务教育六年制小学语文课本第七册第31课《小珊迪》，在了解课文的大致内容后，我布置了学习任务：尝试运用“发现法”学习课文。仔细读课文，想想读懂了什么，还有什么不理解，哪个地方最让你感动？在四人小组里讨论交流，并强调学生能感悟多少就说多少，发现什么就交流什么，看谁发现得多，看谁的思维最敏捷。学生探求知识的积极性被调动起来。教室里呈现出书声琅琅、主动思考、热烈交流的景象。

一个学生站起来说：“老师，我觉得小珊迪的腿被轧断了应该住在医院，怎么躺在一张破床上?”我一听，愣了一下，没想到学生敢向教材挑战，提出这样的问题。教室里顿时安静下来，同学们的目光都投向了提问题的同学，像在问：怎么会提这样的问题呢?我做了临场应变，马上用一种期待的目光注视着这位学生说：“你真勇敢，能谈谈你的看法吗?”这名学生听到老师这样说，马上自信地说：“腿被马车轧断了，没钱看病，司机跑了，就躺在自己家的一张破床上；也有可能自己就没家，连一张破床也没有，是一位陌生人给他一张破床……”“多好的想法啊，请同学们在小组里再读一读、议一议，希望同学们都能像这位同学一样，勇敢地说出自己的见解和感受。"

同学们的表现欲望被激活了，读书声、议论声充满整个课堂，学生们发言积极踊跃，"可能是小珊迪乞讨的积攒下来的钱买了一张破床；也许是小珊迪和他的弟弟亲自做的破床；也许是他爸爸临死时留下的破床；也许是他俩流浪在街头，遇到一家已经没人住的破房子里有张破床……""小珊迪死了，他的亲人呢？他的父母是怎么死的？小珊迪为什么难过地说？他的父母是什么时候死的……"有提问，有发言，有补充，有辩论。

一个"感受"问题的提出，激活了学生思维的兴奋点，激发了学生的参与热情，课堂上呈现出合作、探讨的气氛。这无疑是真正的读书，读书而又不盲从于书，敢于向教材挑战，体现了自主、合作、探索精神。当然，学生的质疑，不一定都正确，更不可能很完善，但这并不重要，只要没有大错，就应当尊重学生的认识。保护学生善于发现问题的能力，以及独立思考问题的能力，充分展示每个个体生命的风采，课堂上才能形成合作、探究的气氛。

此片断中，问题让学生提，疑难让学生议，见解让学生讲，使学生在争辩中增强学习的自主性，唤醒了个体创造的潜意识。如果能持之以恒，必然有利于学生创新意识的萌生，促进创新能力的发展。这堂课给了我今后如何进行语文课堂教学一个启示，即要针对情感变化发展灵活组织教学。马卡连柯说过，"教育技巧的必要特征之一就是要有随机应变的能力"。

## 案例二：《美丽的小路》的教学反思

语文教师该怎样教，学生该怎样学，参加课程实验后，我一直在思索、在探究。在实践中我领悟到：当学生有兴趣时，当学生身心处于最佳状态时，当教学内容能用多种形式来呈现时，他们学得最好。基于这样的认识，我在教学《美丽的小路》一课时，力求让学生快快乐乐学语文，使学生在"自主、合作、探究"的学习方式中能力得到提高，个性得到张扬。

教学本课，满意之处有以下几点。读一读，"爱读书，多读书，读好书"是学好语文的关键。那么，怎样才能让孩子们在课堂上非常乐意地去读书呢？为了激发学生读课文的兴趣，我采用了"自由读、欣赏读、表演读、比赛读"等形式，促使学生兴趣盎然地投入到读书中去。记一记，《语文课程标准》告诉我们："要充分利用儿童的天性，"教学中很多环节我都让学生通过表演来理解课文、感悟课文，学生在表演中学会生字，懂了课文。课文表演完后，我又设计了一个想象表演的内容："原来爱在小鹿上散步的其他小动物(蛇、公鸡、猴子等)也来到了小路上，你就是其中的小动物，看见美丽的小鹿不见了，你想说什么呢?"此时，我感觉到：学生的表演欲望达到了高潮，个个争先恐后要上台表演；这正是我们所期望的：学生始终以饱满的精神状态投入学习真正快快乐乐学语文。

在本课的教学中，还存在很多不足之处。首先，本课的朗读水平还有待于提高，大部分学生在朗读时不能准确读出语气，不能做到有轻有重，没注意到停顿，有个别后进生甚至还不能把课文读通读顺。其次，学生在识记生字时，只选择一些简单的生字来记，对于个别较难记的生字(如"鼻""鹿"等字)无法识记，没能在"记"上动脑子。再次，在"演一演"这个环节中，有些胆子小的同学不敢演，没能进入角色之中。改进措施：在平时的教学中多加强朗读训练，注重语感训练，课余时间让学生多听课文录音朗读，提高朗读水平；鼓励学生课外多识字，并运用多种方法来识记生字。

## 案例三："圆的面积"教学反思

课堂教学中关注生成能使课堂教学更加精彩，至使在很多课上，教师非常重视生成，片面的否定预设的作用。有的教师在教学过程中，随意更改教学环节。这样的课堂教学常常会因为生成不当，反而使教学"节外生枝"。

例如，教学"圆的面积"时，教师在揭示圆的面积概念后，问"那怎样计算圆的面积呢？"很多学生回答，"圆的面积$=\pi r^2$"。这时，教师果断地说，"既然大家都知道了，我们就进行练习"。

将生成与预设对立起来，片面夸大生成的作用，这种只有生成没有预设的课堂教学是不可思议的，不仅形散而且神散，那种所谓的生成实质是"放羊"，是放弃教学的责任。圆面积的推导过程是这节课的重要知识点，必须让学生经历数学知识的形成过程，学生只不过是知道公式的形式，对圆面积公式的推导过程真正理解的又有多少呢？

## 案例四："真分数和假分数"的教学反思

在教学"真分数和假分数"时，进行了这样的探索：先出示一组分数，要求学生仔细观察后进行分类，然后进行小组交流分类的标准，最后全班交流。结果归类发现分类方法有5种：按分子是质数、合数分，分母是质数、合数分；按分子是奇数、偶数分，分母是奇数、偶数分；按分子、分母的大小分；交流完成后，课堂教学时间也用去了一半。

这样的合作学习，教师确实为学生营造了一个宽松、自由的教学环境，确实是"放手"让学生合作、交流了，但由于缺少教师的有效引导，教学效率很低，甚至是无效。追究其原因，是教师不是根据教学内容来确定学生的学习方式，而是让教学内容去迎合形式的需要。这样的交流有形无实，只有片面的热闹。

通过上述案例，我们不难看出，写一个好的教学反思，需要注意以下问题：①注意反思的落脚点，要做好个人教学能力与教学风格的自我反思，如课堂教学设计是否过于单一，教学组织是否有序，激励奖惩是否得法，课堂氛围是否和谐；②注意反思的系统化，更好地改造我们整个的教学理念，教学思维，说到底是提高教育教学的生命活力，提高整体教学能力，才能提升自己的教育思想境界；③注意反思的实践性，反思的目的就是为了改造教学实践，在实践中体现价值；④注意反思的发展性，反思不仅仅只是对教学实践的反思，还应该有对"反思"的"再反思"，学习后的再反思，反思是经验的积累与知识能力的更新。